Jan-Olav Hinz (Hrsg.)

Bewegen - Empfinden - Gestalten

Impressum

Hinz, J.-O. (Hrsg.)
Bewegen - Empfinden - Gestalten
Empfindungsorientiertes Lernen in der Kunstpädagogik

Bei der Umschlaggestaltung wurde eine Zeichnung von Christian aus der 2. Klasse verwendet, die er nach der Übung „Spiel mit dem Stuhl“ fertigte.
Druck: Hansadruck, Kiel
ISBN 3-928922-22-x

Inhaltsverzeichnis

Vorwort

Diesem Buch liegt meine Erfahrung als Bildhauer zugrunde, dass künstlerisches Handeln mit wahrgenommenen Stimmungen und Empfindungen beginnt. Ein daraus geschöpfter Entwurf wirkt aus sich heraus und auf mich zurück. Der individuell gestaltete Ausdruck dient dadurch auch der Reflexion über die eigene Wahrnehmung. Gerade in der Bildhauerei bezieht diese Wahrnehmung die Reaktionen des Körpers mit ein. Wie ich mich vor dem Gegenstand empfinde, leitet die Entwicklung des Werkes. Die Verantwortung für das Ergebnis liegt bei mir.

Als Lehrbeauftragter an der Christians-Albrechts-Universität zu Kiel erlebte ich bei angehenden Kunsterzieherinnen und Kunsterziehern, dazu im Gegensatz, eine Erwartungshaltung nach von Außen gesetzten Aufgaben und objektiven Kriterien, durch deren Nachvollzug sie richtiges künstlerisches Vorgehen lernen wollten. Das objektive Kriterium sollte die Handlung leiten.

Angeregt durch die Thesen von Gert Selle zu einer Neuorientierung des Kunstunterrichts hin zur Entfaltung der subjektive Gestaltungsfähigkeit, entschied ich mich, den Modellversuch „Ästhetische Bildung" dem Ministerium für Bildung, Wissenschaft, Forschung und Kultur des Landes Schleswig-Holstein vorzuschlagen. Durch die Hereinnahme von Übungen aus körperpädagogischen Methoden in den Kunstunterricht sollte die Eigen- und Fremdwahrnehmung von Schülerinnen und Schülern differenziert werden. Die Übungen wurden so ausgewählt, dass sie ein Bewusstsein für die Beziehung des Einzelnen zu seiner Umwelt stärken. Wie reagiere ich in einer Situation und aus welcher Spannung gestalte ich die Situation mit? Die nach den Übungen gefertigten Bilder und Objekte bilden dabei die erste mögliche Stufe der Reflexion. Die zentrale Hypothese des Modellversuches war: Die Sensibilisierung für das eigene Empfinden im Kunstunterricht führt zur Stärkung der Selbstwahrnehmung und der Persönlichkeit von Schülerinnen und Schülern. Bei ihnen werden damit der eigenständige kreative Ausdruck und die sozialen Kompetenzen gefördert.

Vom Oktober 1995 bis zum Mai 1998 konnte ich die Arbeit mit körperpädagogischen Methoden im Kunstunterricht im Modellversuch „Ästhetische Bildung" entwickeln und prüfen. Die positive Resonanz bei Lehrenden und Lernenden ermutigte zu diesem Buch.

Um den Modellversuch durchführen zu können und diese empfindungsorientierte Lehre in der Kunstpädagogik weiterzuentwickeln und in allgemeinbildenden Schulen zu erproben, bedurfte es der Mitarbeit vieler. Die Arbeitsmaterialien dieses Buches sind das Ergebnis dieser Zusammenarbeit.

Zuerst zu nennen ist Herr Ministerialrat Bernhard Brackhahn, der als mein erster Ansprechpartner im Ministerium für Bildung, Wissenschaft, Forschung und Kultur des Landes Schleswig-Holstein die Idee des Modellversuches aufnahm und in motivierenderweise begleitete. Zu danken ist dem Land Schleswig-Holstein und dem Bundesministerium für Bildung, Wissenschaft, Forschung und Technologie, die die finanziellen Mittel für die Realisierung des Versuches zur Verfügung stellten. Frau Prof. Dr. Barbara Camilla Tucholski-Däke möchte ich dafür danken, dass sie den organisatorischen Rahmen für die Realisierung des Modellversuches an dem Institut für Kunst und ihre Didaktik an der Erziehungswissenschaftlichen Fakultät der Christian-Albrechts-Universität zu Kiel schuf.

Herzlichen Dank dem Fachreferenten und den Fachreferentinnen, die mit Engagement und Lust ihre Kenntnisse in den Modellversuch einbrachten: der Erziehungswissenschaftlerin und Transaktionsanalytikerin Bettina Banse, für die Vermittlung von Übungen der Gestalt- und Interaktionspädagogik und ihre Begleitung des Gruppenprozesses während des ganzen Modellversuches; der Erziehungswissenschaftlerin und Atemlehrerin Ute Beuster für die eingefühlte Anleitung der Übungen aus der Atemlehre von Ilse Middendorf; dem Sozialpsychologen, Gestalt- und Tanztherapeuten Dr. Peter Erlenwein für die bewegenden Wochenenden mit Übungen der Tanzpädagogik und Anna Triebel-Thome, Professorin für Bewegungsbildung an der Hochschule der Künste, Berlin, Fachbereich darstellende Kunst, die uns mit der Feldenkrais-Methode u.a. differenziert die Struktur des Stehens in die Empfindung brachte.

Mit Experimentierfreude und Ausdauer ließen die Kunsterzieherinnen und Kunsterzieher Karin Buchgeister, Ingeborg Dühring-Köberich, Kai Feddersen, Susanne Kagelmann, Uwe Krieger, Thore-Olaf Kühn und Ute Schönnagel die Idee des Modellversuches im Unterricht lebendig werden und entwickelten und erprobten die hier vorliegenden Arbeitsmaterialien mit. Ihnen gilt mein Dank genauso wie der Kunsterzieherin Heidrun Graeser für ihre organisatorische und redaktionelle Mitarbeit während des Modellversuches.

Vielen Dank den Autorinnen und Autoren für die zur Verfügung gestellten Artikel. Durch sie wird der Zusammenhang zwischen der aktuellen Entwicklung in der Pädagogik, der Fachdidaktik, den Erfahrungen des Modellversuchs und den Arbeitsmaterialien dieses Buches aufgezeigt.

In der Chronologie zuletzt einen herzlichen Dank Jens Hoeft vom Designbüro Quadrat für die freundschaftliche Unterstützung bei der Gestaltung des Buches.

Jan-Olav Hinz

Claus Nowak

Grundzüge ganzheitlichen Lernens und Lehrens

Wir leben in einer Zeit der Reizüberflutung. Ein rasch wachsender Industriezweig lebt davon, immer neue und sensationellere Stimuli für unsere Sinne zu erfinden, sei es im Bereich der Medien oder bei immer riskanteren Extremsportarten. Wie bei einer Sucht scheinen immer stärkere „Kicks“ benötigt zu werden, um noch erregt zu werden und sich zu spüren. Denn einerseits tritt Gewöhnung ein, andererseits gilt es als erstrebenswert diese Flut von Reizen in ihrer Stärke und Dichte physisch und psychisch aushalten zu können. Es kommt zu einer sich selbst verstärkenden Spirale, man denkt und fühlt zunehmend in Extremen, die Zwischentöne gehen verloren.

Die Eindrücke werden häufig passiv konsumiert, es findet kaum noch eine lebendige Interaktion statt, die aus sich heraus stimulierend wirkt, wie dies in einer authentischen menschlichen Begegnung oder bei der Beschäftigung mit einem interessanten Gegenstand häufig der Fall ist. In einer solchen lebendigen Auseinandersetzung wird dieses Gegenüber gewissermaßen ein Teil von mir und es spiegelt mir wichtige Aspekte meiner Persönlichkeit zurück.

Dies gelingt mir jedoch nur, wenn ich bereit und fähig bin auch schwache Reize wahrzunehmen und zu genießen. Eine besondere und für die Beziehungen zwischen Menschen entscheidende Fähigkeit. So kommt es darauf an, nicht nur die obere sondern auch die untere Schwelle der eigenen Sinneswahrnehmung kennenzulernen. Angesichts aller schnellen, lauten und unsinnlichen Einwirkungen, denen wir - und ganz besonders auch Jugendliche - tagtäglich ausgesetzt sind, geht es darum, die Sensibilität vor allem für schwache Stimuli wiederzuentdecken und zu schulen.

Wir Menschen können die Welt über verschiedene Sinneskanäle (Hören, Fühlen, Riechen, Schmecken etc.) wahrnehmen. Ebenso vermögen wir unseren Gedanken und Gefühlen auf ganz unterschiedliche Weise Ausdruck zu verleihen (Sprache, Mimik, Gestik, Musizieren, Gestalten etc.). Um diese Vielfalt weiter zu entwickeln bzw. wieder zu entdecken ist es erforderlich, die unterschiedlichen Erlebnisebenen wie Gestaltung, Körperarbeit, Sinnesschulung, Musik und Phantasie in das Lernen mit einzubeziehen, d. h. ganzheitlich vorzugehen.

Aber was ist ganzheitliches Lernen genau? Ganzheitliches Lernen bedeutet,

kurz gesagt, den Übergang von einer Erlebnisebene in eine andere zu ermöglichen. Wer kennt nicht die beglückende Erfahrung beim Tanz, wo Musik in Bewegung umgesetzt wird oder das blitzartige Auftauchen von inneren Bildern beim Lesen eines spannenden Buches oder eines angenehmen Duftes. Der persönliche Gewinn ist ein doppelter:
Zum einen handelt sich dabei um einen inneren kreativen Transformationsprozess, der ganz allgemein die Kreativität schult, zum anderen eröffnet jede Erlebnisebene andere und oft neue Zugänge zu einem tieferen thematischen oder persönlichen Verständnis, denn jede Erlebnisebene verfügt über ihre ganz eigene Ausdrucksform und zeigt damit jeweils neue Aspekte und Zusammenhänge auf. Dies gilt auch und besonders für die breit gefächerten Möglichkeiten der Gestaltungsarbeit.

So ist es das Ziel ganzheitlicher Pädagogik, Übergänge zwischen möglichst vielen Erlebnisebenen erfahrbar zu machen, so z.B. zwischen Visualisierung und kreativem Schreiben, zwischen gelenkter Phantasie und Gestaltung oder zwischen Körpererfahrung und Farbe. Das hat viel mit Kennenlernen, Experimentieren und Entdecken zu tun.

Für diese Art der Sensibilitätsschulung gibt es inzwischen eine ganze Palette methodischer Zugänge aus der Körper- und Gestaltungsarbeit. Das vorliegende Buch beschreitet im Übungsteil neue Wege bzw. entwickelt bestimmte Erfahrungsmöglichkeiten sinnlicher Bildung konsequent weiter.

Im Wesentlichen geht es darum aufmerksam hinzuspüren, um geringste Unterschiede in alltäglichen Situationen wahrzunehmen und die mit ihnen verbundenen innerleiblichen Empfindungen - eines der grundlegenden ästhetischen Fähigkeiten. Die menschlichen Sinnesorgane nehmen relativ wahr. Ist der Wahrnehmende angestrengt und angespannt, wird er Unterschiede in seiner Umgebung nur grob erfassen. Ist er körperlich und geistig Ausgeglichen, werden ihm feinere Reizänderungen bewußt. Die Relativität der Wahrnehmung bezieht sich auch auf die unmittelbare Erfahrung, die der Wahrnehmung vorausgeht und auf das momentane Bedürfnis. Ein einfaches Beispiel macht das anschaulich. Eine Person hält ihre Hand in sehr warmes Wasser und eine andere ihre Hand in kaltes Wasser. Aufgefordert, die Hände in ein Gefäß mit lauwarmem Wasser zu halten, wird die eine Person es als kalt, die andere es als warm beschreiben. Dazu kommt die Ebene der persönlichen Bedeutung. Z.B. wird das kalte Wasser von einer erhitzten Person als angenehm kühlend, von einer momentan fröstelnden als unangenehm

kühlend, bewertet werden.
Die Voraussetzung für alle diese Erfahrungen besteht darin, innerlich zur Ruhe zu kommen und hinzuspüren. Deshalb werden viele der vorliegenden Übungen durch kurze Entspannungssequenzen eingeleitet. Auch diese können je nach Gruppe unterschieden aufgebaut sein. Eine quirlige Gruppe wird über eine Übung zum Auspowern zur Entspannung kommen, während eine eher ruhige Gruppe über feinere Reize aufmerksam für Wahrnehmungsvorgänge wird.

Nach den Prinzipien des Lebendigen Lernens vorgehen
Die Übungen dieses Buches enthalten wesentliche Elemente ganzheitlicher Pädagogik, auch „Lebendiges Lernen" genannt, ein aus der Themenzentrierten Interaktion (TZI) nach Ruth Cohn stammender Begriff. Mit Lebendigem Lernen ist ein Prozess gemeint, dessen Spannungsbogen sich über drei aufeinander folgende Ebenen erstreckt:

1. Wahrnehmung: Was nehme ich wahr an Sachinformationen, Sinneseindrücken, Interaktionsprozessen, Arbeitsergebnissen oder Feedback durch andere?

2. Bedeutung: Was lösen diese Informationen in mir aus? Was denke und fühle ich? Bin ich berührt oder unbeteiligt? Welche neuen Einsichten und Erkenntnisse habe ich gewonnen, welche Bedeutung gebe ich ihnen in Bezug auf mein momentanes oder künftiges Leben?

3. Konsequenz: Entscheide ich mich auf Grund der Bedeutung dafür, alles so zu lassen wie es ist oder möchte ich meine neuen Erfahrungen in konkretes Handeln umsetzen? Welchen ersten Schritt will ich gehen?

Lernen hat nach dieser Definition erst dann wirklich stattgefunden, wenn sich eine Einstellungsveränderung vollzogen hat, die in ein konkretes Verhalten mündet. Dies gilt auch für den Fall, dass man sich bewusst dafür entscheidet, nichts zu verändern. In beiden Fällen ist das Ergebnis eine Übernahme von Verantwortung für das eigene Tun und seine Folgen.

Die Arbeit mit Methoden des Lebendigen Lernens ist für viele Lehrkräfte und Schüler/innen eher ungewohnt, insbesondere in Fächern, in denen üblicherweise nicht gemalt oder „geturnt" wird. Die ästhetische Bildung hat es hier einfacher. Die Auseinandersetzung mit gestalterischen Elementen ist hier

Unterrichtsthema. Hierin liegt eine große pädagogische Chance, aber nur wenn es gelingt, den üblichen Rahmen des Kunstunterrichts um die beschriebenen Elemente zu erweitern.
So gibt es bei den Übungsvorschlägen in diesem Buch keine richtigen oder falschen Ergebnisse, sondern vielmehr wird die Vielfalt und der Reichtum individueller Erlebnisweisen erfahrbar. Daher entziehen sich die Unterrichtsergebnisse in aller Regel den üblichen Bewertungskriterien, weshalb es sinnvoll ist, mit den vorgestellten Verfahren zunächst in einem bewertungsfreien Raum zu arbeiten.

Die Übungen in diesem Buch heben persönliche Empfindungen und Fragestellungen in den Vordergrund, um sie mit kreativen Medien zum Ausdruck zu bringen. Es erfordert Erfahrung und pädagogisches Fingerspitzengefühl, angemessen und professionell mit persönlichen Äußerungen umzugehen und die darin liegenden Möglichkeiten für den Einzelnen und die Gruppe nutzbar zu machen. Grundvoraussetzung dafür ist es, die individuellen Erfahrungen wahrzunehmen und zu respektieren. Es ist deshalb hilfreich, über Kompetenzen in Beratung oder Gesprächsführung zu verfügen.

Die Erlebnistiefe beachten

Meiner Beobachtung nach wird die Wirkung bestimmter Verfahren häufig falsch eingeschätzt. Entweder werden bei den TeilnehmerInnen Reaktionen ausgelöst, die von denLeiterInnen nur unbefriedigend aufgefangen werden können oder aber es überwiegt die Angst, anderen Menschen „zu nahe zu treten“, was dann zu einer Verflachung des Prozesses führt. So kommt es darauf an, das Bedürfnis von Menschen, sich selbst und andere zu erleben, auf eine gute und stimmige Weise zu befriedigen und dabei die Erlebnistiefe angemessen zu steuern.
Deshalb ist es wichtig im Voraus abschätzen zu können, welche persönlichen Dimensionen mit einer bestimmten Übung berührt werden können. Zur Orientierung: die Erlebnistiefe hängt ganz wesentlich ab

1. von der berührten Erlebnisebene: Die Erlebnistiefe nimmt in der Reihenfolge Gespräch, Rollenspiel, Gestaltung, Identifikation und Phantasiereise zu.

2. vom Grad der (körperlichen) Nähe: Dies gilt z.B. für alle Körper- und Wahrnehmungsübungen, die mit Berührung verbunden sind, aber auch für viele Feedbackübungen.

3. vom Grad der Identifikation: Bei zunehmender Identifikation mit dem gestalteten Gegenstand nimmt die innere Distanz ab und die persönliche Betroffenheit zu. Es macht einen Unterschied, ob die Anleitung lautet: „Betrachte einen Baum!“ oder „Sei der Baum!“

4. vom biographischen Bezug: Je weiter man sich vom Hier und Jetzt der Gegenwart entfernt und je stärker Aspekte aus der persönlichen Lebensgeschichte mit einbezogen werden, desto größer ist der Selbsterfahrungsanteil.

5. vom Selbstoffenbarungsgehalt: Dies betrifft Aufgabenstellungen, in deren Verlauf die Teilnehmenden sich zu ihren persönlichen Gedanken und Empfindungen äußern sollen.
   Hier ist zu prüfen, ob das Vertrauensklima in der Gruppe tragfähig genug ist.

Beim Einsatz von Methoden des Lebendigen Lernens ist seitens der Lehrkraft ein hohes Maß an Klarheit erforderlich. Dies gilt für Vorbereitung, Durchführung und Auswertungsphase.

- Schätzen Sie die Erlebnistiefe der geplanten Übung ein, am besten indem Sie sie zuvor einmal selbst ausprobieren!
- Stellen Sie gegenüber der Lerngruppe Transparenz über Sinn und Ziel der jeweiligen Übung her!
- Betonen Sie den experimentellen Charakter!
- Geben Sie für die Arbeitsergebnisse keine Noten und vermeiden Sie vergleichende Bewertungen!
- Stoppen Sie in unübersichtlichen Situationen oder bei starkem Widerstand seitens der Lerngruppe den Prozess. Überprüfen Sie Ihr Vorgehen und bieten Sie gegebenenfalls eine vertrautere Arbeitsstruktur an.

Die beste Voraussetzung für eine angemessene und sichere Anwendung von Methoden des Lebendigen Lernens ist allerdings die eigene reflektierte Erfahrung mit kreativen Verfahren als Teilnehmer/in in entsprechenden Fortbildungen.

Setzen Sie sich auf keinen Fall unter Druck, mit den Übungen dieses Buches von Anfang an erfolgreich arbeiten und alle Gruppenmitglieder gleichermaßen erreichen und zufriedenstellen zu wollen (denn das gelingt in der Regel im „normalen“ Unterricht auch nicht). Ich habe die Erfahrung gemacht, dass sich nach kurzer Eingewöhnung die meisten Schüler/innen ansprechen und zur Beteiligung anregen lassen, oft auch gerade diejenigen, die mit den hergebrachten Unterrichtsmethoden wenig anfangen konnten.

Manfred Blohm

Über ästhetisches Selbstbewusstsein und andere Gedanken zur Veränderung von Schule und Kunstunterricht

Eine alte Forderung des Berufsverbandes der Kunsterzieher und Kunsterzieherinnen (BDK) lautet: Zwei Stunden Kunst für alle Schülerinnen und Schüler. Dieser scheinbare Konsens unter den Berufskolleginnen und -kollegen verdeckt einerseits die Frage, ob eigentlich alle Lehrerinnen und Lehrer zumindest annähernd das Gleiche oder zumindest Verwandtes meinen, wenn sie von Kunstunterricht sprechen. Im Bereich der ästhetischen Praxis kann man vielleicht sagen, dass es in dem Fach irgendwie immer um Gestaltung im weitesten Sinne geht. Darunter passen ebenso Entwürfe für Designobjekte oder Wohnräume, wie farbenfroh gemalte Bilder vom Regenwald oder der Unterwasserwelt. Häufig ist Kunstunterricht zumindest bis zur 10. Klasse zu einem großen Teil ästhetische Praxis in diesem sehr weiten Sinne.

Andererseits stellt sich die Frage, wozu die Schülerinnen und Schüler eigentlich die zwei Stunden Kunstunterricht pro Woche benötigen. Oder anders herum gefragt: Warum halten Kunstlehrerinnen und -lehrer diese zwei Stunden für notwendig und wichtig? Macht diese Forderung überhaupt heute noch Sinn?

In der Praxis des Kunstunterrichts werden all die Bereiche unterrichtet, in denen sich der Lehrer oder die Lehrerin jeweils sicher fühlt - zumindest einigermaßen. Sicher wiederum fühlt er oder sie sich häufig in den Bereichen, die während des Studiums vermittelt wurden und das wiederum liegt aufgrund der Altersstruktur der Kollegien teilweise bereits Jahrzehnte zurück. Unsicherheit entsteht manchmal durch eine unsinnige inhaltliche Überfrachtung eines Faches, das in der Regel eben gerade nicht einmal zwei Stunden pro Woche unterrichtet wird. Bereiche wie Kunstgeschichte, Design, Architektur, Fotografie und Film, bildnerische Techniken, Schulgestaltung sowie zeitgenössische Kunst und neuerdings auch noch die Neuen Medien[1] gehören in den Bereich der Unterrichtsinhalte des Faches Kunst. Das bedeutet nicht, dass diese Bereiche auch tatsächlich von allen Lehrerinnen und Lehrern thematisiert werden.

Unsicherheit von Lehrerinnen und Lehrern entsteht aber auch aus einem Bedürfnis nach Sicherheit, das sich an Regeln und Normen orientiert, die es in

den anderen Schulfächern zumindest scheinbar gibt bzw. die dort scheinbar noch sinnvoll sind, die aber im Fach Kunst eigentlich nur am Rande Sinn machen können. Kein Lehrer und keine Lehrerin wird beispielsweise ernsthaft behaupten können, es gäbe sinnvolle Kriterien der inhaltlichen Bewertung von Arbeiten im Kunstunterricht, die objektivierbar wären.
Es sei denn: die Kriterien orientieren sich an allgemeinen schulischen Bewertungskriterien wie Vollständigkeit, Sauberkeit, Erfüllung von Vorgaben, Durchhaltevermögen bei der Bearbeitung einer Aufgabe etc.
Oder ein anderes Es sei denn: die Kriterien orientieren sich an den eigenen ästhetischen Normen und Qualitätsvorstellungen des Lehrers/ der Lehrerin. Mischformen dieser beiden Es sei denn bestimmen den Großteil der Bewertungen im Schulfach Kunst ebenso wie in der Ausbildung von KunstlehrerInnen.

Diese Problematiken sind nicht neu. Sie treten in der Praxis nicht hervor, solange Kunstunterricht in gewohnten Bahnen verläuft. Man kann ein ganzes Berufsleben in solchen gewohnten Bahnen verlaufen lassen. Manchmal gibt es aber äußere Anlässe, veränderte Rahmenbedingungen oder auch Krisen, innere wie äußere, die Anlässe bieten, Gewohntes oder Bewährtes in Frage zu stellen. Solche wie auch immer zustande kommenden Punkte sind potentiell fruchtbare Momente zur Reflexion und Veränderung herkömmlicher Wahrnehmung von Kunstunterricht. Gerade dann, wenn diese gewohnten Bahnen hinterfragt oder verlassen werden, können Verkrustungen aufbrechen - allmählich, tastend, manchmal auch verunsichernd und schmerzhaft.

Meines Erachtens sind solche Verunsicherungen etwas, das man als Kunstpädagoge kultivieren sollte, gerade dann, wenn man gewohnte Bahnen verlassen will. Unter Kultivieren von Verunsicherung verstehe ich beispielsweise ein immer wieder Zulassen des Verrückens des Blickes und der Blickperspektive auf Unterricht - etwa so, wie wenn man ein Möbelstück im Raum verrückt und der Raum erscheint plötzlich anders, oder man betrachtet einen Raum auf den Boden liegend aus der Froschperspektive. Kultivieren bedeutet, dass diese Verunsicherung einen nicht beherrscht und vielleicht Angst oder Fluchtwünsche zurück in gewohnte Bahnen auslöst, sondern dass im Gegenteil Verunsicherung als etwas Wertvolles gepflegt wird, das produktiv in den Unterrichtsalltag hineinwirkt.

Dazu könnte gehören, sich mit Schülerinnen und Schülern gemeinsam auf unbekanntes Terrain zu begeben, einem Terrain, in dem man sich selbst nicht als Experte verstehen kann. Im Bereich der neuen Medien beispielsweise, kommt eine neue Dimension der Unsicherheit auf die Lehrerinnen und Lehrer zu: die Tatsache, dass man den Schülerinnen und Schülern nicht nur nichts mehr voraus hat, sondern dass man zuweilen mit deren Kompetenzen kaum mehr Schritt halten kann. Dies könnte einerseits bedeuten, dass man die Finger davon lässt oder aber sich als Lehrer oder Lehrerin neu versteht: etwa als jemand, der Ideen und Kenntnisse der Schülerinnen aufgreift, der Schülerinnen und Schüler in den Bereichen ihr Wissen und ihre Kenntnisse an andere und an den Lehrer vermitteln lässt, in denen diese einen Vorsprung haben.

Ein ganz anderes naheliegendes Terrain ist beispielsweise die zeitgenössische Kunst in all ihren Spielarten und Varianten. Spätestens hier greifen die verinnerlichten und gewohnten Kriterien und Maßstäbe von Kunst nicht mehr. Denn die in herkömmlichem Kunstunterricht gerade mal so aufrecht erhaltenen Qualitätskriterien lassen sich auf die unterschiedlichsten Ausdrucksformen zeitgenössischer Kunst meistens nicht mehr anwenden.

In der didaktischen Diskussion hat Gert SELLE immer wieder am deutlichsten die Praxis des Kunstunterrichts an den Schulen kritisiert. Seine Bezugnahme auf zeitgenössische Kunst schafft zwar einen Begründungsrahmen für seine Kritik und seine Alternativentwürfe, wie beispielsweise das ästhetische Projekt, er engt aber zugleich das Blickfeld auf bestimmte Ausdrucksformen von Gegenwartskunst ein.[2]

Das, was die Vielfalt zeitgenössischer Kunst meines Erachtens pädagogisch interessant macht, ist, dass sie sich jeglichen konventionellen (kunst)pädagogischen Kriterien häufig verweigert. Zeitgenössische Kunst wird da interessant für neues Nachdenken über Kunstunterricht, wo sie als eine Form der Haltung gegenüber der Welt verstanden wird, die sich keinen (gesellschaftlichen) Regeln und Normen verpflichtet fühlt oder mit diesen spielt. In der Gegenwartskunst geht es um das Erfinden eigener Regeln, die mit dem Selbst des Künstlers/ der Künstlerin zu tun haben und die nicht auf Dauer angelegt sein müssen (aber durchaus können). Betrachter wiederum haben immer wieder die Freiheit, sich diesen privaten künstlerischen Regeln anzunähern, sie verstehen und begreifen zu wollen oder aber eigene Regeln zu entwerfen und mit diesen zu spielen. Darin liegt ein wichtiges Genussmoment zeitgenössischer Kunst (und im Weiterdenken, Chancen für ganz neue Formen ästhetischer Praxis in der Schule). Aber diese Genussmöglichkeiten zu entwickeln, funktioniert nicht ohne Arbeit und ein Stück Freiwerden für den Genuss. Das gilt für Kinder und Jugendliche ebenso wie für Kunstpädagoginnen und -pädagogen.

Die ästhetische Arbeit von ästhetischen Erziehern muss meines Erachtens zuallererst darauf abzielen, sich ästhetisches Selbstbewusstsein schrittweise selbst anzueignen. Unter ästhetisches Selbstbewusstsein verstehe ich das Freiwerden vom Gängelband ästhetischer Bevormundung durch den Kunstmarkt, durch die sozial anerkannte, weil in Museen und Galerien gezeigte, Kunst, aber auch durch ästhetische Normen, die die Kunstdidaktik selbst produziert. Man müsste einmal untersuchen, welche Künstler publizierende Kunstdidaktiker rezipieren und auf die sie sich in ihren Publikationen beziehen und welche nicht durchsichtig gemachten Qualitätskritierien von Kunst dahinter durchscheinen.

Die Frage ist bloß, ob es überhaupt Orte gibt, an denen ästhetisches Selbstbewusstsein von Pädagoginnen und Pädagogen ausgebildet und gefördert wird. Und eine andere Frage ist die: Wie kann ästhetisches Selbstbewusstsein seinen Platz in der Institution Schule finden? Nachzudenken wäre über neue Fort- und Weiterbildungskonzepte, über - vielleicht wechselseitige - Supervisionsmöglichkeiten, mit anderen Worten, über eine neue (kunst)pädagogische Schulkultur, für die es natürlich in den Zeiten ewiger Einsparungen nur wenig Spielräume gibt. Vielleicht könnte aber eine pädagogische Schulkultur jenseits offizieller Fort- und Weiterbildungskonzepte entwickelt werden, eine Kultur der gemeinsamen Selbst- und Weiterbildung derjenigen, die ihre eigenen Verunsicherungen produktiv kultivieren und daraus ästhetisches und pädagogisches Selbstbewusstsein schöpfen lernen - ohne sich immer unbedingt auf didaktische oder kunstwissenschaftliche oder künstlerische oder sonstige Autoritäten zu berufen. Vielleicht ist das sehr idealistisch gedacht, aber ich finde, es wäre eine Überlegung wert.

1 Vgl. u.a. Kettel, Joachim: Globalisierung der Wahrnehmung? Die Herausforderung der Kunstpädagogik durch die Neuen Medien. In K+U 126/1997. S. 12f

2 vgl. z.B. Selle, Gert: Ästhetische Arbeit. In: BDK-Mitteilungen 1/1997

Jan-Olav Hinz

Aus dem Empfinden formen - Körperempfinden in der bildenden Kunst

Mit der Moderne wird der dreidimensionale Raum in den Bildern geöffnet. Die Zeit und damit die Bewegung wird Thema in der bildenden Kunst. Nach den Entdeckungen Einsteins ist jede Beobachtung relativ. Jede Festlegung ist nur auf den Zeit- und Standpunkt des einen Beoachters hin gültig. Ein zweiter Beobachter wird später oder von einem anderen Standpunkt aus eine andere Wahrnehmung desselben Gegenstandes haben. Die Relativitätstheorie spiegelt sich auch in der künstlerischen Weltwahrnehmung wieder. Pablo Picasso malt Bilder, in denen im Tagesverlauf unterschiedliche Lichtwirkungen der Sonne gleichzeitig wirksam sind. Marcel Duchamp zeigt den „Akt, eine Treppe herab steigend“ als einen Prozess sich überlagernder Bewegungsphasen.

Die Bewegung als innere Bewegung findet sich bei Paul Klee.[1] Nach seinem akademischen Studium der Malerei erkennt Klee in den Zeichnungen, die er als Kind fertigte, einen ursprünglichen authentischen Ausdruck. Er beginnt seine Kinderzeichnungen systematisch zu untersuchen und sich die Ausdruckskraft dieser Zeichnungen wieder zu erarbeiten.

Er bedient sich dabei folgender Verfahren:

- das Wiederholen der Gesten der früher Blätter, um in der Bewegung die Erinnerung an die kindliche Gedankenwelt wiederzubeleben,
- er nimmt die Gewohnheit von Kindern auf, die konzeptionell wichtigen Teile - den Kopf oder die Hände - in ihren Dimensionen überzubetonen,
- assoziativ den Bildaufbau von einem Detail zum Nächsten zu entwickeln,
- der Spannung des Empfindens gemäßes variieren des Drucks bei der Linienführung,
- Experimente mit phonetischen Transkriptionen des Kinderlallens,
- „blindes“ Zeichnen, um von der Kontrolle der Hand durch das Auge auf eine direkte motorische Aktivität überzugehen, die von einer ganz unmittelbaren Expressivität ist.

Klee bezeichnet in seinem Tagebuch diese Art der Linienführung als „psychische Improvisation“ und notiert dazu weiter: „Hier an einen Natureindruck nur ganz indirekt gebunden, kann ich dann wieder wagen das zu gestalten, was die Seele gerade belastet. (...) So wird meine reine Persönlichkeit zu Wort kommen, sich in größter Freiheit befreien können.“[2]

Die Zeichnung und Malerei im Spätwerk von Paul Klee erhält ihre Aus-

drucksstärke gerade auch durch die sich aus der Geste entwickelnden gegenstandsfreien Elemente.
Die rein sensomotorische, gestische Malerei fand ein Jahrzehnt nach Paul Klee´s Tod ihren großen Protagonisten in Jackson Pollok.

In den 60er Jahren vollzogen Künstler und Künstlerinnen in ihren Werken den Wandel von der Objektästhetik mit ihrem Anschauungsbezug, hin zur Prozessästhetik mit einem Handlungsbezug.[3] Sie thematisieren, wie Wahrnehmung, Bewegung, Leib und Bewusstsein beim Rezipieren von Kunstwerken miteinander verwoben sind. Da Perspektive, Raum und Zeitwahrnehmung an den Leib geknüpft sind, wird der Betrachter zum Schöpfer seiner Erfahrung. Das Werk realisiert sich durch die aktive Aneignung des Rezipienten, im Rezipienten selbst. Das Objekt bietet dabei nur eine Anregung, deren Ergebnis, die daraus gewonnene Eigenwahrnehmung, offen ist, da sie sich im Wesentlichen aus der Intensität der subjektiven, wahrnehmenden Bewegung ergibt.
Als Beispiel sei hier aus Franz-Erhard Walthers erstem Werksatz „Blindobjekt" genannt. Eine zylindrische Nesselhülle von 73 cm Duchmesser und 220 cm länge. Das Objekt wird vom Rezipienten übergestülpt. Die Wandungen nehmen die Sicht vollständig und sind luftdurchlässig. Wer sich im „Blindobjekt" befindet, wird in der Orientierung auf Lauschen, Riechen und Tasten verwiesen. Die Wahrnehmung wird verstärkt auf die leibliche Eigenbefindlichkeit gelenkt. Der Erfahrungsverlauf ist bestimmt durch die Person in ihrer momentanen Verfassung.

Die hier angedeuteten künstlerischen Prozesse und Intentionen bilden einen Hintergrund für die empfindungsorientierte Kunstlehre.
Die beschriebene künstlerische Grundfähigkeit ist, sich selbst im Kontakt mit den Gegebenheiten, in denen ich mich befinde, wahrzunehmen. Das Wahrgenommene kann ich zu einem gestaltbaren Objekt reduzieren und präzisieren (Dies kann auch vorbegrifflich und ungegenständlich aus der Geste heraus geschehen.). Das Objekt wird Bestandteil meiner Umgebung. Ich kann es wahrnehmen und mit meinen Intentionen und Vorerfahrungen vergleichen und die Wirkung auf mich reflektieren. Dann verändere ich das Objekt, bis es meiner Intention gemäß wirksam auf mich wird. Damit ist die offene Struktur künstlerischen Handelns umrissen.
Was meine ich nun mit dem Wirksamwerden des Objektes auf mich. Alles, was ich wahrnehme, verändert von innen her meine Haltung. Das kann eine unmerkliche Veränderung sein oder eine deutliche. Ein leises Knistern er-

höht nicht sichtbar meine Aufmerksamkeit zu lauschen. Ein Knall lässt mich auffahren. Das Gehörte verändert meine Körperspannung, die von mir in Bewegung umgesetzt wird. Ein aus dem „Malen nach Musik" bekannter Vorgang, in dem eine akustische Struktur in eine malerische übersetzt wird. Genauso kann ich aber auch die Wirkung einer Architektur oder einer Begegnung malen, singen oder in eine lyrische Form bringen. Entscheidend ist mein Wahrnehmungsvermögen und meine Bewusstheit, wie ich mich im Kontakt zur Umwelt befinde.

Auf diesen Sachverhalt verweisen schon die Künstler-Pädagogen der 20er Jahre. Bei Johannes Itten sind das Wahrnehmen und sich Bewegen unweigerlich miteinander verbunden. „Will ich eine Linie erleben, so muss ich die Hand bewegen, der Linie entsprechend, oder ich muss mit meinen Sinnen der Linie folgen, also seelisch bewegt sein. Endlich kann ich eine Linie geistig vorstellen, sehen, dann bin ich geistig bewegt. Dieses sind nun drei unterschiedliche Grade des Bewegtseins. [...] Vor mir steht eine Distel. Meine motorischen Nerven empfinden eine zerrissene, sprunghafte Bewegung. Meine Sinne, Tast- und Gesichtssinn, erfassen die scharfe Spitzigkeit ihrer Formbewegung und mein Geist schaut ihr Wesen. Ich erlebe eine Distel."[4] Diese Erlebnisfähigkeit gilt es für ihn zu fördern. Darum beginnt Itten bei der Ausbildung von DesignerInnen und KünstlerInnen den Unterricht mit Bewegungsübungen. Er möchte, dass die Studierenden über die Körperwahrnehmung ein Bewusstsein für ihre eigene Gestimmtheit beim künstlerischen Tun entwickeln.
Auch der von der Musik kommende Reformpädagoge Heinrich Jacoby[5] hält den Zusammenhang zwischen innerem Spannungserleben und Spannungsausdruck für die Grundlage jeden gestalterischen Handelns.Von dem Sichselbst-wahrnehmen geht bei ihm die Ausdrucksdifferenzierung aus. Die differenzierte Selbstwahrnehmung sieht er dabei als eine allgemein menschliche Fähigkeit, die wie alle Fähigkeiten der angemessenen Förderung bedürfen, um sich zu entfalten. Er kritisiert das zu frühe und einseitige Einüben von Regeln und Verfahren des Ausdrucks mit Kindern. Bei ihnen werden dadurch die eigenen Impulse, sich auszudrücken und in den Kontakt mit anderen zu gehen, verunsichert und gehemmt. Er schlägt statt dessen eine nicht an der Kunst, sondern an den Ausdrucksfähigkeiten der Kinder gemessene Förderung vor: „Die Rolle, die Wort, Ton, Linie, Farbe, Körper, Rhythmus in der Erziehung zu spielen vermögen, kann nicht die von Künstlern im landläufigen Sinne sein. Es geht bei all dem um elementare, allgemein menschliche Ausdrucksgebiete, auf denen grundsätzlich jeder zu ähnlichen

unmittelbaren uns selbstverständlichen Äußerungen gelangen könnte wie etwa beim Gebrauch der Muttersprache, bei der wir doch auch zuerst an das Ausdrucks- und Verständigungsmittel denken und nicht an Dichtung oder dramatische Rezitation."[6] Sich ausdrücken zu können beinhaltet bei Jacoby das Erkennen und Einflußnehmenkönnen auf eigene innere Spannungsvorgänge. Sein Ziel ist die Stärkung des Selbstvertrauens durch das Erlebnis des Sich-äußern-könnens.
Dass diese pädagogische Haltung seit den 20iger Jahren nicht zum Allgemeingut wurde, bemängelt Hartmut von Hentig[7] noch 1998. Er wiederholt die These, dass Kreativität weniger gefördert werden kann, als dass vermieden werden sollte, sie zu verhindern. Von Hentig bietet als positiven Ansatz für die Bildung kreativer Fähigkeiten an, die bewusste Bejahung senso-motorischer und präoperationaler Vorgänge zu fördern, durch die die Kinder einen differenzierten sinnlichen Umgang mit Sachen, Menschen und dem eigenen Körper erlernen. Entsprechend nennt er das Fach an seiner Schule nicht Kunst sondern „Wahrnehmung und Gestaltung". In dem Fach ist die Voraussetzung für kreatives Handeln, der persönlichen Anlass mit noch offener Lösung. Für die Entwicklung von Kreativität sind von Hentig wichtig:

„- die Erfahrung eines Problems, das einem selber zu schaffen macht - noch ohne Lösung, aber mit der berechtigten Erwartung, dass es eine gibt,
- ein ermutigendes Vorbild also,
- der Widerstand der Realität gegen beliebige Einfälle [...] und
- ein ermutigendes Echo, eine sachliche, nicht pädagogische Anerkennung."[8]

Mit Beginn des 20.Jahrhunderts manifestiert sich ein Paradigmawechsel in der bildenden Kunst. Die innerleibliche Resonanz auf die Wahrnehmung äußerer Vorgänge wird in den Begründungskanon künstlerischen Handelns aufgenommen. Dieses subjektive Element wird von pädagogisch interessierten Künstlern früh erkannt. Sie sehen es nicht nur als künstlerische sondern als allgemeinmenschliche Voraussetzung sich zu orientieren und anderen den eigenen Standpunkt mitzuteilen. Die damit verknüpfte Forderung aus den 20iger Jahren, in den musischen Fächern das Selbstvertrauen des empfindenden Menschen zu stärken, bleibt es noch einzulösen.

[1] Jonathan Fineberg, Mit dem Auge des Kindes, Kinderzeichnung und moderne Kunst, Verlag Gerd Hatje, Stuttgart, 1995 S. 92 ff

[2] Paul Klee, Tagebücher, DuMont, Köln, 1964, Eintrag 842, S. 242 f

[3] Gerhard Graulich, Die leibliche Selbsterfahrung des Rezipienten - ein Thema transmodernen Kunstwollens, Verlag die blaue Eule, Essen, 1989

[4] Itten 1921 zitiert nach Rainer K. Wick, Zwischen Rationalität und Spiritualität - Johannes Ittens Vorkurs im Bauhaus, in: Das frühe Bauhaus und Johannes Itten, 1994

[5] Vergl. Heinrich Jacoby, Jenseits von „Musikalisch" und „Unmusikalich", Die Befreiung der schöpferischen Kräfte dargestellt am Beispiel der Musik, Hamburg: Christians Verlag, 1995

[6] a.a.O., S. 12

[7] Hartmut von Hentig, Kreativität - Hohe Erwartungen an einen schwachen Begriff, Carl Hanser Verlag, München/Wien, 1998

[8] a.a.O., S. 73

Bettina Banse

Bewusstes Wahrnehmen - Grundlage kreativen und sozialen Gestaltens

Seit frühen Kindertagen haben wir durch unsere wachsende Fähigkeit, wahrzunehmen und zu differenzieren, Zugang zur Welt. Diese Fähigkeit ermöglicht es uns, im sozialen Kontext Bedürfnisse anzumelden und uns zu orientieren.
Viel früher als lange Zeit angenommen ist der Säugling aus seinem Selbstempfinden heraus aktiv im sozialen Kontakt und in der Kommunikation mit seiner Umwelt.
Der Säuglingsforscher Daniel Stern (vgl. Stern, 1992, S. 200 ff) beobachtete, dass diese vorsprachliche Kommunikation als Abgleich zwischen Spannungsintensitäten zu verstehen ist. Zum Beispiel wenn ein neun Monate altes Kind mit seiner Rassel schlägt und seine Mutter beginnt mit ihrer Stimme den Rhythmus zu begleiten, nimmt das Kind wahr, ob der Rhythmus und die Intensität der Lautstärke seinem eigenem Erleben der Handlung entsprechen. Ist der Rhythmus zu schnell oder langsam, die Stimme zu laut oder leise, unterbricht das Kind sein Spiel und „prüft", was Ursache der Unstimmigkeit ist. Trifft die Mutter mit ihrer Stimme die Intensität des kindlichen Erlebens aus gefühlter innerer Spannung, äußerer Bewegungsdynamik und Lautstärke der Rassel, fährt das Kind in seinem Spiel fort in einer Atmosphäre des Verstanden- und Bestätigtseins.
Die hier aufgezeigte Fähigkeit, in nonverbaler Kommunikation unbewusst eigene Erregungszustände und die Erregungsäußerung anderer wahrzunehmen und zu vergleichen, ist elememtar für unser menschliches Sein und Miteinander-Sein.

In meinem Artikel möchte ich jene Aspekte von Wahrnehmen näher beleuchten, die bei der Ausarbeitung der vorliegenden Praxismaterialien für mich relevant waren:

- Wir haben unterschiedliche Sinne, mit denen wir die Welt wahrnehmen können: Sehen, Hören, Riechen, Schmecken, Tasten und Körperempfinden, auch kinästhetische Wahrnehmung genannt.
- In unserem Wahrnehmen haben wir unterschiedliche Präferenzen.
- Unsere Wahrnehmung kann nach innen und nach außen gerichtet sein, so dass wir aus unserem Innern kommende Empfindungen und äußere Stimuli in Relation setzen und unterscheiden können.
- Wir verknüpfen unsere aktuellen Sinneseindrücke z.T. mit sehr persönli-

chen Bedeutungen, Gefühlen, Phantasien und Erfahrungen, die uns häufig nicht bewusst sind.

Bewusstes Wahrnehmen fordert meine Offenheit heraus, Sinneseindrücke zuzulassen und mir Zeit zu geben, sie mit allen Facetten auf mich wirken zu lassen, um in einem nächsten Schritt mein Handeln zu entwickeln. Bewusstes Wahrnehmen fördert meine Wachheit mir selbst und anderen Menschen gegenüber.

Denn allzu oft reagiere ich auf bekannte Reize spontan mit schematischen Reaktionen. Dies ist sicherlich in vielen Alltagssituationen sinnvoll, wenn es um effektive Handlungsabläufe geht, wie zum Beispiel beim Autofahren: Ich habe gelernt zu bremsen, wenn ich eine rote Ampel vor mir sehe und das mache ich „automatisch".
Verallgemeinere ich diese Haltung im Kontakt mit mir und der Welt, schränke ich meine Handlungsmöglichkeiten ein.
Zunächst geht es also darum, sich bewusst zu machen, dass wir unterschiedliche Wahrnehmungsgewohnheiten haben, diese können wir nach Situation und unserer Rolle in der Situation variieren.
Welches sind meine bevorzugten „Kanäle", mit denen ich die äußere Welt erfasse? Wie ausgeprägt oder ausschließlich sind diese?
Zur Erläuterung ein kleines Beispiel: Mein Mann mäht den Rasen, meine erste Wahrnehmung ist der Duft von frisch gemähtem Heu. Eine Freundin kommt hinzu und hört vor allem das Geräusch des Rasenmähers. Der Nachbar sagt: Es gibt doch nichts Schöneres anzusehen, als eine frisch gemähte Grünfläche. Mein Mann spürt vor allem seine Muskeln in den Oberarmen. Wir alle nehmen dasselbe Ereignis wahr und haben doch unterschiedliche Eindrücke, die für uns im Vordergrund stehen. Spontan zeigen wir unsere jeweiligen Präferenzen. (Eine Anregung, sich der eigenen Präferenzen bewusst zu werden ist die „Rasenmäher-Übung")

Wie wichtig es für eine offene Verständigung mit anderen sein kann, sich der eigenen Wahrnehmungsgewohnheit bewusst zu sein, macht der folgende Dialog deutlich: Nach längerem Aneinandervorbeigerede seufzt Person A: „Du hörst mir einfach nicht zu!", während Person B klagt: „Du siehst mich nicht!". Das gegenseitigen Missverstehen beginnt hier bereits mit dem mangelnden Bewusstsein über unterschiedliche Wahrnehmungsgewohnheiten.
Die Kenntnis über unterschiedliche Wahrnehmungspriorität ist ebenso hilfreich bei der Organisation von Lern- und Erfahrungsprozessen. Nicht jede

lernende Person ist visuell optimal ansprechbar. Für mich war es kürzlich eine wichtige Erfahrung festzustellen, dass ich mir über das Hören sehr effektiv Wissen aneignen kann. (Vgl. Frederic Vester; Denken, Lernen, Vergessen; 1991)

Wir nehmen sehr komplex wahr, die äußere Welt hat für uns viele Facetten aber auch aus unserem Innern melden sich unterschiedlichste Impulse.
Reize und Empfindungen wie Hunger, Durst, Wohlsein und Unbehagen tauchen aus unserem Innern auf und werden zum Beispiel bewusst als Körperspannungen. Wie nehme ich die Botschaften meines Körpers wahr?
Ich möchte dies anhand der Erfahrungen mit der Übung „Ich höre einen Apfel“ illustrieren:
Die Teilnehmenden „erfahren“ einen Apfel nacheinander mit ihren verschiedenen Sinnen. Mit verbundenen Augen tasten sie ihn und malen ebenso mit verbundenen Augen eine Skizze ihrer Erfahrung. Derselbe Vorgang wird wiederholt mit dem Schmecken, Riechen, Hören usw.
Alle Bilder übereinandergelegt stellen ein „Apfelportrait“ dar, das das Wesen des Apfels vielschichtig wiedergibt.
In den Bildern wird deutlich, dass die mit verschlossenen Augen gezeichnete Linie entschieden differenzierter und spannungsreicher auf dem Papier wirken kann, als die mit kontrollierendem Blick begleitete Linie. Im Zeichnen mit geschlossenen Augen ist die Aufmerksamkeit mehr bei dem inneren Spannungserleben. Ein Spannungserleben, das die beschriebenen Wahrnehmungsvorgänge begleitet. Die Zeichnung kann der direkte Ausdruck dieser Empfindungsqualität sein.

Der Frage folgend, wie wir innere und äußere Wahrnehmungen mit unseren Phantasien und erinnertem Erleben verknüpfen und wie das zurückwirkt auf unsere Wahrnehmungsfähigkeit, will ich von einer weiteren Erfahrung berichten, die einige der Teilnehmenden geschildert haben:
Während sie den Apfel gerochen haben, sahen sie sich plötzlich als Kind auf der Obstbaumwiese ihrer Großeltern wieder, das Gras unter sich spürend. Entsprechendes wurde dann auch von ihnen gezeichnet.
Was ist passiert? Der Geruch des Apfels ist für sie verbunden mit einer Kindererfahrung: die Phantasie hatte sie weggetragen aus der konkreten Wahrnehmung des Geruches des aktuellen Apfels hin zu einer Szene, die lange zurück liegt und in der Erinnerung gespeichert ist, gekoppelt an eine Geruchserfahrung. Die Phantasie erwacht und kreiert das Bild auf der Obstbaumwiese.

Eine aktuelle Erfahrung wird mit einer sehr persönlichen Bedeutung, die ihre Wurzeln in der Vergangenheit hat, verknüpft. Das Beispiel macht deutlich, wie hilfreich es ist, Klarheit darüber zu haben, dass die aktuelle Erfahrung im Bewusstsein Platz gemacht hat für eine alte, sehr persönliche Erinnerung, die nur über die Mitteilung für das Gegenüber nachvollziehbar wird. Vorstellbar sind hier Alltagssituationen, in denen plötzlich sehr persönliche Bedeutungen wirksam werden und ohne Bewusstsein und Verständigung für den jeweiligen Kommunikationspartner nicht nachvollziehbar sind. Phantasien können in dieser Weise im sozialen Kontext Wahrnehmungs- und Kommunikationsbegrenzend wirksam sein, wenn sie nicht ins Bewusstsein gehoben werden.

Mit Hilfe der vorliegenden Übungen soll angeregt werden, sich der eigenen Wahrnehmungsgewohnheiten bewusst zu werden.
Der sofortige Transfer in die Gestaltung ermöglicht den spontanen Ausdruck, der eine breite Palette von Assoziationen enthält. Es ist noch nichts begründet, erklärt oder analysiert. Ich bringe mich mit meinem spontanen kreativen Ausdruck in den Austausch ein. So gehe ich in den Kontakt mit der Person mir gegenüber, die eine ebenso individuelle Wahrnehmungserfahrung gemacht hat, die sie in einer Skizze festgehalten hat. Unsere Bilder unterscheiden sich sehr. Das reizt meine Neugier und lockt mich zu Fragen. Es geht nicht um eine Beurteilung, sondern darum, zu erkennen, dass der/die andere anders ist und eine Verständigung darüber zu entwickeln, in welcher Weise wir uns unterscheiden.
Bewusstes Wahrnehmen meint also, Kenntnisse über meine persönliche Art des Wahrnehmens zu haben, zu wissen, wann ich mich in meinem Handeln auf die aktuelle Situation beziehe und wann auf erinnerte Erfahrungen oder Phantasien und schließt eine Offenheit für die von mir unterschiedenen Wahrnehmungen anderer mit ein.
In diesem Buch geht es nicht um besser oder schlechter, richtig oder falsch, sondern darum, offen zu sein für das bislang mir nicht Bekannte im mich umgebenden (Klassen-) Raum.

Uwe Krieger

Die veränderte Rolle der Lehrerin oder des Lehrers bei der Anwendung körperpädagogischer Methoden im Unterricht

Die leibliche Wahrnehmung und das Anregen von Empfindungen innerhalb der Übungen führen nicht nur bei Schülerinnen und Schülern zu Veränderungen. Die Lehrkraft selbst bekommt einen anderen Zugang zum eigenen Unterricht und nimmt diesen anders wahr. Eine erweiterte Rollendefinition wird deutlich: Lehrerinnen und Lehrer machen selbst direkte Erfahrungen, entdecken dabei Strukturen ihrer Persönlichkeit und erweitern ihr Selbstkonzept.

Wenn ich im Kunstunterricht körperpädagogische Methoden einsetze, erlebe ich vielfach selbst körperliche Entspannung, da ich die meisten Übungen und deren gestalterische Umsetzung mit meinen Schülerinnen und Schülern zusammen durchführe. In einigen Übungen kommt es darauf an, in den Körperkontakt zu gehen oder ihn zuzulassen. Vertrauen wird dabei aufgebaut. Das „Ablegen der Maske“ fällt mir auf einmal viel leichter. Eine klare und gute Selbstverständlichkeit muss von mir gezeigt werden. Meine Freude an der Bewegung während des Vor- und Mitmachens soll „anstecken“. Auf einmal sehen mich meine Schülerinnen und Schüler mit ganz anderen Augen: Ich bewege mich anders als sonst, ich laufe mit ihnen auf Socken herum, ein Reissäckchen auf dem Kopf oder auf der Schulter, ich sitze mit ihnen auf dem Fußboden, ich nehme ebenso sinnlich wahr wie sie.
Mein Verhalten während der Übungen ist als Ursache für das Verhalten der Schülerinnen und Schüler zu betrachten. Ich sehe mich mehr als Individuum und erst sekundär als Lehrer (nach Reinert/Heier)[1].

Im Begegnungsprozess mit der Gruppe entsteht die Chance, meine eigenen Grenzen zu erfahren und mich weiterzuentwickeln (nach Seeger)[2]. Der gedankliche Austausch zwischen mir und meinen Schülerinnen und Schülern im Anschluß an die Übungen oder die gestalterische Aufgabe verläuft direkt und ehrlich. Auch hier lege ich wieder stärker meine „Maske“ ab als im herkömmlichen Unterricht. Die Schülerinnen uns Schüler hören mich mit ganz anderen Ohren.

Lernen ist ein lebenlanger Prozess. Deshalb ist es so wichtig, dass ich als Lehrer für die Kinder als Lernender erfahrbar bin. Ich stärke mein Einfühlungsvermögen und lerne, meine Empfindungen anderen mitzuteilen. Dabei verbessert sich die gegenseitige Akzeptanz zwischen mir und der Gruppe.

Vorbereiten muss ich mich auf diese Art des Unterrichts anders, als ich es gewohnt bin, denn organisatorisch will einiges durchdacht sein. Die Räumlichkeit muss auf die vorhergesehenen Übungen abgestimmt werden. Im Vorfeld reserviere ich deswegen einen größeren Raum, manchmal die Turnhalle oder einen Teil davon. Eventuell werden Liegematten benötigt, Tücher müssen zur Verfügung stehen oder z.B. 15 Tennisbälle. Manchmal sind es 27 Reissäckchen, ein Kassettenrekorder, Verlängerungsschnur, großformatiges Papier von der Rolle und Malkreiden.
Viel mehr ist noch zu bedenken. Habe ich meine Extrasocken eingepackt? Ist in der Klasse am Tag zuvor angesagt worden, dass die Mädchen Hosen tragen oder dass sich alle die Ohren, Haare oder Füße gewaschen haben sollen? Einige Übungen erfordern diese Vorkehrungen. Ist der Raum gut geheizt? Sind Nebenräume belegt? Es könnte in der Stunde nämlich etwas lauter werden. Ist Musik nötig? Wenn ja, wo bekomme ich entsprechende Aufnahmen her?

Am Vortag gehe ich theoretisch und praktisch die Übungen für mich noch einmal durch. Sind die Formulierungen und Anweisungen altersgemäß? Ist das Thema der gestalterischen Aufgabe zu verstehen?
Für mich ist es wichtig, den Ablauf und die Anweisungen der durchzuführenden Übungen im Kopf zu haben, um frei vor der Gruppe zu stehen. Übungspartner für praktische Erprobungen am Vortag suche ich mir aus den Reihen meiner Familienmitglieder. Tochter und Ehefrau sind immer gerne bereit, sich von mir anleiten zu lassen. Für Atemübungen sitzen wir dann auf Hockern im Esszimmer, und ich benutze von mir angefertigte Notizen als Hilfe für Übungsanweisungen, die sich bei mir anschließend so eingeprägt haben, dass ich alles im Kopf habe und ohne Skript vor der Gruppe stehen kann. Bei komplexeren Übungsverläufen helfen mir während des Unterrichts kleine Karteikärtchen, auf denen ich wichtige Stichworte notiert habe.
Ausgesprochen positive Auswirkungen zeigen sich, wenn ich nach dem Kunstunterricht ins Lehrerzimmer gehe oder auch in den folgenden Unterricht: ich bin ausgeglichener, entspannter, verbreite gute Laune und habe wesentlich mehr Energie für die noch verbleibenden Stunden des Schulvormittags.

Miller[3] sagt: „Mir geht es gut, und Schüler/innen spüren das." Der Zunahme von Belastungen im Schulalltag kann mit körperpädagogischen Übungen entgegengewirkt werden.
Persönliches Lernen führt auch bei mir als Lehrer zum Gegensteuern von Selbstentfremdung und Fremdbestimmung.

Für mich ist der Kunstunterricht ein anderer geworden, sei es, dass ich einzelne Unterrichtseinheiten oder jede Kunststunde mit körperpädagogischen Methoden gestalte. Aber nicht nur diese Art von Unterricht nehme ich auf einmal anders wahr, insgesamt gehe ich mit einer stark veränderten Einstellung in die Schule, was längerfristig gesehen auf ein erfüllenderes Berufsleben, auch jenseits des 25jährigen Dienstjubiläums, hinauslaufen könnte.

1 Reinert, Gerd-Bodo/Heyer, Sabine; Der „gute Lehrer": Impressionen zur Lehrerpersönlichkeit als tragende Determinante der Lehrer-Schüler-Beziehung. In: Költze, Horst u.a.: Lehrertraining, Bad Heilbrunn, 1990
2 Seeger, Norbert; Kontakt und Begegung mit sich selbst und anderen. In: Pädagogik, Heft 1, Januar 1998
3 Miller, Reinhold; Sich in der Schule wohlfühlen, Weinheim und Basel, 1995

Ute Schönnagel

Empfindungsorientiertes Lernen im Fach Kunst – Erfahrungen und Ergebnisse

„Gehe durch den Raum. Bleibe in Gedanken ganz bei dir. Du schlenderst so vor dich hin. Du nimmst dich wahr. Nun achte auf den Moment, in dem du die Richtung wechselst. Was lockt dich in die andere Richtung? ... Stell dir den Weg noch einmal vor und zeichne, wie du ihn empfunden hast, oder wie du ihn gegangen bist.“ Dies war eine der ersten Übungen, mit der ich in den verschiedenen Schulstufen begann, im Kunstunterricht körperpädagogische Methoden einzusetzen. Die spontanen Reaktionen auf diese Übung waren, wie erwartet, vielfältig und teilweise auch abhängig von der Schulstufe, in der sie eingesetzt wurden.

In der Sekundarstufe waren viele Schüler und Schülerinnen dadurch verunsichert, dass zu Beginn der Stunde Stühle und Tische zur Seite gestellt wurden, um für die Übung Platz zu schaffen. Ein Teil der Schüler bewegte sich dann vorsichtig, am Rand entlang durch den Raum, andere reagierten mit Albernheit, manche nahmen Kontakt zu anderen auf, einige redeten während des Gehens, manche liefen - nur wenige konnten sich auf die Aufgabe einlassen und sich auf den Raum und sich selbst konzentrieren. - In der Grundschule sprach diese Übung das Bewegungsbedürfnis der Schüler und Schülerinnen an. Viele zeigten sich anfangs „übermotiviert“: Sie liefen schnell durch den Raum, rempelten dabei andere an, sie lachten, nahmen in der Bewegung zu anderen Kontakt auf, ließen sich spontan fallen usw. Einigen wenigen Schülern und Schülerinnen fiel es schwer, sich im Raum frei zu bewegen. Sie hielten sich am Rand und blieben zaghaft.

So vielfältig die ersten Reaktionen auch waren, so war insgesamt festzustellen, dass sich alle Schüler und Schülerinnen, obwohl das Prinzip der Freiwilligkeit herrschte, beteiligten. Für die zurückhaltenden Schüler und Schülerinnen mag es dabei eine Hilfe gewesen sein, dass in dieser, sowie auch in den meisten der folgenden Stunden der Lehrer oder die Lehrerin mitmachte.

Die Gestaltungsaufgabe, die den Schülern und Schülerinnen die Möglichkeit zu einer gegenstandsbezogenen oder einer empfindungsbezogenen Darstellung gab, versetzte die Mehrheit in Ratlosigkeit, Resignation oder rief Fragen hervor, die eine Hilfestellung forderten: Was soll ich tun? Wie geht das? Was soll ich zeichnen? Der Hinweis, es gäbe bei dieser Aufgabe kein Falsch oder Richtig, und die Ermutigung, das zu zeichnen, was man selbst für richtig halte, brachte schließlich doch alle dazu, etwas darzustellen. In der Grundschule, sowie in der Sekundarstufe 1 zeichneten viele Schüler und Schülerinnen sich selbst in der Klasse, es wurden Tische, Schränke etc. klischeehaft dargestellt. Begegnungen mit Mitschülern und Mitschülerinnen wurden festgehalten, sowie die eigenen Erlebnisse auf dem Weg z.T. mit Sprechblasen kommentiert. Viele orientierten sich an den Zeichnungen des Nachbarn. Empfindungsbezogene oder abstraktere Darstellungen wurden wenn, dann in den höheren Klassen angefertigt.

Den Abschluß von Übung und gestalterischer Darstellung bildete in dieser ersten Stunde, ebenso wie in allen folgenden Stunden, ein Gesprächskreis, in dem das Produkt jedes Schülers und jeder Schülerin präsentiert wurde. Für den Kreis galten die Regeln, dass sich jeder zu seinem Produkt äußern kann, es aber nicht muss und dass andere Fragen stellen dürfen, deren Beantwortung freigestellt ist. Von der ersten Stunde an zeigten alle Schüler und Schülerinnen ein großes Interesse an diesem Gespräch. Es herrschte eine auffallend gute Gesprächsdisziplin, selbst in Klassen, die dafür bekannt waren, dass ein Gespräch eher schwer zu führen war. Alle waren neugierig, wie wohl die anderen diese Aufgabe gelöst hatten, ob sie ähnlich oder auch ganz anders an sie herangegangen waren. In dieser ersten Gesprächsrunde beteiligte sich nur ein kleiner Teil der Schüler und Schülerinnen. Viele hörten erst einmal interessiert zu. Diejenigen, die sich äußerten, stellten sprachlich noch einmal dar, was sie vorher visualisiert hatten. Eigene Empfindungen wurden hier noch nicht verbalisiert.

Im Folgenden möchte ich beispielhaft von einem Jungen aus der 5. Klasse mit Hauptschulempfehlung berichten, den ich über ein Jahr hinweg beobachtete. Hier Auszüge aus den Protokollen:

- Stand zu Beginn des Schuljahres: F. ist ein sportlicher Schüler. Er ist sehr ruhig und zurückhaltend. Ehe er sich äußert, wartet er ab, was andere sagen. Er ist freundlich zu seinen Mitschülern hat aber nur zu sehr wenigen Kontakt. - Bei Kennenlern- und Gruppenspielen macht er gern mit, ist aber vorsichtig mit seinen Äußerungen. Körperkontakt mit anderen vermeidet er. - Bewegungsübungen sind ihm oft „peinlich". Er macht sie zwar mit, aber eher verhalten. - Bei den Wahrnehmungsübungen zeigt er großes Interesse und teilweise Spaß, kann es aber z.B. nicht aushalten, mit einer Augenbinde geführt zu werden. - F. zeigt sich manchmal „launisch". Gelingt ihm etwas bei der gestalterischen Umsetzung nicht, kann es passieren, dass er sein Blatt zerreißt. Findet er auf Anhieb keinen Zugang zu einer gestalterischen Aufgabe, kommt sein geringes Selbstwertgefühl hoch. Mit der Äußerung: „Das kann ich nicht", verweigert er die Mitarbeit. Manchmal kann ihn eine Hilfestellung oder gutes Zureden umstimmen.

- Stand zum Halbjahr: F. zeigt an allen Übungen reges Interesse. Bewegungsübungen sind ihm nicht mehr „peinlich", im Gegenteil, er geht teilweise recht offensiv und offen an die gestellten Aufgaben heran. Bei Übungen zur Körperwahrnehmung zieht er sich z.B., entgegen meinen Erwartungen, sogar die Strümpfe aus, um seinen Fuß zu spüren. - Gestalterische Aufgaben bringen ihm sichtlich Spaß. Er bringt zusätzliches Material von zu Hause mit und ist mir gegenüber äußerst hilfsbereit. - In Unterrichtsgesprächen äußert er oft, dass ihm etwas Spaß gebracht hat. Von den anderen Kollegen wird F. bei der Halbjahreszeugniskonferenz als Schüler mit großen Lernproblemen dargestellt, der sich störrisch, faul und uneinsichtig zeigt.
- Stand zum Ende des Schuljahres: F.s Stand, den er zum Halbjahr hatte, hat sich positiv fortgesetzt. Er macht alle Übungen, bei denen er allein oder mit einem Partner arbeiten kann, gern mit und zeigt sich unbefangen. Bei Gruppenarbeiten zieht er sich, wenn der Kontakt zu eng wird, zurück. - Bei gestalterischen Aufgaben arbeitet er selbstbewusst und zeigt großes Bemühen, Gespürtes und Empfundenes „authentisch" umzusetzen. Findet er keinen Zugang zu einer Gestaltung, so holt er sich bei mir Hilfe. Das Verweigern von Mitarbeit tritt nicht mehr auf. - F. arbeitet oft gegenständlich und kleinformatig. Manchmal äußert er, dass er mit seinem Ergebnis nicht zufrieden ist. Gespräche über den Grund seiner Unzufriedenheit, bzw. Zuspruch und Ermutigung zu seinem Ergebnis zu stehen, können seine Unzufriedenheit abbauen. In Gesprächen im Sitzkreis äußert er sich gern und seine Beiträge zeigen, dass er besonders Spaß an den Übungen hat. - F.s Verhalten im Kunstunterricht unterscheidet sich immer noch deutlich von seinem Verhalten im sonstigen Unterricht.

So wie für F. das empfindungsorientierte Lernen ein Impuls war, ihn in seiner Persönlichkeitsentwicklung zu fordern und zu fördern, so wurden bei anderen Schülern und Schülerinnen wiederum andere Prozesse initiiert, die gegen Ende der Erprobungsphase ein immer deutlicher werdendes Bild von den Veränderungen gaben. Die individuellen Veränderungen trugen dabei in einzelnen Klassen auch zu einer angenehmeren Athmosphäre bei.

Bei den meisten Schülern und Schülerinnen in den weiterführenden Schulstufen war zu sehen, dass die Freude und der Spaß, die unterschiedlichen Übungen auszuprobieren, zunahmen. Sie bewegten sich freier, experimentierten für sich oder aber auch mit anderen zusammen mit den verschiedensten Bewegungsformen. Was sie früher für ungewöhnlich und befremdlich gefunden hätten, führten sie nun selber aus. Die anfangs zögerlichen Schüler und Schülerinnen bewegten sich nach und nach recht frei und ohne Angst. Bei Aufgaben, bei denen die Wahrnehmung im Vordergrund stand, zeigten sie immer mehr Ausdauer und Konzentration. Albernheiten aus Verlegenheit traten kaum noch auf. - In der Grundschule war auffällig, dass es den Schülern und Schülerinnen im Laufe der Zeit immer besser gelang, sich auf die gestellten Aufgaben zu konzentrieren und den Fokus stärker auf das eigene Empfinden zu lenken. Auch in dieser Altersstufe entwickelte sich eine Begeisterung dafür, mit Bewegung zu experimentieren. Diese Tatsache führte manchmal sogar dazu, dass ein Thema, das für eine Stunde geplant war, dann in der Realität mehrere Unterrichtsstunden füllte, weil die Schüler und Schülerinnen eine vorher nicht geahnte Experimentierfreude entwickelten.

Das Herangehen an die gestalterische Aufgabe im Anschluß an eine Köperübung wurde schon nach kurzer Zeit zur Selbstverständlichkeit. Es war deutlich zu beobachten, dass viele Schüler und Schülerinnen Vertrauen in ihre Wahrnehmung bekamen. Dieses Vertrauen zeigte sich in der Sicherheit und im Selbstbewusstsein, mit dem sie ihre Wahrnehmungen ausdrückten und besprachen. Besonders bei den anfangs zurückhaltenden und zögernden Schülern und Schülerinnen fiel diese Entwicklung auf. Jeder war bemüht, das, was er gespürt und wahrgenommen hatte, treffend gestalterisch umzusetzen. So trat kaum noch eine Orientierung am Nachbarn auf, ebenso rückten die Schüler und Schülerinnen nach und nach immer mehr von Klischeedarstellungen ab.

Die gestalterischen Umsetzungen wurden großformatiger und farbintensiver. Das Repertoire, gestalterische Mittel einzusetzen, um Empfindungen und Stimmungen treffend zum Ausdruck zu bringen, wurde erweitert. In den Arbeitsphasen gingen alle mit großer Ernsthaftigkeit und mit hoher Konzentration an die Aufgabe heran. Mancher arbeitete bis in die Pausen hinein, um eine angefangene Arbeit zu beenden und nahezu ohne Ausnahme stellten alle Schüler und Schülerinnen, ohne dass darauf gedrungen werden musste, ihre Produkte fertig.

Das selbstverantwortliche Fertigstellen der Arbeiten hing damit zusammen, dass jeder und jede ein großes Interesse daran hatte, sein Produkt im Abschlussgesprächskreis zu präsentieren. In diesem Gesprächskreis nahm die Beteiligung der Schüler und Schülerinnen rasch zu. Selbst die Zurückhaltenden meldeten sich immer häufiger zu Wort, wobei es auch vorkam, dass jemand für sich in Anspruch nahm, sich nicht zu äußern, weil das Dargestellte und damit das Empfundene und Gespürte zu persönlich und privat war. Bei den Stellungnahmen zu den eigenen Arbeiten war erstaunlich, wie offen und auch selbstbewusst die meisten von dem Gespürten und Empfundenen erzählten. Die sprachlichen Ausdrucksmittel wurden differenzierter, so dass das individuell Gespürte am Ende der Erprobungsphase auch sprachlich sehr treffend dargestellt werden konnte. Die Mitschüler und Mitschülerinnen reagierten auf das Gesagte mit einem hohen Maß an Akzeptanz und Verständnis. Dies merkte man auch an den Zwischenfragen, die oft sehr einfühlsam waren. Die große Aufmerksamkeit machte deutlich, dass ein Interesse darin bestand, etwas über Mitschüler und Mitschülerinnen zu erfahren.

Die Gesprächskreise, ebenso wie die vermehrte Selbsterkenntnis und die in den einzelnen Themen intendierte soziale Komponente hatten einen positiven Einfluss auf das soziale Klima in den Klassen. Schüler und Schülerinnen, die am Anfang am Rande der Klassengemeinschaft gestanden hatten, brachten sich selbst mehr ein und wurden von den anderen nach und nach eher angenommen. So gab es bei Partner- oder Gruppenarbeiten immer seltener das Problem, einen außenstehenden Schüler oder eine außenstehende Schülerin zu integrieren, weil von beiden Seiten etwas dazu beigetragen wurde, sich gegenseitig zu akzeptieren. Auch Spannungen zwischen Mädchen und Jungen, die sich anfangs u.a. darin ausdrückten, dass es bei Partner- oder Gruppenarbeit in der Regel nur gleichgeschlechtliche Gruppen gab, konnten in den Kunststunden abgebaut werden. Immer öfter arbeiteten die Schüler und Schülerinnen in gemischten Gruppen zusammen. - In der Grundschule war festzustellen, dass die Wahrnehmung des eigenen Körperempfindens bei einigen Schülern und Schülerinnen zu einer realistischeren Neubewertung des Selbstbildes führten. So beobachtete meine Kollegin Karin Buchgeister am Anfang des Modellversuchs bei einer körperlich sehr „gewichtigen" Schülerin der 2.Klasse, dass diese sich stets selbst in ihren Zeichnungen immer als schlankes, schwebendes Mädchen ohne Beine und Füße zeichnete. Sie hatte trotz ihres insgesamt angepassten Verhaltens eine Außenseiterrolle in der Klasse. - Nach einem halben Jahr zeichnete dieses Mädchen sich selbst wesentlich realistischer, in ihrer Fülle und auf dem Boden stehend.

Damit einher ging ein unkonzentriertes Arbeitsverhalten, Unlust zu Hausaufgaben, Verweigerung von Mitarbeit und Handgreiflichkeiten gegenüber anderen. - Nach einem Jahr hatte sich diese Schülerin angemessen in den Klassenverband integriert. Sie arbeitete zuverlässig mit, war ruhiger geworden, führte Arbeiten wieder von sich aus bis zum Ende durch und hatte eine Freundin gefunden. - Bei dieser Schülerin führte die differenzierte Körperwahrnehmung, nach einer Phase aggressiven Verhaltens, zu einer realistischeren Neubewertung des Selbstbildes, verbunden mit einer stimmigeren Integration in die Klassengemeinschaft.

Der Aufbau des Übungsteils

Im Übungsteil stehen die die Teilnehmenden mit ihren momentanen individuellen Beziehungen zur Umwelt im Mittelpunkt.
Die Themen der Übungen sind das Sich-Selbst-bewusst-Empfinden

- im Wahrnehmen von Objekten,
- im Wahrnehmen der eigenen Bewegung,
- in der Bewegung mit einer Partnerin/einem Partner,
- innerhalb von Gruppen.

Lernen in der Schule ist zu meist objektbezogen und kognitiv organisiert. Aus dieser Erfahrung beginnen wir den Übungsteil so, dass an diese vertraute Weise des Lernens angeknüpft wird, um in der Abfolge der Übungen und Methoden mehr und mehr die Möglichkeit zu geben, die Wahrnehmung der eigenen Empfindungen zu differenzieren. Die Vorgehensweisen in der Gestaltpädagogik, Tanzpädagogik und Atemlehre sind unterschiedlich. Die Übungen sind daher weitgehend im Zusammenhang ihrer Methode belassen und der Übungsteil nach diesen Methoden gegliedert. Die einzelnen Kapitel beginnen mit den leichter einsetzbaren Übungen. In nummerischer Folge nimmt deren Komplexität und damit die Anforderung für die Anleitenden und die Gruppe zu.
Am Anfang stehen Übungen, die die Reflexion über eigene Wahrnehmungsweisen ermöglichen und ein Bewusstsein für die leiblichen Zusammenhänge von Bewegungen und Bewegungsmustern schaffen. In diesen Teil sind Erfahrungen aus der Feldenkrais -Methode® aufgenommen.
Darauf folgen Grundhaltungen und Bewegungen, mit denen viele Übungen im Sitzen und Stehen beginnen. Sie sind sinnvollerweise mit den Gruppen zu erarbeiten.
Die Wahrnehmungsübungen der Gestalt- und Interaktionspädagogik sind nach ihrer Sozialform in Einzel-, Paar- und Gruppenübungen unterteilt. Entsprechend sind die Inhalte, ein Empfinden für sich selbst aufzubauen, bewusst mit dem anderen in Kontakt zu gehen und die Wahrnehmung für das eigene Verhalten in der Gruppe zu differenzieren. Hier finden sich auch Übungen, die als Bindeglied zwischen objektbezogener Wahrnehmung und subjektbezogener Wahrnehmung dienen. In ihnen begreift der Übende nicht vorrangig das Objekt, sondern erkennt sich selbst im Wahrnehmungsvorgang und lernt seine individuelle Wahrnehmungseigenart von denen der anderen Gruppenmitglieder zu unterscheiden.

Die Übungen aus der Tanzpädagogik schaffen ein Bewusstsein für das eigene Bewegungsverhalten und den Körperausdruck. Auch hier beginnen wir mit Bewegungserfahrungen, die durch den unterschiedlichen Umgang mit Gegenständen angeregt werden. Es folgen Übungen zum Blancieren und die bewegte Auseinandersetzung mit den Raumgrenzen, um das Bewegungs- und Empfindungsrepertoir zu öffnen. Die eigenen Bewegungsweisen zu thematisieren, verhilft dabei, sich selbst in seiner Weise zu akzeptieren und zum Erkennen unterschiedlicher eigenständiger Möglichkeiten. Am Ende dieses Kapitels stehen Partner und Gruppenübungen, die die soziale Komponente von Körpersprache erlebbar werden lassen.
Die Wahrnehmung innerer Bewegungen und Empfindungen wird wesentlich durch die Atemlehre von Ilse Middendorf „Der erfahrbare Atem" gefördert. Die Atembewegung ist, wenn sie gelassen wird, eine Bewegung aus dem Inneren heraus. Über das Empfinden der Atembewegung kann Bewusstsein über die eigene aktuelle Verfassung entstehen. Als vertraute Form des Atems kennen wir den willentlichen Atem, z.B. wenn wir einen Luftballon aufblasen. Der gelassene Atem ist hingegen der Atem, der geschieht und dabei bewusst wahrgenommen wird. Entspannung und Anspannung jeglicher Art verändern die Atembewegung. Diese Verbindung zwischen der Stimmung und dem Atemverhalten wirkt auch in entgegengesetzter Weise. Durch die Übungen der Atemlehre kann die Atembewegungen weiter werden und die Person gelassener. Die Einzelübungen sind relativ offen, um einen individuellen Zugang zu der in der Übung angeregten Erfahrung zu ermöglichen. Für den Unterricht wurden die Übungen in ihrer Struktur vereinfacht.
Das Dehnprinzip liegt einem Großteil der Übungen im „Erfahrbaren Atem" zugrunde. Das „Dehnen" bringt in der Regel einen Impuls Einzuatmen mit sich. Dehne ich eine beliebige Gegend meines Körpers, kann ich wahrnehmen, wie ohne jeden willentlichen Einsatz der Einatem in mich hineinströmt - vorausgesetzt, ich lasse dies geschehen.
Über die direkt oder indirekt miteinander verbundenen Muskeln kann sich, bei entsprechender Durchlässigkeit der angrenzenden Muskulatur, die Dehnungen im ganzen Körper fortpflanzen: Wir empfinden, wie sich der Einatem im Körper ausbreitet, Raum nimmt und der Ausatem in stärkerem, kräftigeren Strom dieses Volumen wieder abgibt. Nach einem ausgiebigen Durchdehnen des ganzen Körpers kann der Gesamttonus des Menschen ausgeglichener sein.
Dehnen und Einatem kann zu einem Vorgang werden: habe ich genug eingeatmet, ist auch die Dehnung beendet. Im Ausatem schwinge ich bis zum Punkt der Ruhe zurück. Überziehe ich meine Bewegungen, führe ich den

Atem willentlich hinein und heraus oder strecke mich, ist dieses harmonische Spiel unterbrochen. Beim Strecken wird im Gegensatz zum Dehnen die Bewegung bis an die äußerste Grenze geführt und die Muskeln in hoher Spannung fest gehalten. Durch das Strecken entsteht kein Einatemreflex.
Je nachdem welcher Körperbereich durch die Übungen angesprochen wird, können unterschiedliche Empfindungen und Selbstwahrnehmungen gefördert werden. Ilse Middendorf benutzt den Begriff des Atemraumes, um die Empfindungen und Wirkungen zu unterscheiden.
Der Bereich des unteren Atemraums entspricht etwa den Füßen, Beinen und dem Becken.
Durch die Übungen zum unteren Atemraum können die Erfahrungen, sicher gegründet zu sein, das Urvertrauen und die Vitalität gefördert werden.
Die Übungen zum mittleren Atemraum stärken Selbstvertrauen, Präsenz und Heiterkeit und ermutigen zum echten Eigenen, statt der bekannten Erfüllung äußerer Leistungsanforderungen.
Organisch ist der mittlere Atemraum mit dem Bereich der Taille, des Zwerchfells und dem Brustkorb und seiner Organe beschrieben.
Mit den Übungen des oberen Atemraums können die Entfaltung der Persönlichkeit, Empfindungen von Leichtigkeit und Helle gefördert werden. Der obere Atemraum entspricht dem Schultergürtel, Hals und Kopf.
Zum Schluss folgen Übungen, die die Atem- und Empfindungsräume des ganzen Körpers verbinden.
Den einzelnen Kapiteln ist eine Übersicht der in ihnen enthaltenen Übungen mit ihren Intentionen vorangestellt.
Nach dem Übungsteil zeigen drei Unterrichtseinheiten, die sich an dem Lehrplan in Schleswig-Holstein orientieren, wie Unterrichtsinhalte und Übungsfolgen über mehrer Unterichtsstunden aufgebaut sein können.

Hinweise zum Anleiten

Nehmen Sie sich Zeit, die Übungen für sich selber zu erarbeiten. Das Wissen, welche Körperempfindungen oder welche Wahrnehmungen des Raumes Ihnen während der Übung möglich war, wird Ihnen beim Anleiten der Übungen Sicherheit geben. Ideal ist es, sich die Übungen in einem Arbeitskreis aus Kolleginnen oder Kollegen anzueignen. Gemeinsam fällt es leichter, Prozesse in den angeleiteten Gruppen oder Klassen und die eigene Art und Weise des Anleitens zu reflektieren. Der Austausch regt an, die Übungen flexibel einzusetzen.
Am leichtesten beginnen Sie mit Übungen, die Ihnen Freude bereitet haben oder die Ihnen ein interessantes und einprägsames Erleben ermöglichten. Sie werden diese Übungen am überzeugendsten vermitteln können. Was aber nicht heißt, dass es allen in der angeleiteten Gruppe genauso gehen wird wie Ihnen. Die Übungen beinhalten relativ einfache Eigen- und Fremdwahrnehmungen, die jedoch in Schulklassen oder anderen Grupenzusammenhängen selten nachgefragt werden. Beim Beginnen mit diesen Übungen kann es daher vorkommen, dass die Angeleiteten assoziativ reagieren und statt einer aktuellen Empfindung mit dem, was in ihrer Phantasie freigesetzt wird, antworten oder mit einer Eigenwahrnehmung, die konträr zur Intention der Übung ist. Durch eine belebende Übung kann z.B. jemand aufmerksam werden auf die eigene aktuelle Müdigkeit.
Beginnen Sie mit einfachen Übungen. Probieren Sie aus, welchen Übungen die Gruppe folgen kann. Stimmen Die die Übungen ab auf die Fähigkeit der Teilnehmenden, den eigenen Empfindungen zu trauen und sie innerhalb der Gruppe zum Ausdruck zu bringen.
Richten Sie die Auswahl der Übungen auch nach der Größe des zur Verfügung stehenden Raumes. Übungen, deren Durchführen viel Platz braucht, können gut in Räumen, die mit Bewegungserwartungen verbunden sind, wie der Sporthalle oder dem Gymnastikraum, eingesetzt werden.
Die Übungen, die das Empfinden durch Bewegungen anregen, sind zum besseren Verständnis erst im Bewegungsablauf zu demonstrieren und dann gemeinsam mit der Gruppe durchzuführen. Nicht selber teilnehmen sollten Sie an Übungen die durch das Sprechen eines Textes geleitet werden (wie z.B.: W 10 „Ich höre einen Apfel", W 11 „Kennst du deine Hand?", W 12 „Liebst du dein Ohr?") oder deren Inhalt soziale Verhaltensweisen sind (B2 bis B16 und IG 3 bis IG 6). So können Sie dann aufmerksam sein für die Art und Weise, wie die Teilnehmenden die Übung umsetzen und gegebenenfalls Schutz geben.

Bei einem Teil der sprechend geleiteten Übungen wird den Teilnehmenden empfohlen, die Augen zu schließen. Dabei gibt das Hören Ihrer Stimme den Teilnehmenden Sicherheit. Aus der Beobachtung der Einzelnen in der Gruppe ergibt sich für Sie das Timing des Sprechens. Entsteht Unruhe, weil einige mechanisch die angeleitete Bewegung ausführen, um sich dann wieder anderem zuzuwenden, können Sie die Passage mit Betonung auf das Wahrzunehmende wiederholen oder diejenigen durch schnelleren Sprachfluß einbinden. Andererseits kann es vorkommen, dass einzelne über die Empfindung in Assoziationen oder Gefühle gleiten. Hier kann über kürzere Pausen im Sprachfluss der Kontakt zum Wahrnehmen des gegenwärtigen Empfindens wieder hergestellt und gehalten werden.
Von der gesprochenen Anregung in eine Körperregion zu spüren, z.B. die Füße, bis zum aufmerksamen Wahrnehmen der Empfindungen in den Füßen, braucht es im Allgemeinen die Zeit von ein bis zwei Atemzügen. Probieren Sie für sich aus, wieviel Zeit Sie brauchen zwischen Anregung und sich einstellender Empfindung. Das Wissen für den Zeitverlauf Ihrer eigenen Empfindungsvorgänge erleichert das Timing beim Anleiten der Übungen. In einigen Übungen weisen Punkte • auf Sprechpausen hin.
Bei den Paarübungen, deren soziale Inhalte: anderen vertrauen, sich einigen, Kontakt aufnehmen, sich abgrenzen usw. sind, kann es sinnvoll sein, zu Beginn feste Paare in der Gruppe zu bilden. Das gemeinsame Üben und der Austausch wird durch die Kontinuität der Paare schneller selbstverständlich. Bei mehr Erfahrung mit der Arbeitsweise können die Partnerinnen und Partner mehr und mehr gewechselt werden.
Die Übungstexte enthalten bewusst nur wenige Metaphern. Sie sind nur dort eingesetzt, wo sie zum Einleiten eines Empfindungsgeschehens oder zum Einbetten der Bewegung in einen Handlungsablauf hilfreich sind. Beim freien Sprechen der Übungen berücksichtigen Sie bitte, dass Metaphern Assoziationen wecken können, die von dem aktuellen Befinden ablenken oder als Bildvorgaben für die folgende gestalterische Umsetzung missverstanden werden können.
Die nach den Wahrnehmungsübungen offen gestellten gestalterischen Aufgaben können die Teilnehmenden anfangs irritieren und die Frage entstehen lassen, was sie denn eigentlich zeichnen sollen. Darum ist es sinnvoll die Aufgabe in zwei Variationen anzubieten:
Erstens als objektives Geschehen, z.B.: Zeichne, wie du mit dem Tuch tanztest;
Zweitens als subjektives Erleben: Zeichne, wie du deinen Tanz mit dem Tuch empfunden hast.

Es wird einige Male dauern, bis alle Teilnehmenden einen Zugang zur gestalterischen Aufgabe gefunden haben. Variieren Sie die Aufgaben entsprechend den Altersstufen und dem Zusammenhang, in dem sie die Übungen stellen. Bieten Sie dabei nur einfache gestalterische Medien für die Darstellung der Empfindungen an. Der Ausdruck einer persönlichen Wahrnehmung ist dann leichter möglich, wenn nicht gleichzeitig die Handhabung aufwendiger gestalterischer Verfahren zum Thema gemacht wird. Bei älteren Jahrgängen der Sekundarstufe I und II kann der erste skizzenhafte Entwurf, mit einfachen Materialien, später in seiner Aussage mit anderen, aufwendigeren Mitteln präzisiert werden.
In einer abschließenden Reflexionsphase sollten alle in einem Kreisgespräch die Möglichkeit haben, von ihren Erfahrungen und wie sie diese gestalterisch umsetzten zu sprechen. Das Moderieren der Reflexionsphase in der Gruppe wird durch Gesprächsregeln erleichtert, die Sie nach und nach als festen Kodex für die Reflexionsphase einführen sollten.
Die Regeln sind:

- Eine Person spricht zur Zeit. Ein Sprechstein oder Ball kann dabei, in der Hand gehalten, Sicherheit geben und die Struktur im Kreisgespräch stützen.
- Sprich von dir selbst und entscheide, wann du reden und was du sagen willst.
- Sprich von dir in Ich-Form, statt von „man“ oder „wir“.
- Anstatt Vermutungen oder Phantasien über die Bilder/Objekte anderer zu äußern, frage nach.
- Die gefragte Person entscheidet, ob sie antworten will oder nicht.
- Statt Ratschläge zu geben, sprich von deinen Erfahrungen.
- Beurteile die Erfahrungen und den gestalterischen Ausdruck anderer nicht.

Diese Übungen sind nur im bewertungsfreien Raum einsetzbar, da das Vertrauen zum eigenen subjektiven Erleben und dessen Ausdruck durch „objektive“ Beurteilung irritiert oder behindert wird. Vermitteln Sie beim Anleitenden, dass es im Ausdruck nicht richtig oder falsch gibt. Die Teilnehmenden entwickeln durch die Beispiele der anderen in der Regel bald ein Gespür dafür, was als Ausdruck ihrer Empfindungen angemessen und ihnen möglich ist. Konfrontieren Sie gegebenenfalls wertendes Verhalten und führen den Austausch wieder auf die Ebene aktueller Empfindungswahrnehmungen zurück.
Berichten Sie im Kreisgespräch auch von eigenen Erfahrungen mit den

Übungen, die Übungen werden dadurch für die Teilnehmenden selbstverständlicher.
Eine gute Arbeitsatmosphäre ist geschaffen, wenn sich alle in der Gruppe sicher und akzeptiert fühlen.
Die Übungen in diesem Buch können an Schulen in den normalen Unterricht integriert werden. In der Regel wird mit der Anregung von Wahrnehmungen und Empfindungen begonnen, dann folgt der gestalterische Ausdruck des Wahrgenommenen. Am Ende steht die Reflexionsphase, die in einer einfachen Schulstunde nur mit exemplarischen Bildbetrachtungen oder kurzen Statements zu den eigenenen Arbeiten ausgeführt werden kann.
Sind die Übungen länger oder wird je nach Altersstufe die gegenseitige Vorstellung des Wahrgenommenen und ihrer Darstellung um Fragen der Komposition, kunsthistorischer Vergleiche etc. erweitert, ist der Zeitrahmen einer Doppelstunde erforderlich.
Die Aufmerksamkeit in den Phase von Wahrnehmungs- und Empfindungsübungen und der gestalterischen Umsetzung hält sich bei den Schülerinnen und Schülern sehr unterschiedlich. Für den Prozess in der Gruppe ist daher das Einhalten einer vertraute Zeitstruktur sinnvoll. Die Schülerinnen und Schüler können gegebenenfalls ihre Arbeiten zu Hause weiter ausführen. Die Reaktionen auf empfindungsorientierte Übungen sind nach Altersgruppe der Kinder und Jugendlichen verschieden.
Im Grundschulalter haben die Kinder überwiegend eine große Bewegungslust und eine selbstverständliche Art, ihre Beziehungen zur Umwelt über Empfindungen und Gefühle zu deuten. Die Kinder nehmen die auf Bewegungen beruhenden Übungen selbstverständlich an und entwickelten durch sie ein Bewusstsein für ihre persönlichen Wahrnehmungsweisen und ihren eigenständigen Ausdruck in Körperhaltung, Bewegung und Gestaltung. Der Austausch über individuell unterschiedliche Wahrnehmungen kann so kultiviert werden.
In den fünften Klassen ist es sinvoll, den Unterricht mit Übungen zur differenzierten Wahrnehmung von Objekten zubeginnen, ehe spielerisch zur Differenzierung der Eigen- und Fremdwahrnehmung übergegangen wird. Die Schülerinnen und Schüler haben zum Teil sehr festgelegte Erwartungen an den Ablauf und die Zielsetzungen von Unterricht. Die oft neue Zusammensetzung der Gruppe hemmt zudem das Vertrauen darin, mit der „unabgesicherten“ Empfindungsäusserung richtig zu liegen.
Ab der siebten Klasse sind die Schülerinnen und Schüler, mit der beginnenden Pubertät, in ihrem Selbstbild verunsichert. Besonders Jungen können bei Wahrnehmungsübungen, die mit Bewegungen verbunden sind, mit Passivität

reagieren. Übungen zur Wahrnehmung und Empfindungsdifferenzierung sind in dieser Altergruppe anfangs strukturierter anzuleiten. Je strukturierter eine Übung angeleitet wird, desto mehr Sicherheit gibt sie. Gleichzeitig ist jedoch die mögliche innere Wahrnehmung eingegrenzter. Ab der siebten Klasse profitieren die Schülerinnen und Schüler besonders in ihrem Sozialverhalten von den Übungen zum Sich-bewusst-abgrenzen und Kontakt aufnehmen.
Letztlich sind mit den genannten Methoden unterschiedliche Tiefen der Selbstempfindung möglich, je nachdem wie stark die einzelne Übung in der Anleitung strukturiert und mit welcher Wortwahl die Bewegungen angeregt werden. Das Spektrum der Wirkungen kann je nach Unterrichtsstil und Gruppensituation von sportlicher Gymnastik bis zur fein empfundenen „Meditation" über sich selbst reichen.
Die Auswahl der Übungen richtet sich nach dem Bedarf der Klassen, dem angestrebten Lernziel und den persönlichen Vorlieben der Lehrerinnen und Lehrer, denn ihre Präsenz im Anleiten ist wesentlich für die Motivation der Schülerinnen und Schüler, an den Übungen teilzunehmen.

Der Aufbau der einzelnen Übungen
Die Titelzeile der Übungen enthält neben dem Titel einige allgemeine Informationen. Rechts ist ein Kürzel für die Übung, die bei Querverweisen Verwendung findet. Links in der Titelzeile sind Symbole für die Sozialform und die Zeit. Die Sozialform Einzel-, Paar- und Gruppenübung wird durch ein, zwei oder drei Figuren angezeigt. Die Dauer der Übungen zeigt das Uhrsymbol als kurz, mittel oder lang an. Auf genauere Angaben haben wir verzichtet, da die Zeit von sehr unterschiedlichen Faktoren beeinflusst ist, wie die Art und Weise des Anleitens, das Verhalten der Teilnehmenden oder einfach der Zeit, die zur Verfügung steht.
Unter der Titelzeile ist die Intention der Übung noch einmal zusammengefasst. Der Abschnitt „Durchführen" beinhaltet den Text der Übung und ergänzende Hinweise. Der Text ist mit Blick auf die heterogene Zusammensetzung von Schulklassen in appelierender Form geschrieben. Er zeigt beispielhaft, wie die Übung angeleitet werden kann. Der Text ist im Ausdruck und in der Wortwahl auf die angeleitetet Altersgruppe hin zu variieren. Kursiv gesetzt sind ergänzende Aspekte, die nicht mitzusprechen sind.
Im Abschnitt „Gestalten" sind erprobte Aufgabenstellungen und die dazu verwendeten Materialien aufgeführt. Die Aufgabenstellungen sind relativ offen gehalten und thematisieren Erfahrungen aus der Wahrnehmungsübung. Unter „Reflektieren" sind Fragestellungen wiedergegeben, um das Gespräch

über die Erfahrungen und deren Ausdruck einzuleiten und zum Teil bestimmte Sozialformen für die Reflexion vorgeschlagen.
Ergänzende Erfahrungen zu den Übungen sind im Abschnitt „Hinweise" zu finden.
Das graue Feld am Ende der Übung kann Informationen beinhalten:

- zum Aufbau einer Übungsfolge. Aus der letzten Übung ergibt sich dann die gestalterische Aufgabe.
- zu einer Unterrichtseinheit (UE), in der diese Übung eingesetzt ist.
- zu einem kunstpädagogischen Thema, mit dem sich die Übung verknüpfen lässt.
- zu Künstlerinnen und Künstlern die mit ihrem Werk als Beispiele dienen können.

Bei den letzteren haben wir bei der Werkauswahl, wenn möglich, das Angebot an Kunstdrucken des Gerstäcker Verlages und des Ernst Klett Verlages berücksichtigt.

Verzeichnis der Übungen

Übungen zur Reflexion über Wahrnehmungs- und Bewegungsverhalten

Ich nehmen andere wahr, nehme Kontakt auf und grenze mich ab

Ich in der Gruppe

Übungen aus der Tanzpädagogik

Das bewegte Wechselspiel zwischen mir, dem Gegenstand und anderen

Balancieren und Raumerfahrung

Gemeinsame Rhythmen, zusammen schwingen

Übungen aus der Atemlehre

Der untere Atemraum: Kontakt zum Boden, Vertrauen, getragen sein

Der mittlere Atemraum: Selbstvertrauen und Gelassenheit

Übungen zur Reflexion über Wahrnehmungs- und Bewegungsverhalten

	Diese Anregung ermöglicht,
R 1 Suchbilder	- zu erkennen, dass Sehen ein deutender Vorgang ist. - zu erfahren, dass es fokussiertes und defokussiertes Sehen gibt.
R 2 Lutschbonbon	- zu erfahren, dass zur Zeit ein Sinn im Vordergrund der Wahrnehmung ist.
R 3 Rasenmäher-Übung	- sich des eigenen Wahrnehmungsverhaltens bewusst zu werden. - individuell unterschiedliche Wahrnehmungweisen kennen zu lernen.
R 4 Die Hände falten	- Bewegungs- und Empfindungsgewohnheiten an sich wahrzunehmen. - neue Verhaltensweisen auszuprobieren
R 5 Gehen mit unbeweglichem Fußgelenk	- sich darüber bewusst zu werden, dass an einer Bewegung der ganze Körper beteiligt ist.
R 6 Ich stehe auf meinen Füßen – die eigene Fußstellung kennen zu lernen.	- die Fußstellung anderer nachzuempfinden.
R 7 Fußstellung und Standsicherheit	- den Zusammenhang von Fußstellung und Standsicherheit zu empfinden.
R 8 Atembewegung erspüren	- wahrzunehmen, dass sich die Oberfläche des Körpers beim Atmen bewegt. Im Einatmen weitet sich der Körper und im Ausatmen schwingt er zurück in die Ausgangsform. - den Körper räumlich zu empfinden.

R1 Suchbilder

Diese Anregung ermöglicht
- zu erkennen, dass Sehen ein deutender Vorgang ist.
- zu erfahren, dass es fokussiertes und defokussiertes Sehen gibt.

Durchführen
Material vorbereiten: Arbeitsbögen mit Suchbildern (Vasen und Gesichter, Abbildungen aus z.B.Tom Baccei, „Das Magische Auge“ oder entsprechende Postkarten.
Arbeitsmaterial verteilen

1. Vexierbilder
Bilde mit zwei anderen eine Dreiergruppe. Sieh dir das Bild an.
Tausche dich darüber aus, was du auf dem Bild gesehen hast.
Das Bild hat zwei Motive.
Hast du das Gleiche wie die anderen gesehen? Kannst du auch das andere Motiv erkennen?
2. Anamorphosen
Mit der Übung Augenbaden V 6 vorbereiten.
Du nimmst jetzt das zweite Bild und hältst es dir ganz dicht vor die Augen, so dass deine Nasenspitze das Bild berührt. Du schaust mit deinen Augen entspannt wie in eine weite Ferne und atmest dabei ganz ruhig. Langsam, ganz langsam entfernst das Bild nun von deinem Gesicht. Deine Augen lässt du in dieser ruhigen Stellung. Ist das Bild in deiner normalen Leseentfernung vor deinen Augen, halte es dort. Vielleicht entwickelt sich ein zweites Bild aus dem Bild. Atme ruhig weiter. Wenn du das zweite Bild erkannt hast oder es dir anstrengend wird, beendest du dein Schauen.

Reflektieren
Konntest du das versteckte Bild erkennen? Wie hast du dein Schauen empfunden?
Mit der Übung Augenbaden V 6 beenden.

Hinweise

In dieser Übung werden zwei Formen von Suchbildern verwendet, Vexierbilder und Anamorphosen.

1. Vexierbilder sind Suchbilder, in denen die Figur von ihrem Hintergrund unterschieden wird. Meistens beinhalten Vexierbilder zwei gleichwertige sich ergänzende Motive. Je nach individueller Eigenart wird eines der Motive spontan zuerst im Vordergrund gesehen.

2. Anamorphosen sind Suchbilder, die in einem vordergründigen Motiv ein zweites Motiv beinhalten, dessen Bildelemente jedoch verzerrt sind, so dass sie nur von bestimmten Augpunkten oder durch bestimmte Sehweisen wahrgenommen werden können. Die hier verwendeten Anamorphosen werden erkennbar durch ein gelassenes Schauen in weite Entfernung, dem defokussierten Sehen. Dabei sind die Seeachsen beider Augen parallel und die Augenmuskulatur entspannt. Sobald das Motiv fokussiert wird, d.h. die Augen auf das Motiv ausgerichtet werden, ist es nicht mehr zu erkennen. Beim ersten Versuch wird wahrscheinlich nur ein Teil der Gruppe das versteckte Bild sehen.

Gestalten

Vexierbilder selber zeichnen

Auf dem Papier im Querformat parallel zum oberen Rand eine dreißig Zentimeter lange Linie ziehen. Mit beiden Händen die Bleistifte an die Enden der Linie halten. Mit beiden Händen gleichzeitig in gespiegelter Bewegung sich ansehende Gesichter zeichnen. Vom Haaransatz über die Stirn, Nase, den Mund, das Kinn bis zum Hals. Dort die Gesichter wieder mit einer Linie verbinden. Die Möglichkeit mehrmals zu wiederholen geben. Die „Vase" der gelungensten Zeichnung schwarz ausfüllen.

Material: pro Person ein Lineal, zwei weiche Bleistifte, mehrere Bögen DIN-A2-Papier

R 1 - R 2 - R 3 - B 14

Bildbeispiele in: Betty Edwards, Garantiert Zeichnen Lernen, Rowohlt, Reinbek,1996 S. 62;

Tom Baccei, Das Magische Auge, arsEdition, München, 1993

R 2 Lutschbonbon

Diese Anregung hilft
zu erfahren, dass zur Zeit ein Sinn im Vordergrund der Wahrnehmung ist.

Durchführen
Material: Fruchtbonbons mit verschiedenen Aromen/zuckerfreie Bonbon Diese Übung kann die Übungen „Vexierbilder" ***R 1*** *oder „Rasenmäher-Übung"* ***R 3*** *ergänzen. Fruchtbonbon mit den Vexierbildern oder während des Austauschens zu* ***R 3*** *verteilen. Eine Weile lutschen lassen.*
Reflektieren
Zum Ende des Austausches nach den Übungen fragen.
Was war im Vordergrund deiner Wahrnehmung, der Bonbongeschmack oder der Austausch über die Bilder? Je nach dem, was im Vordergrund war, nimm noch einmal bewusst wahr, wie deine Aufmerksamkeit vom Geschmack zum Sprechen und Zuhören oder umgekehrt wechselt.

Hinweis
In seltenen Fällen kann es passieren, dass Schülerinnen und Schüler den Bonbon ablehnen.

R 3 Rasenmäher-Übung

Diese Anregung hilft
- sich des eigenen Wahrnehmungsverhaltens bewusst zu werden.
- individuell unterschiedliche Wahrnehmungweisen kennen zu lernen.

Durchführen
Diese Übung setzt einen genügend großen Wortschatz der Teilnehmenden voraus. Ab der Sek. 1 die Schülerinnen und Schüler fragen, worauf sie glauben am meisten zu reagieren, auf Gesehenes, Gehörtes, Getastetes, oder Gerochenes. Die Frage soll jede und jeder für sich selber beantworten.

Nimm dir ein Blatt Papier und einen Stift. Ich sage dir gleich nacheinander verschiedene Worte. Ordne ihnen drei oder vier Eigenschaften zu.
An einem Substantiv üben z.B. Vogel: singt, flattert, bunt, etc.

Denke nicht lange nach. Schreibe auf, was dir gleich einfällt.
Bus - Wald - Rasenmäher - Wind - Frühstück - Hund - Fahrrad - Stachelbeere - Teich - Strand
Nach jedem Wort eine kurze Pause lassen, so dass 2 -3 Worte aufgeschrieben werden können.
Sieh dir deine Worte danach an.
Welche haben mit deinem Hören, Sehen, Riechen, Tasten, Schmecken und deinem Körperempfinden zu tun? Für welchen Sinn hast du die meisten Worte gefunden?

Reflektieren
Bildet Dreiergruppen.
Tausche dich darüber aus, für welchen Sinn du die meisten Worte gefunden hast.
Ist es der Sinn, von dem du am Anfang glaubtest, dass er dich am meisten leitet?
Vielleicht bevorzugt ihr unterschiedliche Sinnesorgane.
Das bevorzugte Sinnesorgan kann bei einem Menschen zu verschiedenen Zeiten unterschiedlich sein.
Kreisgespräch zu den Erfahrungen der Übung.

R 1 - R 2 - R 3

R 4 Die Hände falten

Diese Anregung hilft
- Bewegungs- und Empfindungsgewohnheiten an sich wahrzunehmen.
- neue Verhaltensweisen auszuprobieren.

Durchführen
Du faltest deine Hände, etwa so wie zum Gebet. Du spürst in deine Finger und Handflächen hinein. Dabei kannst du deine Augen schließen. Du nimmst auch deine Handgelenke, die Arme und deine Schultern wahr. Ist dir diese Haltung vertraut?
Du öffnest die Augen wieder und siehst dir deine gefalteten Hände an. Welcher Daumen liegt oben? Du nimmst deine Hände wieder auseinander.

Falte gleich deine Hände neu und zwar so, dass jetzt der Daumen und die anderen Finger oben liegen.
Du spürst wieder in deine Finger, Hände, Arme und Schultern hinein.
Fühlt sich diese Haltung anders an?
Du kannst die Haltung noch einige Male wechseln und vergleichen.

Reflektieren
Kreisgespräch
Hattest du den rechten oder den linken Daumen zuerst oben?
Wie empfandest du die gewohnte und die ungewohnte Haltung deiner Finger?

Das Gewohnte ist dabei nicht besser oder schlechter als das Ungewohnte.
Beides ist möglich. Du hast mehr Möglichkeiten als du gewöhnlich nutzt.

Hinweise
Im Anschluß an die Übung können auch andere gewohnte Bewegungen gesucht und für einige Zeit in ungewohnter Weise ausgeführt werden, z.B.:
- die Übung mit dem Verschränken der Arme wiederholen
- sich gegenseitig die ungewohnte Hand zur Begrüßung geben
- einen Tag mit der ungewohnten Hand die Türen öffnen
- die Schultasche statt auf der rechten auf der linken Schulter tragen

R 5 Gehen mit unbeweglichem Fußgelenk

Diese Anregung ermöglicht
sich darüber bewusst zu werden, dass an einer Bewegung der ganze Körper beteiligt ist.

Durchführen
Du gehst frei umher.
Spüre, welche Gelenke du beim Gehen bewegst. Welche Gelenke bewegst du am meisten und welche weniger? Gibt es Gelenke, die du im Gehen gar nicht bewegst?
Du machst dein rechtes Fußgelenk steif und gehst weiter.
Was verändert sich, wenn du nur dein rechtes Fußgelenk nicht mit bewegst?

Verändert sich auch die Bewegung des linken Beines? Wie spürst du deine Hüftgelenke jetzt?
Bewegst du deinen Rücken und deine Schultern anders? Wie atmest du?
Nun bewegst du dein rechtes Fußgelenk wieder. Spürst du den Unterschied?
Vergleiche noch einmal dein Gehen mit freiem und mit steifen Fußgelenk.

Reflektieren
Wo hast du beim Gehen Bewegung in deinem Körper wahrgenommen?
Was verändert sich in deinem Bewegungsablauf, wenn du ein Gelenk nicht mit bewegst?

R 6 Ich stehe auf meinen Füßen

Dies ist eine Anregung,
- die eigene Fußstellung kennen zu lernen.
- die Fußstellung anderer nachzuempfinden.

Hinweis
Diese Übung kann in Schuhen oder in Strümpfen durchgeführt werden. In Schuhen ist die Distanz bei der Erfahrung größer. Die Durchführung in Strümpfen ermöglicht differenziertere Wahrnehmungen, die Farbassoziationen beim Ausmahlen der Fußumrisse erleichtern.
Ist das Üben in Strümpfen geplant, dies vorher ankündigen. Für die Teilnehmenden peinliche Situationen können dadurch vermieden werden.

Durchführen
Vorbereitung: einen Kreis bilden; DIN-A2-Papier und Bleistifte vor sich in den Kreis legen.
Die Klasse durch Abzählen in A und B teilen.
A stellt sich nun auf ein Blatt Papier. Stehst du gut und bequem?
Du veränderst deine Stellung, bis du in vertrauter Weise stehst.
B nimmt nun den Bleistift und zeichnet den Umriß der Füße von A.
B stellt sich in vertrauter Weise hin und A zeichnet den Umriß der Füße von B.
A stellt sich wieder in seine Fußumrisse.
Spüre noch einmal deinen Stand.
Du stellst dich hinter dein Blatt und gehst links im Kreis drei Blätter weiter.

Sieh dir die Fußumrisse vor dir an. Du stellst dich in die Fußumrisse hinein. Fühlt sich das genauso an wie in deiner Zeichnung? Was ist anders? Auch wenn es sich ungewohnt anfühlt, ist es nicht besser oder schlechter als deine Fußhaltung, sondern einfach anders.
Tritt wieder vom Blatt zurück und gehe links im Kreis drei Blätter weiter. Stelle dich vor das neue Blatt, betrachte es und stelle dich in die Fußumrisse hinein.
Eventuell eine dritte Fußstellung ausprobieren lassen.
Du gehst nun zu deinem Blatt zurück und stellst dich auf deine Zeichnung. Wie empfindest du diese Haltung?

Reflektieren
Kreisgespräch
Hast du Unterschiede zwischen deiner Fußzeichnung und den Zeichnungen der anderen empfunden? Wenn ja, was war anders?
Darauf achten, dass die Fußstellungen/Umrißzeichnungen von Mitschülern und Mitschülerinnen nicht negativ bewertet werden.

Gestalten
Nach weiteren Übungen mit den Füßen, zum Beispiel Federn U 5, Fußkreis U 6, in die Fußsohlen spüren und eine Farbvorstellung für die Empfindung anregen und die Fußumrisse mit Ölkreiden ausmahlen.
Material: DIN-A2-Papier, Bleistifte, Ölkreiden

W 2 - R 6 - U 3 - U 4 - U 6

R 7 Fußstellung und Standsicherheit

Diese Anregung ermöglicht,
den Zusammenhang von Fußstellung und Standsicherheit zu empfinden.

Durchführen
Vorbereitung: „Grundstellung im Stehen - schwingendes Stehen“ G5
1. Füße parallel
Du stehst in der Grundstellung. Du verlagerst dein Gewicht langsam nach vorne.

Deine Fußsohlen bleiben ganz auf dem Boden. Du spürst an den Fußsohlen, wie dein Schwerpunkt nach vorne wandert. Pendele nur soweit nach vorne, dass du noch sicher auf beiden Fußsohlen stehst. Pendele auch so nach hinten. Du beendest deine Bewegung und wanderst wieder mit dem Schwerpunkt nach hinten in Richtung Ferse.
Wiederhole noch zweimal langsam die Pendelbewegungen nach vorne und hinten und spüre dabei in deine Fußsohlen hinein.

2. Füße nach außen
Jetzt drehst du deine Füße mit den Zehen so weit nach außen, wie es dir bequem möglich ist.
Du pendelst wieder so weit nach vorne und hinten, dass du dabei noch sicher auf beiden Fußsohlen stehst. Spüre deine Fußsohlen und achte darauf, wie weit du jetzt hin- und herpendeln kannst.

3. Füße nach innen
Du drehst nun deine Füße mit den Zehen so weit nach innen, wie es dir bequem möglich ist.
Du pendelst wieder langsam nach vorne und nach hinten, bis du gerade noch dein Gleichgewicht halten kannst. Spüre deine Fußsohlen und achte darauf, wie weit du jetzt hin- und herpendeln kannst. Fühlst du dich sicher?

4. Füße wieder parallel
Du stellst deine Füße mit den Zehen nach vorne und pendelst noch einmal nach vorne und nach hinten. Jetzt bleibst du in der Grundstellung stehen.

Reflektieren
Mit welcher Fußstellung konntest du am weitesten pendeln und hattest du die größte Standsicherheit?

Gestalten
Nach den Übungen R4 bis R7:
GS: Male mit deiner ungewohnten Hand, wie du gerade etwas Ungewohntes ausprobierst.
Abb. Farbtafel 2.1 Sek.1: Male mit der ungewohnten Hand: „Das Gewohnte und das Ungewohnte".
Material: Deckfarben, DIN-A2-Papier

R 8 Atembewegung erspüren

Diese Anregung hilft,

- wahrzunehmen, dass sich die Oberfläche des Körpers beim Atmen bewegt. Im Einatmen weitet sich der Körper und im Ausatmen schwingt er zurück in die Ausgangsform.
- den Körper räumlich zu empfinden.

Durchführen

Du setzt dich aufrecht und gelassen auf deinen Stuhl oder Hocker und legst beide Hände auf deinen Bauch über deinem Nabel. Nimm dich mit deinen Händen wahr. Kannst du beim Atmen eine Bewegung spüren? Vielleicht fällt es dir leichter, wenn du die Augen schließt. Lege deine linke Hand auf die oberen Rippen unter das rechte Schlüsselbein. Kannst du dort eine Bewegung spüren? Nimm die linke Hand herunter und lege deine rechte Hand auf die oberen Rippen unter das linke Schlüsselbein. Spüre dort, ob sich Atembewegung einstellt. Jetzt legst du deine beiden Hände rechts und links in die Achselhöhlen und spürst, ob es auch da Bewegung gibt. Danach legst du die Hände auf die Flanken (seitliche untere Rippen). Nun legst du beide Handrücken auf den unteren Rücken (Kreuzbeingegend) und schließlich wieder beide Hände auf deinen Bauch. Konntest du da, wo deine Hände lagen, eine Bewegung spüren?
Du kannst deine Hände noch einmal dort hinlegen, wo du deine Atembewegung am stärksten gespürt hast. Du bist atmend immer in Bewegung.

Reflektieren

An welcher Stelle hat dich die Bewegung erstaunt?

U 4 - R 8; R 8 - G 1
UE: Inneres Gleichgewicht - Bildnerisches Gleichgewicht
UE: Aus der eigenen Empfindung mit Ton gestalten

Grundhaltungen und -bewegungen

Diese Anregung dient dazu,

G 1 Dehnen	- die Aufmerksamkeit auf das eigene Befinden zu lenken. - Spannungen auszugleichen. - die Atembewegung zu beleben.
G 2 Sitz erarbeiten – Grundhaltung bei Übungen im Sitzen	- die knöcherne Struktur des eigenen Sklettes beim Sitzen wahrzunehmen. - eine die Muskulatur entlastende Sitzhaltung kennen zu lernen. - vertraut zu werden mit der Grundhaltung bei Übungen im Sitzen.
G 3 Kutschersitz und Schaukelsitz	- eine Sitzhaltungen auszuprobieren, die den Rücken entlastet. - den Rücken zu dehnen und dort Atembewegung wahrzunehmen.
G 4 Grundstellung im Stehen - schwingendes Stehen	- im sicheren Stehen beweglich und locker, in der Atemlehre auch schwingungsfähig, zu bleiben. - vertraut mit der Grundstellung für Übungen im Stehen zu werden.

G 1 Dehnen

Diese Anregung hilft
- die Aufmerksamkeit auf das eigene Befinden zu lenken.
- Spannungen auszugleichen.
- die Atembewegung zu beleben.

Hinweis
Mit dem Dehnen kann jede Folge von Übungen beginnen. Das sanfte Dehnen kann auch bei einem Phasenwechsel im Unterricht eingesetzt werden.

Durchführen
Das Dehnen ist eine angenehme, fließende, weiche Bewegungsform. Gemeint ist eine Bewegung, bei der die Muskeln in Bewegung bleiben und nicht bis zur äußersten Grenze der Streckung geführt und dort festgehalten werden. Beim Dehnen ist das gute Beispiel der anleitenden Person wesentlich für die Motivation der Gruppe.
Du beginnst dich zu dehnen. Ohne nachzudenken dehnst du dich aus dem Körper heraus in alle Richtungen. Dabei atmest du locker weiter.Atme kräftig aus , damit wieder Platz entsteht für neuen Einatem. Du dehnst deine Arme bis in die Finger, und deine Beine bis in die Zehenspitzen hinein. Dehne deine Seiten, die Oberschenkel, den Beckenboden, den Rücken, deine Schultern und den Nacken. Dehne all deine Muskeln und Gelenke.
Dehnen ist Bewegung, von innen heraus in den Raum hinein.
Du dehnst dich und schwingst wieder zurück und setzt wieder eine neue Bewegung an. Dann streichst du mit deiner Zunge oben über den Gaumen und dehnst den Innenraum deines Rachens. Wenn du gähnen möchtest, nimm die Hände vor den Mund und gähne kräftig.
Gähnen regt den Sauerstoffaustausch an und belebt.
Du fährst dir mit den Fingern in die Haare, fasst ein Büschel deiner Haare und dehnst die Kopfhaut ein wenig nach oben. Den Atem lässt du dabei frei laufen. Lass diese Erfahrung einen Moment in dir nachwirken. Spüre in deinen Körper hinein, bewerte dich nicht.

UE: Aus der Empfindung in Ton gestalten; Inneres Gleichgewicht - Bildnerisches Gleichgewicht

G 2 Sitz erarbeiten – Grundhaltung bei Übungen im Sitzen

Diese Anregung dient dazu,

- die knöcherne Struktur des eigenen Sklettes beim Sitzen wahrzunehmen.
- eine die Muskulatur entlastende Sitzhaltung kennen zu lernen.
- vertraut zu werden mit der Grundhaltung bei Übungen im Sitzen.

Hinweise

Die in den Übungen zu erarbeitende Sitzhaltung ist physiologisch optimal, da sie die Bein- und Rückenmuskulatur entlastet. Die Grundhaltung bringt die Aufrichtung ohne Anstrengung. Die Verbindung von Sitzhöckern über den Rücken bis zum Scheitel wird spürbar. Die Haltung ermöglicht sitzend die größtmögliche Beweglichkeit des Körpers. Sie ist häufig auf Abbildungen von Weisen und Pharaonen dargestellt.
So zu sitzen kann anfangs ungewohnt sein und wird daher manchmal als anstrengend empfunden.

Durchführen

Eine Sitzgelegenheit mit möglichst fester, horizontaler Sitzfläche wählen (z.B. Holz). Die ideale Höhe des Hockers oder Stuhls ist gegeben, wenn beim Sitzenden die Oberschenkel waagerecht sind und mit den Unterschenkeln einen rechten Winkel bilden.
Du sitzt vorne auf der Sitzfläche.
Bei schrägen Sitzflächen vorne auf dem höchsten Punkt.
Jetzt stellst du die Füße in Hüftbreite parallel fest auf den Boden, so dass die Knie nach vorn zeigen. Wende deine Aufmerksamkeit den Sitzhöckern zu: Das sind jene knöchernen Teile des Beckens, die in die Gesäßmußkulatur eingebettet sind. Du kannst sie leicht spüren, wenn du dich versuchsweise damit kurz auf deine Hände setzt. Mit den Sitzhöckern „wanderst" du auf der Sitzfläche hin und her und rollst darauf vor und zurück, bis du auf ihrem höchsten Punkt zu sitzen kommst. Dadurch kommen dein Becken und deine Lendenwirbelsäule bis zur Gürtellinie in eine locker aufgerichtete Haltung. Du richtest mit dieser Basis auch deine Brust- und Halswirbelsäule, deinen Kopf bis zum Scheitel mühelos auf.
Du zupfst an einigen Haaren auf deinem Scheitel und kannst dir einen feinen goldenen Faden vorstellen, der dir bei deiner Aufrichtung hilft.
Du schwingst nun deine Arme seitlich vom Körper einige Male hin und her und lässt die Hände auf den Oberschenkeln landen.
Nun spürst du in deine beiden Füße und deine beiden Sitzknochen und

nimmst wahr, wie du vom Boden und vom Stuhl getragen wirst.

Reflektieren
Fällt es dir bei diesem Sitz leicht, aufgerichtet zu sein?
Hast du dabei einen guten Blick nach allen Seiten?

G 2 - G 3 - V 2; G 2 - U 8; G 2 - U 11
UE: Aus der Empfindung mit Ton gestalten

G 3 Kutschersitz und Schaukelsitz

Diese Anregung dient dazu,
- eine Sitzhaltungen auszuprobieren, die den Rücken entlastet.
- den Rücken zu dehnen und dort Atembewegung wahrzunehmen.

Durchführen
1. Kutschersitz
Deine Unterarme sind auf deinen Oberschenkeln aufgestützt. Deine Beine stehen etwas mehr als schulterbreit auseinander. Die Hände hängen locker zwischen den Beinen, ebenso hängen Rumpf, Hals und Kopf nach vorn.
2. Schaukelsitz
Du faltest die Hände, hebst eines deiner Beine an und umfasst das Knie. Dabei lehnst du dich locker nach hinten bis das Gewicht des Rumpfes hinter den Sitzhöckern liegt. Die Arme sind lang. Schaukelnd kannst du dein Gleichgewicht suchen oder ruhig in dieser Haltung hängen.
Anregen, bei Pausen zwischen einzelnen Übungen in eine dieser Ausruhstellungen zu gehen.

Hinweis
Die Rückenlehne des Stuhles kann die Übung einschränken. Es empfiehlt sich vorne auf dem Stuhl zu sitzen oder so, dass sich die Lehne seitlich befindet.

G 2 - G 3 - V 2
UE: Aus der eigenen Empfindung mit Ton gestalten

G 4 Grundstellung im Stehen - schwingendes Stehen

Dies ist eine Anregung,

- im sicheren Stehen beweglich und locker, in der Atemlehre wird auch schwingungsfähig gesagt, zu bleiben.
- vertraut mit der Grundstellung für Übungen im Stehen zu werden.

Durchführen

Spüre den Boden unter deinen Füßen. Spüre wie sich deine Füße an den Boden anschmiegen können, wie sie vom Boden getragen werden. Du lässt zwischen deinen Füßen Raum. Die Außenkanten der Füße entsprechen etwa der Breite deiner Schultern. Die Füße stehen parallel zueinander. Verlagere dein Gewicht etwas nach vorn, so dass du mehr auf den vorderen Fußballen stehst als auf deinen Fersen. Deine Fersen bleiben am Boden. Nun können deine Knie federn. Sie sind leicht gebeugt und weich. So kannst du entspannter stehen. Das fühlt sich anfangs ungewohnt an, weil wir häufig anders stehen. Für unseren Rücken und unseren Kontakt zum Boden ist dies die entspannteste Art zu stehen. - Diese Art zu Stehen ist auch in vielen Kampfsportarten die Grundstellung. - Du kippst dein Becken etwas nach vorne und hinten, nach rechts und links. Probiere aus, in welcher Position du es von deinen Füßen am besten tragen lassen kannst. Spüre nun, wie deine Wirbelsäule aufgerichtet ist. Beginne in deiner Vorstellung mit deinem Steißbein, steige auf zu deinem Kreutzbein, den Lendenwirbeln, höher zu den Brustwirbeln und weiter zu den Halswirbeln bis zu deinem Kopf. Du zupfst am Scheitel an deinem Haar und spürst deine Aufrichtung. Du kannst dir am Scheitel auch einen dünnen goldenen Faden vorstellen, der dich bei deiner Aufrichtung unterstützt. Nun hebst du deine Schultern an und lässt sie locker wieder runter. Das machst du 2 - 3 mal. Du atmest dabei ruhig weiter. Im Stehen bist du immer etwas in Bewegung. Dein Atmen bewegt dich so, dass du leicht hin- und herschwingst. Das kannst du in deinen Fußsohlen spüren. Nimm wahr, wie du jetzt stehst.

UE: Aus der Empfindung mit Ton gestalten
UE: Inneres Gleichgewicht - Bildnerisches Gleichgewicht

Sich selbst wahrnehmen

Diese Anregung ermöglicht,

W 1 Lockern nach Musik	- das bisher am Tag Erlebte „hinter“ sich zu lassen. - über das Wahrnehmen der eigenen Körperempfindungen präsent in der neuen Situation zu sein.
W 2 Mit den Füßen stampfen	- die Füße und den Kontakt zum Boden bewusst wahrzunehmen.
W 4 Den Raum erfahren	- den Raum differenziert wahrzunehmen. - sich zu orientieren.
W 5 Zwei Weisen im Raum zu gehen	- den Zusammenhang zwischen innerer Haltung und Ausdruck in unserer Bewegung wahrzunehmen.
W 6 Bewegungszeichen/ Schatzkarte	- unterschiedliche Bewegungsdynamik zu erspüren und graphische Zeichen dafür zu entwickeln.
W 7 Schnecke - Bus	- bewusst unterschiedliche Geschwindigkeiten in der eigene Bewegung wahrzunehmen.
W 8 Die kleinen Schritte	- Spannungen auszugleichen und in sich zur Ruhe zu kommen oder sich der eigenen Unruhe bewusst zu werden.
W 9 Den Körper abklopfen	- die Kontur des eigenen Körpers bewusst zu empfinden und sich zu beleben.
W 10 Ich höre einen Apfel	- die unterschiedlichen Qualitäten der Sinne zu erfahren. - Vertrauen in den zeichnerischen und verbalen Ausdruck des Erfahrenen zu entwickeln. - Vertrauen in die Unterstützung durch andere zu gewinnen. - Bedürfnisse anderer fürsorglich wahrzunehmen.

W 11 Kennst du deine Hand?	- das Tastempfinden zu differenzieren. - empfindend die Struktur der eigenen Hand zu erforschen.
W 12 Liebst du dein Ohr?	- die Ohren durch empfindsames Fühlen und Hören zu erforschen. - liebevolle Selbstannahme zu erleben.
W 13 „NA“ Tönen	- tönend eigene Rhythmen zu formen und dabei durch die Gruppe unterstützt zu werden.
W 14 Brummbär	- zur Ruhe zu kommen. - sich im eigenen Schwingen wahrzunehmen. - Brustkorb und Wirbelsäule zu empfinden.
W 15 Progressive Muskelentspannung	- Spannungen im Körper zu harmonisieren.
W 16 Tiere in der Nacht/ Begegnungen in der Nacht	- mit geschlossenen Augen die eigene Bewegung im Raum zu erspüren. - spielerisch Kontakt zu anderen aufzunehmen. - unterschiedliche Qualitäten von Kontaktaufname zu erleben.

W 1 Lockern nach Musik

Diese Anregung erleichtert es

- das bisher am Tag Erlebte „hinter“ sich zu lassen.
- über das Wahrnehmen der eigenen Körperempfindungen präsent in der neuen Situation zu sein.

Durchführen

Einen Kreis bilden.
Den Text mit Pausen zum Einfühlen in die Musik hinein sprechen.
Musik: vitale Musik, mit wechselnden Rhythmen ohne zu stark leitend zu sein, z. B. Ottmar Liebert, Borrasca, HOM CD 7036

Du hörst die Musik, nimm die Rhythmen und Klänge wahr. Höre sie nicht nur mit deinen Ohren, sondern mit deinem ganzen Körper. Du beginnst deine Füße im Rhythmus zu bewegen. Nimm den Boden unter deinen Füßen wahr. Du nimmst deine Knie und Hüften mit in die Bewegung hinein. Du bewegst deine Schultern im Rhythmus mit. Du nimmst deinen rechten Arm und deine rechte Hand mit in die Bewegung hinein und deinen linken Arm und deine linke Hand. Du bewegst deinen Hals und deinen Kopf mit. Finde deine eigene Bewegung. Du kannst dich auf der Stelle bewegen oder durch den ganzen Raum. Spüre dabei den Boden unter deinen Füßen *(ca. 5 Min. tanzen).*
Die Musik ausklingen lassen.

Bleibe stehen und spüre nach. Wie ist deine Stimmung? Wie fühlt sich dein Atem an?
Löse dich aus der Sammlung.

W 1 - W 3; W 1 - B 2

W 2 Mit den Füßen stampfen

Diese Anregung dient dazu,
die Füße und den Kontakt zum Boden bewusst wahrzunehmen.

Durchführen

Schülerinnen und Schüler bewegen sich nach Trommelmusik mit ihren Füßen.
Den Text mit Pausen zum Einfühlen in die Musik hineinsprechen.
Trommelmusik mit differenzierten Rhythmen, die Bewegungsvariationen ermöglicht, z.B.:
Brent Lewis, CD Earth tribe rhythms: Doom tac a doom, Bone to bone;
Mickey Hart, CD Planet Drum: Jewe „You are the one"

Du gehst durch den Raum. • Du nimmst den Rhythmus deines Gehens wahr. • Stampfe beim Gehen mit den Füßen auf. • Du nimmst den Rhythmus der Musik in dein Stampfen auf. • Spüre dabei die Festigkeit des Bodens. • Wie ist der Kontakt deiner Füße zum Boden?

Die Musik sollte lange genug gespielt werden, um ein eigenständiges Empfinden zu ermöglichen.

Komme langsam zur Ruhe und nimm wahr, wie du auf dem Boden stehst.
Für die gestalterische Aufgabe: Stelle dir für dein Empfinden in den Fußsohlen Farben vor.

Gestalten

Male deine Fußsohlen.
Material: Deckfarben, DIN-A3-Papier

Reflektieren

Kreisgespräch: Beschreibe, für welche Empfindungen du welche Farben gewählt hast.

W 2 - W 9 - IG 3; W 2 - T 11

W 3 Im Raum gehen - den Körper spüren

Diese Anregung kann helfen
- sich selbst wahrzunehmen.
- Empfindung für die eigenen Fußsohlen zu schaffen.

Durchführen
Bei großen Gruppen u.U. den Hinweis geben: Wenn ihr euch berührt, beachte es nicht weiter. Bleibe mit der Aufmerksamkeit bei dir.
Gehe durch den Raum.
Nimm deine Atembewegung wahr. Spüre deinen Körper. Beginne bei den Füßen. • Spüre in deine Füße, • deine Beine, • dein Gesäß, • den Rücken. • Stelle dir deine Wirbelsäule vor, vom Steißbein hinauf zum Kreuzbein, den Lendenwirbel, Brustwirbeln und Halswirbeln. • Gehe mit deiner Aufmerksamkeit zu deinem Bauch und weiter zu deinem Brustkorb, • zu deinen Schultern, spüre in deine Arme und Hände. Komme mit deiner Aufmerksamkeit wieder zurück zu deinen Schultern und nimm deinen Nacken wahr, den Hals und deinen Kopf. Wie fühlt sich dein Körper heute an? • Achte nun auf die Berührung deiner Füße am Boden. Wie ist es, wenn du nur auf den Fersen gehst. • oder nur auf den Fußspitzen?
Gehe nun kurz auf den Innenseiten der Füße und dann nur auf den Außenkanten der Füße. Wie ist das anders? Nun stampfe beim Gehen fest mit deinen Füße auf dem Boden auf. Nimm deinen ganzen Körper dabei wahr. Schüttle dich! Dehne dich! Vielleicht mußt du gähnen? Bleib stehen. Du kannst die Augen schließen. Wie spürst du jetzt deine Füße auf dem Boden?

Hinweis
Diese Übung eignet sich gut zum Ankommen und zur Einstimmung für andere Übungen und als Ritual zu Beginn des Unterrichts.

Gestalten
Zeichnung/Malerei/Collage: Zeichne von deinen Füßen Umrisse und male in sie die gespürten Empfindungen beim Stampfen oder Gehen auf den Fersen, Fußspitzen und Seiten.
Material: Ölkreiden und Deckfarben, DIN-A2-Papier.

W 1 - W 3; W 3 - W 4 - W 5; W 3 - B 3; W 3 - W 4 - B 13

W 4 Den Raum erfahren

Dies ist eine Anregung
- den Raum differenziert wahrzunehmen.
- sich zu orientieren.

Durchführen
Den Text mit großen Pausen zwischen den Fragen sprechen.
Betrachte den Raum, als wäre er heute neu für dich. Bewege dich im Raum umher. Stelle dir vor, du bist erst 5 oder 6 Jahre alt und ganz neugierig alles auszukundschaften. • Betrachte die Wände. Welche Farbe haben sie? • Wie fühlen sie sich an? • Wie ist das Licht? • Was riechst du? • Was hörst du? • Fühlst du unterschiedliche Temperaturen? • Gehe dicht an den Wänden entlang. • Komme in der Mitte des Raumes mit den anderen zusammen. Gehe wieder an den Rand des Raumes. Suche dir einen Platz, an dem du noch nie warst. • Suche dir einen Platz, an dem du dich wohlfühlst. • Wie ist für dich der Raum heute? Ist er dir vertrauter geworden?

Hinweis
Es ist gut, diese Übung öfter zu wiederholen, um für unterschiedliche Anmutungen eines Raumes zu sensibilisieren, die je nach Stimmung, Witterung, Tages- oder Jahrezeit verschieden sein kann.

Gestalten
Zeichnung/Malerei/Collage: Aus frottierten Wandstrukturen eine Erlebniscollage gestalten.
Tip: Japan-Batikpapier eignet sich gut zum Abreiben.
Wohnung/Architektur: Baue dir deine Lieblingsecke
Die Schülerin/der Schüler schreibt oder zeichnet an dem Platz, an dem sie/er sich wohlfühlt auf Karteikarten auf, was sie/er braucht, um sich wohlzufühlen. Die Kinder an den gefundenen Plätzen fotografieren und die Fotos in der Klasse aufhängen. Aus festem Papier werden Raumecken gebastelt und darein die gewünschten Gegenstände gezeichnet oder als gebastelte Modelle gestellt.

W 3 - W 4; W 3 - W 4 - W 5; W 3 - W 4 - B 13
Kunstpädagogisches Thema I: Frottage, Beispiel: Max Ernst, Frottagen 1925
Kunstpädagogisches Thema II: Ensembel von Gegenständen und Bedeutungen
Beispiele: Anna Oppermann, Edward Kienholz, Marcel Broodthaers

W 5 Zwei Weisen im Raum zu gehen

Diese Anregung ermöglicht es,
den Zusammenhang zwischen innerer Haltung und Ausdruck in unserer Bewegung wahrzunehmen.

Durchführen
1. Klarheit, Entscheidung, Konsequenz
Du suchst dir einen Gegenstand im Raum und gehst in gerader Linie darauf zu. Angekommen suchst du dir einen neuen Gegenstand und gehst wieder in gerader Linie auf dein Ziel zu. Wiederhole das einige Male. Wie ist es für dich jemandem zu begegnen? •
Jetzt hast du es eilig. Deshalb wirst du schneller. Gehe schnell zu deinem Ziel. Dort angekommen suchst du dir gleich ein neues Ziel und willst es schnell erreichen.
Nach einer Weile:
Ruhe dich aus und erinnere dich, wie bist du gerade im Raum gegangen. Stell dir den Weg noch einmal vor, zeichne ihn auf und zeichne auch deine Begegnungen mit anderen in das Bild.

2. Sich treiben lassen, schlendern
Du gehst wieder durch den Raum. Bleibe in Gedanken ganz bei dir. Du schlenderst so vor dich hin. Du nimmst dich wahr. • Beobachte dich, wenn du die Richtung wechselst. Lockt dich etwas in die andere Richtung? • Wie ist es, jemanden zu treffen?
Nach einer Weile: Zeichne auf, wie du dich dieses Mal bewegt hast und deine Begegnungen mit anderen.

Reflektieren
Kreisgespräch: Wie wurde das Schlendern gezeichnet, wie das zielgerichtete Gehen?
Hast du die Gehweisen unterschiedlich erlebt?
Wenn dir jemand begegnete, konntest du ihr/ihm Platz geben oder hast du dir Platz geschaffen?

Hinweise
Steht nur ein kleiner Raum für diese Übung zur Verfügung, kann die Klasse geteilt werden.
Die eine Hälfte bewegt sich, die andere setzt sich an den Rand. Die am Rand

sitzenden beobachten jeweils eine Person, die sich bewegt, und zeichnen, was sie beobachtet haben. Die, die sich bewegt haben, zeichnen ihre Bewegungserfahrung.

Gestalten
Zeichnung/Malerei: Zeichne nach jeder Bewegungsart deine Bewegungsspur oder zeichne, wie du dich bewegt hast.
Material: ZeichenDIN-A2-Papier, Farbstifte, Ölkreiden

Variation
Aus den Gehweisen kann eine strukturierte Bewegungsfolge entwickelt werden, z.B.:

- ein Teil der Gruppe geht in geraden Linien, ein anderer in weichen runden Bewegungen;
- einige gehen in geraden Linien und nur eine Person in runden Linien;
- Die mit den geraden Bewegungen bewegen sich auf der Stelle, die mit den runden Bewegungen zwischen den anderen hindurch;
- ein Feld mit geraden Bewegungen und ein Feld mit runden Bewegungen kommen sich im Raum aus entgegengesetzten Richtungen entgegen und begegnen sich, usw..

Die unterschiedlichen Anmutungen der Bewegungen werden im Kontrast deutlich erlebbar.

G 1 - R 8 - W 9 -W 5
UE: Bewegungsempfindungen im Raum, wahrnehmen und gestalten
Kunstpädagogisches Thema: Die Linie eine Bewegungsspur
Beispiel: Paul Klee, Eile ohne Rücksicht, 1935, in Paul Klee, Bilder Träumen, 1996; Gabelungen und Schnecke 1937, in U. Bischoff, Paul Klee, 1992

W 6 Bewegungszeichen/Schatzkarte

Diese Anregung ermöglicht
unterschiedliche Bewegungsdynamiken zu erleben und diese in graphische Zeichen umzusetzen.

Durchführen
Die Klasse bildet eine Schlange mit der Lehrerin/dem Lehrer an der Spitze. Der Lehrende geht, rennt, torkelt, schleicht, hüpft, vorwärts, rückwärts oder seitlich durch den Raum, das Gebäude oder Gelände. Die Schülerinnen und Schüler imitieren die Bewegung.

Hinweis
Die Übung kann nach einer Bewegungsdemonstration auch in Kleingruppen oder als Partnerarbeit durchgeführt werden.

Gestalten
Zeichne den Weg, den du zurückgelegt hast und finde dazu Zeichen, um die Art und Weise deiner Bewegungen auszudrücken.
Material: schwarze Kreiden oder Rötelkreiden, DIN-A2-Papier

Variation
Kleingruppen oderPaare denken sich Bewegungsfolgen aus, die von einem jeweils bestimmten Punkt im Raum, Gebäude oder Gelände zu einem Ziel führen. Jede Kleingruppe/ jedes Paar zeichnet den Weg wie eine verschlüsselte Schatzkarte mit einem Startpunkt und ihren Zeichen für die Bewegungsfolge, die zum Ziel führt. Die Paare/Gruppen tauschen die „Schatzkarten" und versuchen, den dargestellten Weg und die Bewegungen der anderen nachzuvollziehen und das Ziel zu finden.

Reflektieren
Wie habt ihr euch nach den Zeichen auf der Karte bewegt, um den Schatz zu finden?

W 5 - W 6;
Kunstpädagogisches Thema: Choreographie, Bewegungsabläufe entwerfen
Beispiel: Oskar Schlemmer, Entwürfe zur Neufassung des „Triadischen Balletts", 1936; in Karin v. Maur, Oskar Schlemmer, 1982

W 7 Schnecke - Bus

Diese Anregung ermöglicht
bewusst unterschiedliche Geschwindigkeiten in der eigene Bewegung wahrzunehmen.

Durchführen
Vorbereitung: Übungen: „Im Raum gehen“ W 3 und „Den Raum erfahren“ W 4
Gehe durch den Raum. Während du gehst, steigerst du langsam deine Geschwindigkeit. Gehe schneller und noch schneller - und jetzt stelle dir vor, da vorne steht dein Bus. Du musst ihn unbedingt erreichen. Der nächste kommt erst in zwei Stunden. Hier in der Mitte steht er ...
Die Klasse drängt sich in der Raummitte.
Der Bus kommt an deiner Haltestelle an. Du bist froh, dass du jetzt keine Eile mehr hast.
Du musst nur noch nach Hause gehen, nichts treibt dich. Du gehst langsam. • Gehe ganz langsam. Stelle dir vor, du bist langsam wie eine Schnecke, nein, du bewegst dich noch langsamer als eine Schnecke. • Bewege dich so langsam, dass eine Schnecke dich überholen könnte. Bleibe in Bewegung, komme nicht zum Stillstand, etwa so, wie eine ganz, ganz langsame Zeitlupe. Atme dabei weiter. • Bewege dich jetzt langsam schneller, als würde ein Film ganz langsam wieder angekurbelt. Dein Atem fließt ruhig weiter. Wie ist jetzt für dich das Tempo richtig? Probiere aus, wie dein eigenes Tempo ist? Gehe nicht langsamer oder schneller, sondern genau in deinem Tempo.

Gestalten
Zeichnung: Erfinde für die langsame, die schnelle und deine Bewegungsgeschwindigkeit Zeichen und kombiniere sie zu einem Bild, betone dabei besonders dein eigenes Tempo.
Material: Ölkreiden, DIN-A2-Papier

Reflektieren
Kreisgespräch: Wenn du möchtest, sage etwas zu deinem Bild und wie du dich bei den drei Bewegungsgeschwindigkeiten empfunden hast.

W 7 - IG 4
Kunstpädagogisches Thema: Bewegung im Bild
Beispiel: Wassily Kandinsky, „Rot, Gelb, Blau“

W 8 Die kleinen Schritte

Diese Anregung kann helfen
Spannungen auszugleichen und in sich zur Ruhe zu kommen oder sich der eigenen Unruhe bewusst zu werden.

Hinweis
Manchmal ist es anfangs schwer, das langsame Tempo „auszuhalten".

Durchführen
Vorbereitung: Für diese Übung die Gruppe auffordern dicke Strümpfe mitzubringen. Die Übung in Strümpfen durchführen.
Du stehst mit den Füßen etwa schulterbreit auseinander und spürst den Kontakt deiner Füße zum Boden. Deine Fuß-, Knie- und Hüftgelenke lässt du locker. Dein Körpergewicht lagerst du etwas mehr auf den vorderen Teil deiner Füße als auf den Fersen. Das ist vielleicht ungewohnt.
Langsam beginnst du dein Gewicht auf einen Fuß zu verlagern. Ist dein Gewicht über einem Fuß pendelst du langsam mit deinem Gewicht zurück zu deiner Körpermitte und dann weiter zur anderen Seite. Du atemest dabei ruhig und ohne Anstrengung. Nach einigen Pendelbewegungen kommst du in der Mitte zum Stehen. Jetzt stelle deine Füße dicht nebeneinander, so dass nur ein kleiner Abstand zwischen ihen ist.
Einen Fuß setzt du wenige Zentimeter vor. Pendele mit deinem Gewicht über den vorderen Fuß.
Den hinteren Fuß kannst du jetzt leicht nach vorn schieben, aber nur um höchstens die Hälfte seiner Länge. Der geschobene Fuß bleibt mit seiner ganzen Sohle am Boden. Nun pendelst du mit deinem Gewicht über den Fuß, der jetzt vorne ist und gleitest mit dem anderen Fuß vor. Das fühlt sich erstmal wackelig an. Du kannst dir einen Punkt auf Augenhöhe an der gegenüber liegenden Wand suchen, dann ist es leichter das Gleichgewicht zuhalten. Langsam überträgst du dein Körpergewicht von einer Fußsohle auf die andere. Schiebst einen Fuß vor, wechselst wieder das Gewicht und so fort. Du gleitest in kleinen Bewegungen über den Boden ohne anzuhalten. Ganz gleichmäßig lässt du die Bewegungen ineinander übergehen. Mag sein, dass du am Anfang etwas schwankst. Bleibe einfach bei dieser Bewegung. Lass deinen Atem fließen. Bleibe in deiner Aufmerksamkeit bei dir. Merkst du, dass sich dein Weg mit jemand anderem kreuzt, bleibe bei deiner Bewegung und weiche behutsam aus.

Mindestens 5 Minuten . Nach der Übung kann der Kontakt zum Boden deutlicher gespürt werden.

Reflektieren
Wie ist dein Empfinden in den Füßen? Wie merkst du deinen Kontakt zum Boden? Wie ist dein Stand?

G 1 - R 8 - W 9 - W 8; W 8 - M 9 - T 22

W 9 Den Körper abklopfen

Mit dieser Anregung ist es möglich,
die Kontur des eigenen Körpers bewusst zu empfinden und sich zu beleben.

Dennis
2. Klasse

Durchführen
Du stehst so, dass deine Füße etwa schulterbreit auseinander sind, deine Knie sind leicht gebeugt. Dein Gewicht ruht auf den vorderen 2/3 deiner Füße. Jetzt beugst du dich hinunter und beginnst mit lockeren Fäusten deinen Fuß abzuklopfen. Das Klopfen sollte so stark sein, dass du es gut spüren kannst, aber nicht so stark, dass es unangenehm ist. Probiere aus was für dich angenehm ist. Klopfend wanderst du nun die Außenseite des Beines hinauf, dein Knie und deine Kniekehle streichst du mit beiden Händen. Wenn du oben angekommen bist, wechselst du zu deinem anderen Fuß und Bein. *Die Innenseiten der Beine werden ausgenommen.* Das Becken, besonders das Kreuzbein, klopfst du kräftiger. Den Bauch und im Bereich der Nieren streichst du fürsorglich mit der flachen Hand. Weiter aufsteigend klopfst du sanft mit den Fingerkuppen den Brustkorb und das Brustbein. Die Arme und Schultern klopfst du wieder kräftiger mit lockeren Fäusten. Bei den Schlüsselbeinen klopfst du ganz sanft mit den Fingerkuppen. Den Hals darüber streichst du mit der flachen Hand. Zum Schluss werden mit den Fingerkuppen das Gesicht und der Kopf so zart abgeklopft, dass es sich wie ein leichter Sommerregen anfühlt. Spüre, wie du dich jetzt empfindest.

Hinweise

Sollten hyperaktive Kinder in der Klasse sein, dann den Brustkorb und das Gesicht in der Übung auslassen. Hyperaktive Kinder sind in der Spürung oft eingeschränkt und klopfen daher meist zu stark.
Der Rücken kann gegenseitig abgeklopft werden. Dabei ist darauf zu achten, dass nur im Bereich der Rippen und des Beckens geklopft wird. Die Wirbelsäule und der Nierenbereich bleiben ausgenommen.
Nach dem gegenseitigen Rückenklopfen können in Partnerarbeit von A mit dem Finger Figuren auf den Rücken von B gezeichnet werden, die B simultan auf ein Blatt Papier zeichnet oder malt. Diese Variante eignet sich gut zur Stillbeschäftigung.

Gestalten

Zeichnung: Zeichne, wie du dich jetzt empfindest oder zeichne, wie du dich klopfst.
Material: weicher Bleistift oder Buntstifte, DIN-A3-Papier
Nach der Übung Umrisslinie zeichnen B 6, können in den Körperumriss die angeregten Körperpartien mit ihren Empfindungen für z.B. warm, fest, weich etc. hineingezeichnet oder hineingemalt werden.

Reflektieren

Wie hast du dich nach dem Abklopfen empfunden? Wie hast du das in deiner Zeichnung dargestellt?

G 1 - R 8 - W 9; W 1 - W 9 - U 1 - B 4; W 9 - U 1 - B 4 - V 11

W 10 Ich höre einen Apfel

Diese Anregung dient dazu,

- die unterschiedlichen Qualitäten der Sinne zu erfahren.
- Vertrauen in den zeichnerischen und verbalen Ausdruck des Erfahrenen zu entwickeln.
- Vertrauen in die Unterstützung durch andere zu gewinnen.
- Bedürfnisse anderer fürsorglich wahrzunehmen.

Durchführen

Material je Person: ein Stück knackiges Obst oder Gemüse (z. B. Apfel/Möhre), einen weichen Bleistift B4 - B8, 5 Blatt Zeichenpapier A3, evtl. Augenbinde/Tuch

Wähle dir jemanden, zu dem/der du Vertrauen hast. Sucht euch einen Platz im Klassenzimmer, an dem ihr euch bequem gegenüber sitzen könnt. Nun verabredet euch, wer zuerst seine Augen mit dem Tuch verbinden möchte. Der/die andere wird dann seinem Partner/ seiner Partnerin bei der Übung als Assistenten helfen.

Der Assistent/die Assistentin achtet genau auf den Partner/die Partnerin. Gleich bekommt der Assistent/die Assistentin einen Gegenstand. Es wird nicht verraten was es ist. Das bleibt ein Geheimnis!
Wenn ich es sage, dann geben die Assistenten ihrem Partner/ihrer Partnerin diesen Gegenstand in die Hand. Sage nicht, wie der Gegenstand heißt, der ertastet werden soll. Als Assistent bist du aufmerksam dafür, wenn deine Partnerin/dein Partner mit dem Tastan fertig ist und bereit zu zeichnen. Du nimmst den Gegenstand wieder entgegen und gibst deiner Partnerin/deinem Partner zum Zeichnen den Bleistift in die Hand und legst das Zeichenpapier vor deinem Gegenüber auf den Tisch.

1. Tasten

Bitte binde nun die Augenbinde um und stelle dich darauf ein, deine Augen erst am Ende der gesamten Übung zu öffnen.
Nun entspannst du den Körper. Fange mit den Füßen an. Entspanne die Füße, die Unterschenkel, die Knie, die Oberschenkel, das Becken. Entspanne den Bauch und den Rücken, den Brustkorb, die Schultern, die Arme und die Hände. Entspanne den Hals, das Gesicht und den Kopf. Nun atme noch einmal tief durch.
Du bekommst jetzt einen Gegenstand. vielleicht erkennst du ihn, aber du sagst nicht was es ist. Öffne die Hand und nimm ihn entgegen. Beginne jetzt damit, den Gegenstand mit den Händen und Fingern zu betasten. Der Gegenstand ist ganz neu für dich. Wie ist seine Oberfläche? Ist sie glatt oder rauh, weich oder fest? Ist die Oberfläche an allen Stellen gleich? Gibt es Unterschiede? Welche? Und wie ist die Form? Ertaste dir die Form!

Wenn du den Gegenstand erforscht hast, reiche ihn deinem Assistenten/deiner Assistentin. Er/Sie gibt dir nun das Blatt und legt es genau vor dich auf den Tisch. Dann bekommst du einen Bleistift. Zeichne mit geschlossenen

Augen, was du erfühlt hast. Ohne zu sehen wirst du etwas ganz Richtiges zeichnen! Wenn du mit deiner Zeichnung fertig bist, gibst du den Bleistift zurück. Dein Assistent/deine Assistentin nimmt das Blatt zur Seite und vermerkt auf der Rückseite, dass es das Tast-Bild ist.

2. Riechen
Du erhältst den bekannten Gegenstand. Beginne nun ihn zu „beriechen". Was für einen Geruch hat der Gegenstand? Riecht er überall gleich oder an einigen Stellen anders? Lerne den Gegenstand durch seinen Geruch wirklich kennen.
Wenn du eine Vorstellung von dem Geruch des Gegenstandes hast, gib ihn zurück. Jetzt erhältst du ein neues Blatt Papier und den Bleistift. Zeichne nun mit geschlossenen Augen, was du gerochen hast. Ohne zu sehen, wirst du etwas ganz Richtiges zeichnen!
Wenn du mit deiner Zeichnung fertig bist, gibst du den Bleistift zurück. Dein Assistent/deine Assistentin nimmt das Blatt zur Seite und vermerkt auf der Rückseite, dass es das Riech-Bild ist.

3. Hören
Beginne nun, den Gegenstand zu hören. Kannst du ihn „erlauschen"? Halte den Gegenstand an dein Ohr! Klingt er von selbst oder wie kannst du ihn zum Klingen bringen? Du kannst ihn reiben und klopfen. Probiere aus, wie der Gegenstand klingt! Klingt er an allen Stellen gleich? Höre in den Gegenstand hinein! Das kannst du auch von allen Seiten tun.

Mieke
11. Klasse
Gymnasium

Wenn du den Gegenstand ganz gehört hast, erhältst du ein neues Blatt Papier und den Bleistift. Zeichne nun, was du gehört hast! Ohne zu sehen, wirst du das Richtige zeichnen! Wenn du mit deiner Zeichnung fertig bist, lege das Blatt zur Seite und gib den Bleistift zurück. Deine Partnerin/dein Partner vermerkt auf der Rückseite, dass es das Hör-Bild ist.

4. Schmecken
Beginne nun, den Gegenstand zu schmecken. Suche an ihm eine geeignete Stelle und beginne ihn zu schmecken - beiß einmal hinein! Kaue langsam, ganz langsam! Wie ist es, wenn du langsam kaust? Was kannst du

schmecken? Verändert sich vielleicht der Geschmack während du kaust? Wie fühlt es sich an, den Gegenstand zu kauen? Fällt das Kauen leicht oder schwer? Wenn du den Gegenstand genügend geschmeckt hast, erhältst du ein neues Blatt, Papier und den Bleistift. Zeichne nun auf, was du geschmeckt hast! Ohne zu sehen, wirst du etwas Richtiges zeichnen! Nun bist du mit deiner Zeichnung fertig. Gib den Bleistift zurück.Deine Partnerin/dein Partner vermerkt auf der Rückseite, dass dies das Schmeck-Bild ist.

5. Ansehen
Nun lass dir ein letztes Mal den Gegenstand geben. Nimm die Augenbinde ab und bereite dich vor langsam, die Augen zuöffnen! Du siehst deinen Gegenstand das erste Mal.Welche Farben hat der Gegenstand? Ist er glänzend oder matt? Wie ist die Form? Wo ist sie regelmäßig, wo verändert sie sich? Wenn du den Gegenstand ganz gesehen hast, schließe die Augen, stelle dir nochmals vor, was du gesehen hast. Nun zeichne, was du gesehen hast! Du kannst jetzt mit offenen oder geschlossenen Augen zeichnen.

Jetzt tauscht ihr die Rollen. Die neuen Assistenten und Assistentinnen gehen genauso aufmerksam vor, wie zuvor ihre Partner/Partnerinnen. Achtet auch auf die Gesten des Partners/der Partnerin, damit ihr, wenn es nötig wird, helfen könnt.

Reflektieren
Betrachtet jetzt beide eure Arbeiten - zuerst jeder/jede für sich. Lege die Blätter für dich in eine Reihenfolge: Welche Arbeit trifft deine Erfahrung, die du mit dem Gegenstand gemacht hast, am ehesten, welche am zweitehesten usw.. Wenn ihr eure Zeichnungen genug betrachtet habt, sprecht über die Bilder. Vielleicht kannst du deinem Partner/deiner Partnerin erzählen, wie du zu dieser Reihenfolge gekommen bist.
Kreisgespräch: Welche Zeichnung gibt am meisten das wieder, was du wahrgenommen hast? Wie war es für dich zu assistieren und dir selber assistieren zu lassen?

Hinweis
Die Übung kann ganz oder in Teilen durchgeführt werden. Um unterschiedliche Wahrnehmungen und deren Ausdruck zu vermitteln, sollten mindestens drei Sequenzen der Übung hintereinander folgen. Das Sehen kann dabei der sinnvolle Abschluss sein.

Gestalten

Zeichnung: Alle fünf gezeichneten Erfahrungen mit Skriptol auf ein Transparentpapier übertragen und zu einer Zeichnung zusammenfassen.
Diese Wahrnehmungs- und Ausdrucksweise in einer Turnhalle oder im Außenraum wiederholen. Auf einzelnen Zeichenpapieren 1. Mit geschlossenen Augen die Geräusche wahrnehmen und zeichnen, 2. die Bewegungsdynamik wahrnehmen und zeichnen, 3. die statische Struktur des Raumes/der Umgebung zeichnen. Das wesentliche der Eindrücke auf einem Bogen Transparentpapier zu einer Zeichnung zusammenfassen (siehe Abb. S. 77).

W 11 Kennst du deine Hand?

Diese Anregung kann dazu dienen

- das eigene Tastempfinden zu differenzieren.
- tastend die Struktur der eigenen Hand zu erforschen.

Durchführen

1. Tastempfinden differenzieren

Vorbereitend die Schülerinnen und Schüler auffordern, ein Tuch und einen kleinen interessant geformten Gegenstand (Stein, Muschel, Zweig, Stofftier, Gemüse, etc.) mitzubringen und den Gegenstand vorher niemandem zu zeigen. Zu Beginn der Stunde werden die Arbeitsplätze mit einen Bogen Papier und einem weichen Bleistift oder Zeichenkohle eingerichtet. Daneben das Tuch legen. Die mitgebrachten Gegenstände werden dann verdeckt unter das Tuch der Nachbarin/des Nachbarn gelegt.

Du schiebst eine Hand unter dein Tuch und berührst mit den Fingerspitzen vorsichtig den Gegenstand, der darunter liegt. Was bemerkst du? Ertastest du etwas Rauhes oder Glattes? Sind die Flächen gerade oder rund? Nimmst du den Gegenstand als weich oder hart wahr; eher warm oder kühl? Sind Erhebungen oder Vertiefungen an dem Gegenstand? Gleite mit deinen Fingerspitzen über die ganze Form. Ist sie eher kurz, dick, lang oder dünn. Ertaste den Gegenstand so genau wie möglich.
Wenn du einen Eindruck von dem Gegenstand hast beginnst du ihn mit deiner freien Hand zu zeichnen. Nutze Linien, Strukturen, hell und dunkel, um das Ertastete darzustellen. Während du zeichnest bleibst du mit der anderen

Hand im Kontakt mit dem Gegenstand. • Wenn du mit dem Zeichnen fertig bist, hebst du das Tuch und vergleichst den Gegenstand mit deiner Zeichnung.

Reflektieren
Kreisgespräch: Was für ein Gegenstand war unter deinem Tuch? Was ist dir beim Tasten an ihm aufgefallen? Wie hast du es gezeichnet?

Abb. Farbtafel 2.2 2. Die eigene Hand
Die Schülerinnen und Schüler auffordern den Arbeitsplatz mit einem DIN-A3-Papier und Deckfarbenkasten vorzubereiten und das Fach unter dem Tisch frei zu räumen.
Du legst die Hand, mit der du normalerweise schreibst, unter den Tisch. Mit deiner anderen Hand greifst du vorsichtig unter den Tisch und entdeckst dort eine Hand. Wende dich dem kleinen Finger dieser Hand zu. Durch sanftes Tasten, leichtes und festeres Drücken beginnst du deinen kleinen Finger zu untersuchen. Wo ist dein Finger besonders weich? Wo kannst du durch sanftes Drücken den Knochen im Finger wahrnehmen? Wie unterschiedlich ist die Oberfläche des kleinen Fingers? Ist die Haut weich oder auch etwas rauh? Welche Form hat der Übergang zum Fingernagel. Wie fühlt sich die Oberfläche des Fingernagels an?
Stelle dir für die unterschiedlichen Oberflächen oder Empfindungen unterschiedliche Farben vor. Taste nun mit deinen Fingern das erste Gelenk. Ist der kleine Finger in der Gelenkbeuge mehr oder weniger empfindsam als auf dem Fingerrücken? Wandere bei deiner Untersuchung weiter den Finger entlang. Nimm den Abstand der Gelenke voneinander wahr. Spüre die Seite deiner Hand entlang des Handballens bis zum Handgelenk. Mit deinen ganzen Fingerkuppen streichst du langsam vom Handgelenk aus über die Handinnenfläche. Nimm dabei die Erhebungen und Vertiefungen der Fläche wahr. Streiche dann über die Fingerrücken und den Handrücken. Vielleicht kannst du Knochen, Sehnen und Adern unter der Haut spüren? Untersuche nacheinander alle Finger und den Daumen deiner Hand, bis du alle Finger umrundet hast und wieder bei deinem Handgelenk angekommen bist. Lasse dir Zeit und nimm wahr, wie unterschiedlich sich deine Hand an den Fingerspitzen und Fingerübergängen anfühlt.
Nachdem du deine Hand unter dem Tisch untersucht hast, beginne sie zu malen. Du kannst immer wieder unter den Tisch greifen und die unterschiedlichen Einzelheiten deiner Hand ertasten.

Reflektieren

Kreisgespräch: Was hast du bei der Untersuchung deiner Hand wahrgenommen? Durch welche Farben hast du die einzelnen Wahrnehmungen dargestellt?

Gestalten

zu 1. Tastempfinden differenzieren: Stelle den ertasteten Gegenstand mit Linien, Strukturen und Helldunkelwerten dar.
zu 2. Die eigene Hand: Ertaste deine Hand und male was du dabei wahrgenommen hast.

Variation

In Klassen mit vertrauensvoller Atmosphäre, kann das Ertasten der Hand als Partnerarbeit durchgeführt werden. Mit der freien Hand malt eine/einer die jeweils ertastete Hand des anderen. Danach Austausch zu Zweien über die Bilder.

Kunstpädagogisches Thema: Expressive Farbwahl
Beispiel: Oskar Kokoschka:Bildnis Herwarth Walden, Bildnis William Bauer; Asgar Jorn: Ein Draußenstehender

W 12 Liebst du dein Ohr?

Diese Anregung ermöglicht es,

- die Ohren durch empfindsames Fühlen und Hören zu erforschen.
- liebevolle Selbstannahme zu erleben.

Hinweis

Diese Übung zur Wahrnehmungsdifferenzierung ist für fortgeschrittene Gruppen.

Durchführen

Vorbereitung: am Tag vorher die Übung ankündigen und zum Waschen der Ohren auffordern.
Die Arbeitsplätze für das Malen vor der Übung einrichten.
Du setzt dich in einer aufrechten, entspannten Haltung hin. Nun spürst du

zu deinen Füßen. Spüre den Boden unter deinen Füßen. Vielleicht kannst du dich mit geschlossenen Augen besser auf das Empfinden konzentrieren? Probiere es aus. Atme ruhig und tief. • Wenn du deine Füße spürst, dann wandere langsam mit deiner Aufmerksamkeit zu deinen Unterschenkeln, über deine Knie zu den Oberschenkeln. Spüre dein Becken und wie du auf dem Stuhl sitzt. Gehe in Gedanken von deinem Kreuzbein weiter deinen Körper hinauf. Nimm deinen Bauch wahr und folge deiner Wirbelsäule vom Becken, zum Brustkorb und zu deinen Schultern. Spüre deine Arme und Hände und folge weiter deiner Aufrichtung über deinem Nacken und dem Kopf bis zu deinem Scheitel. Du kannst leicht an den Haaren in der Mitte deines Kopfes zupfen, um ihn besser zu spüren.
Jetzt reibst du deine Hände, bis sie ganz warm werden. Führe nun deine rechte Hand an dein rechtes Ohr oder deine linke Hand an dein linkes Ohr. Beginne mit dem Ohrläppchen. Spüre wie zart es ist. Wie unterschiedlich in seiner Form und Festigkeit. Fühle es - in allen seinen Einzelheiten. Dann gehe mit einem Finger hinter dein Ohr, wo Kopf und Ohransatz sich treffen. Spüre deine Empfindsamkeit hier. Fahre ganz langsam mit deinem Finger an deinem Ohransatz aufwärts, nimm dabei jede Einzelheit wahr.
Du beginnst erneut unten am Ohrläppchen und folgst langsam den Windungen deines Ohres - zunächst ganz außen. Fühle mit zwei Fingern diese Mischung aus Weichheit und Festigkeit deiner äußeren Ohrmuschel. Lass dir Zeit dafür. Erforsche deine Ohrmuscheln, als würdest du sie neu entdecken. Folge den Windungen, wie sie zielstrebig nach innen führen. Lass dich führen - ganz langsam - tastend - vorsichtig. Ab und zu kannst du den Finger von deinem Ohr etwas lösen und nur noch die Härchen spüren, die da - vielleicht - bei dir wachsen. Dann gehst du weiter auf Erkundungsfahrt. Du kommst an die Grenze, an der die zarte Bewegung deines Fingers nicht nur fühlbar, sondern auch hörbar wird. Erforsche diese Grenze. Taste dich an sie heran. Geh danach mit dem Finger wieder zurück. Geh erneut an diese Grenze - überschreite sie vorsichtig und geh wieder zurück. Spiele mit dieser Grenze an der Fühlbares in Hörbares übergeht. Gewinne einen Eindruck davon.
Nimm deinen kleinen Finger. Nähere dich behutsam deinem Gehörgang. Geh manchmal wieder ein paar Millimeter zurück und danach erneut tiefer. Gehe nur soweit, wie es für dich angenehm ist. Nimm alles mehrfach wahr: An deinem Finger fühlend und durch dein Ohr lauschend.
Schließlich gehst du den gleichen Weg wieder zurück. Laß dir auch dafür Zeit. Verabschiede dich allmählich von deinem Ohr - folge den Windungen immer weiter nach außen, bis du wieder am Ohrläppchen bist.

Lasse in dir ein Bild entstehen für das, was du gerade gefühlt hast.
Reibe deine Hände, bis sie ganz warm werden, dann lasse dich auf die gleiche Erfahrung mit der anderen Hand und mit dem anderen Ohr ein. Probiere dabei, dir zu deinen Empfindungen Farben vorzustellen.
Das zweite Ohr wird je nach Konzentrationsfähigkeit der Kinder mit weniger oder ohne Anleitung dem ersten Ohr entsprechend gefühlt und gehört.
Wenn du zum Ende gekommen bist, nimm deinen Sitz auf dem Stuhl wahr.
Lasse vor deinem inneren Auge ein Bild von dem Gespürten entstehen.

Abb. Farbtafel 1.1

Gestalten
Malerei: Male, wie du deine Ohren empfunden hast.
Material: farbige Kreiden oder Wasserfarben, DIN-A2-Papier

Reflektieren
Kreisgespräch
Beschreibe, welche Eindrücke hast du beim Erforschen deiner Ohren gehabt? Wie zeigst du das in deinem Bild?
(Es können unterschiedliche Wahrnehmungsbereiche zur Sprache kommen und nachgefragt werden: Hören, Tasten der Form oder der Konsistenz, Temperaturempfindungen.)

Nach einer Idee von Joachim-Ernst Berendt.

W 13 „NA“ Tönen

Dies ist eine Anregung,
tönend eigene Rhythmen zu formen und dabei durch die Gruppe unterstützt zu werden.

Durchführen
Vorbereitung: Übungen: „Im Raum gehen“ W 3, „Den Raum erfahren“ W 4 oder „Die kleinen Schritte“ W 8
Du bildest mit den anderen einen Kreis. Du stehst schulterbreit mit lockeren Knien. Spüre, wie du vom Boden getragen bist, von den Fußsohlen bis hinauf zum Kopf. • Du öffnest leicht deinen Mund. Atme durch die Nase ein und durch den Mund wieder aus. Spüre, wie der Ausatem entlang dem Gau-

men und der Zunge ausströmt. Während du atmest, denkst du dir ein „N" und wenn ich anfange, lässt du ausatmend das „N" hörbar werden. Stimme einen langen Ton an. Töne das N mehrmals. • Nimm wahr, wie dabei deine Zungenspitze den vorderen Rand des Gaumens hinter den oberen Zähnen berührt. Durch einen leichten Anschlag der Zungenspitze kannst du das „N" rhythmisieren (N.N.N....).
Erweitere das „N" um ein „A". NAAAAAAH
Der Mund wird weit geöffnet, wenn der Vokal A erklingt. Die Zunge ist entspannt und findet Raum hinter den Zähnen.Singe das „NA" und spiele dabei mit den Rhythmen, lass es klingen wie ein Morsezeichen. NA-NANANANA-NANA-NA. Nimm dabei den leichten Anschlag deiner Zungenspitze wahr.
Höre deine Töne und im Hintergrund die Klänge der anderen.
Stelle dir Farben und Formen für deine Töne vor. Ahne, wie sie aussehen könnten. Die Töne der anderen bilden den Hintergrund. Stelle es dir als Bild vor.
Das Tönen kann, je nach Spannung in der Klasse, längere Zeit andauern.
Nun wirst du langsam leiser und spürst nach.

Gestalten
Male dein Bild.
Material: Ölkreiden, DIN-A2-Papier

Reflektieren
Kreisgespräch: Was zeigst du auf deinem Bild? Wie hast du dein Singen erlebt? Wie hast du dabei den Gesang der anderen wahrgenommen?

W 14 Brummbär

Diese Anregung dient dazu,
- zur Ruhe zu kommen.
- sich im eigenen Schwingen wahrzunehmen.
- Brustkorb und Wirbelsäule zu empfinden.

Durchführen
Vorbereitung: für jede Schülerin/jeden Schüler eine Decke bzw. warme Unterlage
Lege dich mit dem Rücken bequem auf deine Decke. Während du da liegst, kannst du dich ganz wahrnehmen, von den Füßen bis zu deinem Kopf. Gehe jetzt mit deiner Vorstellung einmal durch deinen Körper. Nimm deine Füße wahr, • deine Beine, • dein Becken, • den Bauch • und deinen Rücken, deine Arme und Hände,• deine Schultern und deinen Kopf. Du winkelst deine Beine an und mit deinen Fußsohlen kannst du den Boden unter der Decke spüren. Wenn du magst kannst du jetzt deine Augen schließen. Achte auf deinen Atem, wie er von selbst deinen Körper bewegt.
Während du einatmest, weitet sich dein Bauch unterhalb deines Nabels und dehnt sich leicht nach vorn, während die Lendenwirbelsäule sich gleichzeitig dem Boden nähert. Dein Kinn bewegst du nun etwas in Richtung Brustkorb. Während des Ausatmens versuchst du, ein tiefes Brummen ertönen zu lassen. Du brummst ohne dich anzustrengen. Du lässt deinen Atem fließen. Kannst du spüren, wie das Brummen deinen Brustkorb und deine Wirbelsäule mitschwingen lässt? Vielleicht hilft es dir, eine Hand auf dein Brustbein oder die Rippen zu legen, um es zu spüren. Du merkst, wie der Boden dich trägt, während du brummst. • Beende langsam das Brummen.

Reflektieren
Wie nimmst du dich jetzt wahr? Wie war für dich das Erlebnis des gemeinsamen Brummens mit den anderen?

W 15 Progressive Muskelentspannung

Diese Anregung ermöglicht
Spannungen im Körper zu harmonisieren.

Hinweise
Für diese Übung ist ein Raum mit Teppichboden oder eine Turnhalle empfehlenswert.
Falls keine Decken als Unterlagen vorhanden sind, Jacken oder Pullover als Unterlagen für den Kopf und Rücken verwenden.
Diese Übung im Anleiten nicht selber mitmachen.

Durchführen
Du legst dich jetzt auf den Boden. Lege dich so hin, dass du niemanden berührst und genügend Abstand nach rechts und links hast.
Die Schülerinnen und Schüler darin unterstützen, so zu liegen dass jede/r genügend Platz hat.
Du legst dich auf den Rücken, deine Füße nebeneinander und deine Arme neben den Körper. Wenn du bei dieser Übung nicht mitmachen möchtest, kannst du an etwas anderes denken, sei dabei ruhig und störe die anderen nicht.
Leise meditative Musik einschalten. Sie bildet den akustischen Hintergrund, schafft eine verbindliche Atmosphäre und die Nebengeräusche werden von ihr gedämpft.
Du liegst ganz ruhig und spürst wie der Boden dich trägt. Mit jedem Atemzug wirst du ruhiger und entspannter. Wandere nun mit deiner Aufmerksamkeit durch deinen Körper. Beginne mit deinen Füßen. Gehe weiter mit deiner Aufmerksamkeit deine Beine entlang zu deinem Becken, nimm deinen Bauch wahr und wie er sich mit der Atmung bewegt. Nimm deinen Rücken wahr und geh weiter hinauf zu deinem Brustkorb und den Schulterblättern. Spüre deine Schultern, die Oberarme, Unterarme, deine Hände bis in die Fingerspitzen. Geh wieder zurück zu deinen Schultern. Du nimmst deinen Nacken wahr, deinen Hals und deinen Kopf. Du bist nun ganz durch deinen Körper gewandert.
Du wirst jetzt noch einmal durch den ganzen Körper wandern und dabei deine Muskeln nacheinander anspannen und wieder loslassen.
Zum Ausprobieren, wie es geht, machst du deine rechte Hand zur Faust und schließt sie ganz fest, und löst sie wieder.
Jetzt weißt du, wie es geht. Wir fangen mit den Füßen an. Lasse deine Fersen

am Boden und ziehe deine Zehen nach oben, so dass du deine Beine stark anspannst. Du entspannst dich wieder und spürst den Unterschied zwischen Anspannung und Entspannung.
Spanne deine Oberschenkel kräftig an, noch kräftiger und entspanne sie wieder. Spüre den Unterschied zwischen Anspannung und Entspannung in deinen Oberschenkeln.
Als nächstes spannst du deinen Po an. *Bei Kichern in der Klasse etwa mit - „Er ist ein Teil von dir." - reagieren.*
Spanne ihn kräftig an und entspanne dich wieder. Spüre den Unterschied zwischen Anspannung und Entspannung.
Du spannst deinen Rücken zwischen den Schulterblättern an, so dass sich die Schulterblätter fast berühren und entspanne dich wieder. Spüre deine Entspannung.
Nun spannst du den linkem Oberarm ganz stark an und nimmst deinen Unterarm dabei hoch, entspanne den Arm wieder und spüre den Unterschied zwischen Anspannung und Entspannung.
Jetzt machst du deine linke Hand zur Faust, schließt sie ganz fest, noch fester und entspannst sie wieder. Spüre den Unterschied zwischen Anspannung und Entspannung.
Du spannst den rechten Oberarm ganz stark an und nimmst deinen Unterarm dabei hoch. Entspanne den Arm wieder und spüre den Unterschied zwischen Anspannung und Entspannung.
Nun machst du deine rechte Hand zur Faust und schließt sie ganz fest, und löst sie wieder Spüre den Unterschied zwischen Anspannung und Entspannung.
Spüre nun deinen Körper. Wie empfindest du jetzt deine Füße, deine Beine, dein Becken, den Rücken und die Arme.
Du ziehst deine Schultern nach oben, so hoch, als wenn du deinen Hals verschwinden lassen wolltest. Entspanne dich wieder und spüre den Unterschied zwischen Anspannung und Entspannung.
Du schließt deine Augen ganz fest, so dass du Falten auf der Stirn bekommst. Entspanne deine Stirn wieder.
Presse deine Lippen fest zusammen, aber nicht die Zähne, und entspanne dich wieder. Du lässt deinen Unterkiefer dabei locker.
Spanne noch einmal deinen ganzen Körper an. Wenn du willst, probiere aus, das mit deinem Atem zu verbinden. Beim Anspannen einatmen und beim Loslassen ausatmen. Löse deine Anspannung. Nimm wahr, wie du jetzt am Boden liegst und wo du entspannter bist als vorher.

Gestalten
In Verbindung mit der Übung „Körperumrisslinie Zeichnen B 7“ kann nach der Wahrnehmungsaufgabe : „Stelle dir Farben vor, wo du Entspannung wahrnimmst“, der Körperumriss farbig ausgemalt werden.

Reflektieren
Was waren deine Empfindungen? Welche Farben hast du ihnen gegeben?

Kunstpädagogisches Thema: Farbe und Figur
Beispiel: Niki de Saint Phalle, Nanas; Oskar Schlemmer, Figurinen des Triadischen Balletts

W 16 Tiere in der Nacht/Begegnungen in der Nacht

Diese Anregung ermöglicht,
- mit geschlossenen Augen die eigene Bewegung im Raum zu erspüren.
- spielerisch Kontakt zu anderen aufzunehmen.
- unterschiedliche Qualitäten von Kontaktaufname zu erleben.

Hinweise
Schülerinnen und Schüler vor der Übung auf das Mitbringen von Augenbinden/Tüchern, und festen Hosen (Jeans) für die 2. Phase der Übung hinweisen. Vor dieser Übung sollten die Übungen B14 und B15 in der Klasse bekannt sein.
Diese Übung im Anleiten nicht selber mitmachen.

Durchführen
Vorbereitung: Stühle und Tische an die Wand stellen, Plätze zum Malen vorbereiten.

1. Vertrauen in die Bewegung mit geschlossenen Augen gewinnen, den Raum erspüren
Die Klasse tanzt mit verbundenen Augen zu einer langsamen Musik. Es sollte eine Musik gewählt werde, die keine plötzlichen und heftigen Bewegungen anregt und mit verbundenen Augen getanzt werden kann, z.B.: Mozart, A-Dur-Konzert, langsamer Satz, (KV488); langsame Rock- oder Jazzmusik

ist auch geeignet. Die Schülerinnen und Schüler werden kurz in den Ablauf der Übung eingewiesen.
Du gehst durch den Raum. Merke dir die Ecken, Vorsprünge, Hindernisse im Raum. Suche dir einen Platz, an dem du gerne stehst. Du verbindest dir die Augen, so dass du nicht unter der Binde hindurchlinsen kannst. Ist dir das Verbinden der Augen unangenehm, hälst du deine Augen geschlossen. Im Notfall kannst du dann kurz blinzeln.
Die Musik einstellen.
Verlagere deine Aufmerksamkeit auf deinen Schwerpunk etwas unterhalb von deinem Bauchnabel, in deinen Bauch. Je mehr du bei deinem Schwerpunkt im Bauch bist, desto sicherer wirst du. Nach einiger Zeit wirst du empfinden, wenn du dich irgendwelchen Hindernissen näherst. Höre der Musik erst einmal zu und beginne dann, dich langsam zu der Musik zu bewegen. Bewege dich langsam. Wenn du jemanden berührst, gehe nicht weiter darauf ein. Bleibe mit deiner Aufmerksamkeit bei dir. Nimm die Musik mit deinem ganzen Körper wahr. Drücke die Musik mit deinem ganzen Körper aus. Bewege dich so, dass du dich sicher fühlst.
Ca. 5 Minuten üben.

2. Tiere imitieren
Hocke dich nun auf den Boden. Stelle dir ein Tier vor. Es sollte ein Tier sein, das Geräusche macht: ein bellender Hund - eine muhende Kuh - ein wieherndes Pferd - eine miauende Katze - ein singender Vogel - ein heulender Wolf - eine meckernde Ziege - eine summende Fliege - ein nächtlicher Uhu - ein rufender Wal - irgend ein Tier in der Luft, auf der Erde oder im Wasser, das Laute von sich gibt.

Abb. Farbtafel 2.3

Denke nicht lange darüber nach. Wähle das Tier, das dir einfällt und stell dir vor, du bist dieses Tier. Wie bewegt sich das Tier? Bringe die Laute des Tieres hervor und benimm dich ganz und gar so wie dieses Tier. Wenn du einem anderen Tier begegnest, beobachte, wie ihr euch begegnet. Mögen die Tiere sich. Haben sie Spaß miteinander, spielen sie? Oder bedrohen sie einander, fletschen die Zähne, jaulen los und schneiden Grimassen?
Vielleicht empfindest du beides: Spaß - aber auch Abneigung. Beißt der Hund die Katze?
Achte darauf, dass deine Augenbinde nicht verrutscht oder deine Augen zu sind damit du in keinem Augenblick dieser Erfahrung schummeln kannst. Lass dich auf dein Tierspiel ein.
Beende langsam das Tierspiel und stelle dich hin.
Nimm deine Augenbinde ab und öffne die Augen, stampfe mit den Füßen

und schüttele dich aus, so dass alles „Tierische“ von dir abfällt.
Du schließt deine Augen noch einmal und erinnerst dich an dein Tierspiel und an die Begegnungen, die du dabei hattest.

Gestalten
Finde Zeichen für eine Begegnung in der Nacht oder male wie sich zwei Tiere begegnen.
Material: DIN-A2-Papier, Ölkreiden

Reflektieren
Kreisgespräch: Erzähle, welche Begegnung die Zeichen darstellen oder wie sich die Tiere bei ihrer Begegnung verhielten.

Nach einer Idee von Joachim-Ernst Berendt.

Ich nehme andere wahr, nehme Kontakt auf und grenze mich ab

	Diese Anregung dient dazu,
B 1 Steckbrief	- aufmerksam für das Äußere anderer zu werden.
B 2 Ich nehme dich wahr	- andere zu betrachten und betrachtet zu werden. - spielerischen Umgang mit dem eigenen Äußeren zu üben.
B 3 Die Drehtür	- die Freigabe des eigenen Weges zu erfahren. - die Erlaubnis, sich den eigenen Weg zu öffnen, zu erleben.
B 4 Von Fuß zu Fuß	- die Ausdrucksfähigkeit der Füße zu entdecken. - sich und andere durch Körperkontakt wahrzunehmen.
B 5 Ja - Nein	- mit der Stimme die eigene Kraft und Energie auszudrücken.
B 6 Meine Grenze/ Stopp-Spiel	- die eigene Grenze wahrzunehmen und zu setzen.
B 7 Umrisslinie zeichnen	- die eigene Körperkontur zu spüren. - durch die an der Wand befestigte Umrisslinie zu erfahren: Ich bin anwesend.
B 8 Nach wechselnder Musik einzeln und zu zweien tanzen	- im Wechsel der Musik den Unterschied zu erleben zwischen der im Tanz allein gestalteten Bewegung und der gemeinsamen Bewegung im Kontakt mit einer Partnerin/einem Partner.
B 9 „Portrait"-zeichnen	- Gruppenmitglieder anzuschauen. - die Erfahrung zu machen: „Was sehe ich an anderen?"- „Was sehen andere an mir?". - Vertrauen darin zu gewinnen, die Wahrnehmungen an anderen skizzenhaft zu notieren.

B 10 Wer hat den Schatz?	- persönliche Verhaltensweisen im Erreichen von Zielen zu erfahren. - Verhandlungsgeschick anzuwenden oder beim Rangeln die eigene Kraft bzw.die eigenen Grenzen zu spüren.
B 11 Spiegelübung I	- die Bewegungsweise einer anderen Person ganz wahrzunehmen. - sich mit einer anderen Person in einer gemeinsamen Bewegung zu verständigen.
B 12 Spiegelübung II	- durch das Gespiegelt-werden sehr direkte Rückmeldungen über den eigenen Körperausdrucks zu bekommen. - den eigenen Körperausdruck kennenzulernen.
B 13 Spaziergang mit geschlossenen Augen, geführt von Tönen	- vertrauensvollen Kontakt über das Hören aufzubauen. - für den Klang der Stimme sensibilisiert zu werden. - sich mit der eigenen Stimme frei auszudrücken.
B 14 Spaziergang mit geschlossenen Augen und zeigen von Situationen	- zu erkennen, dass ein Unterschied zwischen dem, was eine Person zeigt und dem, was die andere Person sieht, bestehen kann. - zu erfahren, wie individuell der erste Eindruck beim Betrachten einer Situation ist.
B 15 Muschelübung	- eingefühlt Kontakt aufzubauen. - Geborgenheit und feine Abstufungen in der Hinwendung zum anderen zu erleben.
B 16 Positive Rückmeldungen annehmen	- zu erkennen, wie die eigene Reaktion auf positive Rückmeldungen ist. - die Fähigkeit, positive Rückmeldungen anzunehmen, zu entwickeln.

B 1 Steckbrief

Diese Anregung hilft
aufmerksam für das Äußere anderer zu werden.

Durchführen
Nach der Übung „Im Raum gehen - den Körper spüren“ W 3 oder „Den Raum erfahren“ W 4 die Schülerinnen und Schüler auffordern, die Augen zu schließen.
Eine Schülerin/einen Schüler leise bitten, die Klasse zu verlassen und draußen zu warten, bis sie/er wieder gerufen wird.
In der Klasse fragen : Wer fehlt? Wie sah die Person aus?
Alle zeichnen einen Steckbrief.
Die gezeichnete Person kommt wieder in die Klasse. Die Bilder werden untereinander und mit der/dem Gezeichneten verglichen. Wo ist sie/er wiederzuerkennen?

Hinweis
Die Übung mehrmals zu Beginn des Unterrichts wiederholt erhöht die Aufmerksamkeit für die äußere Erscheinung anderer.

Gestalten
Zeichnung/Malerei: Zeichne möglichst genau wie .... heute aussieht.
Material: Buntstifte, Papier DIN A 4

B 2 Ich nehme dich wahr

Diese Anregung gibt Erlaubnis
- andere zu betrachten und betrachtet zu werden.
- spielerischen Umgang mit dem eigenen Äußeren zu üben.

Durchführen
Finde eine Partnerin/einen Partner und setze dich ihr/ihm gegenüber. Betrachte dein Gegenüber und präge dir das Äußere deiner Partnerin oder deines Partners so genau wie möglich ein.
Nach ein bis zwei Minuten Jetzt dreht ihr beide euch um, so dass ihr mit

dem Rücken zueinander sitzt.
Verändert jetzt jeweils drei Dinge an eurem Aussehen.
Wenn ihr beide fertig seid dreht euch wieder zueinander. Einigt euch, wer zuerst anfängt die Veränderungen am anderen zu entdecken. Danach wechselt ihr.

Hinweis
Langsame Kinder werden flexibler im Verändern ihres Äußeren, wenn die Übung mehrere Male eingesetzt wird.

W 1 - B 2

B 3 Die Drehtür

Diese Anregung ermöglicht, spielerisch
- die Freigabe des eigenen Weges zu erfahren.
- die Erlaubnis zu erleben, sich den eigenen Weg zu öffnen.

Durchführen
Vorbereitung: Übungen „Im Raum gehen - den Körper spüren“ W 3 und „Den Raum erfahren“ W 4

Du gehst eine Acht.
Das Gehen der Acht stimmt in die weiche Drehbewegung ein und lässt dabei einen Mittelpunkt erleben.
Alle mit schwarzen Haaren (*Hier kann auch jedes andere Merkmal genannt werden, das ca. die Hälfte der Klasse anspricht.*) bleiben jetzt stehen und breiten ihre Arme zu den Seiten aus. Ihr seid jetzt die Drehtüren. Stellt euch so, dass ihr genug Platz habt, um euch zu drehen. Ihr dreht euch automatisch, wenn sich jemand langsam von vorne nähert. Eure Bewegung geht von den Füßen aus. Die Drehtüren bleiben in der neuen Position stehen. Ihr öffnet euch, bevor ihr berührt werdet. Die anderen gehen frei im Raum. Ihr nähert euch langsam von vorne den Drehtüren. Nimm wahr, wie sich vor dir die Tür anfängt zu drehen und sich öffnet.
1-2 Minuten üben
Jetzt wechselt ihr, und die anderen sind die Drehtüren.

1-2 Minuten üben
Nun sind alle, die in der ersten Jahreshälfte Geburtstag haben, die Drehtüren. Diese Drehtüren sind etwas älter und mit der Hand zu drehen. Ihr berührt mit eurer Hand den Arm der Drehtür. Sie gehen unterschiedlich schwer, aber keine klemmt. Auch diese Drehtüren kann man nur von vorne benutzen.
1-2 Minuten üben
Jetzt wechselt ihr.

Wie hast du das Gehen durch die sich dir von selbst öffnende Tür empfunden?
Wie war es, sich die Tür mit der Hand zu öffnen?

Gestalten
Grundschule
Drucken: Monotypien mit Linoldruckfarbe
Auf einer Platte eine oder mehrere Farbe dünn auswalzen, kurze Pappstücke in der Farbschicht drehen, so dass die Drehbewegung als Kreise sichtbar werden, drucken und weiter experimentieren.

Sek 1
Zeichnung/Malerei: Zeichne, wie du dich im Raum bewegt hast. Erfinde dazu unterschiedliche Zeichen für den Bewegungsvorgang der automatischen und er von Hand zu öffnenden Drehtür. Zeichne danach auf einem zweiten Blatt nur die Bewegungszeichen.
Material: Rötelkreiden, Papier DIN A 3

Reflektieren
Kreisgespräch: Worin unterschied sich für dich das Gehen durch die verschiedenen Drehtüren?
Welche Zeichen hast du dafür in deinem Bild gefunden?

W 3 - B 3; W 5 - B 3
Kunstpädagogisches Thema I: Malerei aus der Bewegung
Beispiel: K.O. Götz, Werke der fünfziger Jahre
Kunstpädagogisches Thema II: Mit einfachen Zeichen Bewegung sichtbar machen
Beispiele: Comics; Keith Haring

B 4 Von Fuß zu Fuß

Diese Anregung ermöglicht,

- die Ausdrucksfähigkeit der Füße zu entdecken.
- sich und andere durch Körperkontakt wahrzunehmen.

Durchführen

Vorbereitung: „Füße kneten und verwringen" U 1, „Mit den Füßen Ton kneten" U 3

Suche dir einen Partner oder eine Partnerin und setzt euch gegenüber, so dass die Füße sich bequem berühren können (*auf Stühlen oder am Boden auf Decken*). *Die Schülerinnen und Schüler haben die Schuhe für die Übung ausgezogen, können aber ihre Strümpfe anbehalten.*

Schließt jetzt eure Augen.

Du beginnst mit deinem Fuß einen Fuß deines Partners/deiner Partnerin tastend zu erforschen. Die Erkundung ist sanft und kann später behutsam stärker werden, um auch das Feste und Kräftige des anderen zu erfahren. • Nimm deinen zweiten Fuß für die Erkundung zu Hilfe. Bleibe behutsam und neugierig in deinen Berührungen. Deinen Atem lässt du ruhig fließen. • Erzähle nun mit deinen Füßen den Füßen deines Partners/deiner Partnerin eine kleine Geschichte vom Gehen, Laufen, Springen und Hüpfen. Einigt euch, wer anfängt. Spüre genau hin, dann kannst du nachher die Geschichte, die dir erzählt wird, zeichnen.

Hinweis

Im Sommer, wenn viele barfuß gehen oder Sandalen tragen, wird an dieser Übung selbstverständlicher teilgenommen.

Gestalten

Zeichne die Fußgeschichte, die dir erzählt wurde oder zeichne, wie ihr euch gegenseitig eine Fußgeschichte erzählt.

Material: Ölkreiden, Papier DIN A3

Reflektieren

Austausch zu zweien: Erzähl deiner Partnerin/deinem Partner, wie du die Geschichte verstanden und gezeichnet hast.

Kreisgespräch zu den Bildern

U 1 - U 3 - B 4; W 1 - W 9 - U 1 - B 4; W 9 - U 1 - B 4 - V 11

B 5 Ja - Nein

Diese Anregung ermöglicht
die eigene Kraft und Energie mithilfe der Stimme auszudrücken, bzw. ausdrücken zu lernen.

Durchführen
Gebraucht wird ein großer Raum, in dem die ganze Klasse gleichzeitig „üben“ kann und Lautstärke nicht stört.
Suche dir eine gleich starke Partnerin oder einen gleich starken Partner. Setzt euch Rücken an Rücken auf der Mittellinie des Raumes auf den Boden, so dass sich im Raum zwei Reihen bilden. • Du wirst gleich versuchen, die andere oder den anderen mit dem Rücken wegzudrücken. Bedingung ist, dass der Po die ganze Zeit auf dem Boden bleibt und dass ihr beide barfuß seid oder Schuhe tragt. Hände und Füße könnt ihr beim Schieben einsetzen. Du kannst dich selbst unterstützen, indem du laut deine Stimme zu Hilfe nimmst.
Eine Reihe (*die Reihe definieren*) schreit dabei laut „Ja“, wie „Ja, ich drücke dich weg“ und die andere Reihe schreit laut „Nein“, wie „Nein, ich lasse mich nicht wegschieben. Ich drücke dich weg“.
Der Schrei verstärkt die eigene Kraft, sie wird besser spürbar.
Die Spielleiterin/der Spielleiter ermutigt zum lauten Schrei und feuert die Gruppe an.
1 -2 Minuten üben
Stopp
Nun gehst du wieder in die Ausgangsposition zurück und wechselst. Wer vorher „Ja“ geschrien hat, schreit jetzt „Nein“ und wer „Nein“ geschrien hat „Ja“. Vielleicht hast du in der zwieten Runde einen Eindruck, ob du mit dem „Nein“ oder dem „Ja“ besser Kraft entwickelst?

> Der Kampf!
> Gestrampel, Beine, Nein!
> Der Boden, Kälte, Nein!
> Die Hände, Kraft, Nein!
> Vorgeschoben, zurück, Nein!
>
> Nein, der Kampf beginnt,
> du oder ich, wer gewinnt?
> Die Hände, die feucht am Boden kleben,
> die Erde, die Halle, sie fängt an zu beben.
> Die Füße, wild stampfen sie auf dem Boden;
> der Kampf, er ist vorbei, er wird aufgehoben!
>
> Die Beine ruhig am Boden liegend,
> die Arme schwer und entspannt neben
> dem Körper,
> der Kopf ruhig und erholt
> und innen drinnen das JA!

Diana
9. Klasse
Realschule

1 -2 Minuten üben
Stopp
Zwischenaustausch: Welches Wort war besser für dich? Das kann bei jedem unterschiedlich sein, einige sind „stärker“ mit „Ja“ andere mit „Nein“.
Eventuell Partner wechseln, z.B. in der Reihe eine/n weiter rutschen, um ei-

ne andere Erfahrung zu ermöglichen.
Gehe wieder in die Ausgangsposition und suche dir diesmal aus, ob du „Ja" oder „Nein" schreien willst, während du die andere Person wegdrückst.
1 -2 Minuten üben Stopp

Reflektieren
Kreisgespräch oder Austausch zu zweien:
Was hast du für Erfahrungen gemacht. Konntest du mit dem lauten Schrei mehr Kraft entwickeln?

Hinweis
„Verlierer" ermutigen zu ihrer Kraft zu stehen.

Gestalten
Graffiti: das Geschrei graphisch oder in Schrift umsetzen
Für ältere Klassenstufen: offene Gestaltung der Übungserfahrung mit freier Wahl der gestalterischen Medien (Malerei/Graphik, Collage, Text, Gedicht).

B 5 - B 6 - B 13

B 6 Meine Grenze/Stopp-Spiel

Diese Anregung hilft
die eigene Grenze wahrzunehmen und zu setzen.

Durchführen
Vorbereitung: „Den Körper abklopfen" W 9
Den Inhalt der Übung erklären: Jede/jeder von uns hat seinen persönlichen Raum, der größer ist als sein Körper. Dieser Raum ist wie eine Hülle von ungefähr einem Meter Weite. Bei einigen mehr, bei anderen weniger. Die Größe des persönlichen Raumes kann sich je nach der eigenen Tagesform verändern. In dieser Übung geht es darum, die Grenze des persönlichen Raumes zu spüren. Ihr werdet Paare bilden, die eine Person wird die andere auf sich zukommen lassen und spüren, wann die andere den persönlichen Raum betritt und „stopp" sagen. Danach werdet ihr wechseln.
Probiere nun erst einmal für dich mit deinen Händen deinen persönlichen Raum zu beschreiben.

Jeweils Lehrer/Lehrerinnendemonstration in den einzelnen Übungsphasen.
Stellt euch nun in zwei gleichlangen Reihen gegenüber auf. Haltet zwischen den Reihen einen Abstand von mehreren Metern. Die eine Reihe ist A und die andere B. Jede/jeder hat einen Partner/eine Partnerin in der gegenüberliegenden Reihe. Zählt die Reihen ab, damit ihr genau wisst, wer eure Partnerin/euer Partner ist. *Bei ungerader Anzahl in der Gruppe nimmt der/die Anleitende teil.*
A bleibt stehen, B geht langsam auf A zu. A spürt, wann B ihr/ihm „zu nahe kommt". Mit einer Handbewegung und dem Ausruf: „Stopp" setzt A die Grenze, A ist dabei entschieden in Stimme, Mimik und Gestik. B bleibt stehen. A spürt noch einmal nach, ob der Zwischenraum zu B von ihrer/seiner Empfindung her richtig ist und korrigiert gegebenenfalls B´s Position.
Beim zweiten Durchgang geht B schnell auf A zu. A muss B noch klarer stoppen.
Der dritte Durchgang ist langsam. Während sich B nähert, kann sich A Farben oder Formen für die Phasen bei der Annäherung und des Stoppens vorstellen.
Bei einem möglichen vierten Durchgang anregen, mit geschlossenen Augen das Näherkommen von B zu empfinden und beim Erreichen der Grenze des persönlichen Bereiches zu stoppen.
Danach Wechsel

Hinweise
Neben den Personen in einer Reihe sollte ein Abstand von ca. 80 cm sein.
Diese Übung kann auch in kleineren Räumen durchgeführt werden, dann die Klasse evtl. teilen.
Bei dieser Übung kann es vorkommen, dass Distanz zu Außenseitern demonstriert wird. Dann die „Stopp"übende Person auffordern, die Grenze erst zu setzen, wenn sie tatsächlich gespürt wird.

Gestalten
Malerei: Male, wie du deine Grenze gespürt hast oder male dich, wie du deine Grenze gesetzt hast. *Abb. Farbtafel 3.1*
Material: Wasserfarben, Dispersionsfarben, Pinsel, Papier DIN A3/A2

Reflektieren
Kreisgespräch: Beschreibe, wie du deine Grenze wahrgenommen hast.

W 3 - W 4 - B 6; W 9 - B 6; B 5 - B 6
Kunstpädagogisches Thema: Farbwirkungen im Impressionismus
Beispiele: William Turner, Raketen und blaue Lichter; Claude Monet, San Giorgio Maggiore bei Sonnenuntergang, Die Japanische Brücke in Giverny

B 7 Umrisslinie zeichnen

Diese Anregung dient dazu,
- die eigene Körperkontur zu spüren.
- durch die an der Wand befestigte Umrisslinie zu erfahren: Ich bin anwesend.

Durchführen
Finde einen Partner/eine Partnerin, zu der du Vertrauen hast. Wer zuerst gezeichnet werden möchte, sucht sich eine Farbe aus und legt sich auf ein Stück Makulaturpapier, das etwas länger ist als die eigene Körpergröße. Nimm eine Haltung ein, in der du dich wohlfühlst, während dein Körperumriss von deinem Partner/deiner Partnerin gezeichnet wird (*sitzen ist auch möglich*). Der/die Zeichnende umrandet vorsichtig die liegende Person am äußeren Rand der Kleidung. Dabei könnenVerzerrungen durch die Kleidung entstehen.
Anschließend Wechsel.
Die fertigen Umrisslinien werden mit Klebeband an die Wand geheftet oder in der Turnhalle auf dem Boden präsentiert und betrachtet.

Reflektieren
Austausch zwischen den Partnern.
Wie war es für dich, den Körperumriss zu zeichnen?
Wie war es für dich, als du gezeichnet wurdest?
Wie ist es für dich, dich vor dir in Lebensgröße zu sehen?

Variation
Die Konturen verschiedener Körperhaltungen werden auf einer großen Papierbahn übereinander gezeichnet, so dass ein Geflecht von Linien entsteht. Die durch die Überschneidungen entstandenen Felder werden gemeinsam ausgemalt. Thema: „Das sind wir".
Das Gruppenbild kann an die Wand geheftet werden.

Gestalten
Umrisslinie gegenseitig erstellen.
Nach anregenden Übungen kann die umrissenen Körperfläche weiter ausgestaltet werden. Zu den bei den Übungen wahrgenommenen Empfindungen (z.B. warme Füße, Prickeln auf der Haut) können Farben und Formen assoziiert und damit die Umrisslinie weiter ausgestaltet werden. Mögliche Übun-

gen sind: „Füße kneten und verwringen“ U 1, „Rücken an Rücken lebendig machen“ V 13, „Den Körper abklopfen“ W 7.
In Verbindung mit Gedichten, Fotos und Lieblingsgeschichten zum Schuljahresanfang ist die Umrisslinie gut einsetzbar zu dem Thema „Das bin ich“.
Material: Pro Person eine Papierbahn, ca. 2m x 1m, Wachsmal- oder Ölkreiden

W 9 - B 7 - W 2 - Malen - V 8 - Malen - O 1 - Malen

B 8 Nach wechselnder Musik einzeln und zu zweien tanzen

Diese Anregung ermöglicht,
- im Wechsel der Musik den Unterschied zu erleben zwischen der im Tanz allein gestalteten Bewegung und der gemeinsamen Bewegung im Kontakt mit einer Partnerin/einem Partner.

Hinweis
Die Klasse sollte mit strukturierten und freien Bewegungen vertraut sein, z.B. mit den Übungen: „Lockern nach Musik“ W 1, „In-die-Füße-horchen“ W 2, „Tanz mit Tüchern“ T 7
Bei ungerader Schülerinnen-/Schülerzahl können auch mal drei zusammen tanzen.

Material: Eine Audiokassette mit zwei Musikstücken, die im Wechsel aufgenommen sind,
z.B. Popmusik und Walzer. Möglich ist Alphons Mouzon „Early Spring“, eine Musik zwischen Pop und Jazz und Edith Piaf „Padam ... Padam“, Walzer.
Die Aufnahme sollte sieben Musikphasen, von je ca. 1 Minute Länge haben. Am Beginn und am Ende wird die Musik gespielt, zu der alleine getanzt wird.
Abspielgerät

Durchführen
Du hörst gleich wechselnde Tanzmusik.
Beim ersten Stück tanzt du für dich. Wenn die Musik wechselt, suchst du dir eine Partnerin oder einen Partner und tanzt mit ihr oder ihm zusammen.

Beim nächsten Musikwechsel tanzt du wieder für dich alleine und so weiter.
Nach dem Ende der Musik
Spüre nach:
Wie war es für dich, zu der Musik alleine zu tanzen? Wie war es für dich, gemeinsam mit einer Partnerin oder einem Partner eine Bewegung zu finden und zu tanzen? Wie hast du den Unterschied erlebt?

Reflektieren
Kreisgespräch zu den oben gestellten Fragen

W 1 - B 8 - IG 3

B 9 „Portrait"- zeichnen

Dies ist eine Anregung,
- andere Gruppenmitglieder aufmerksam anzuschauen; „Was sehe ich an anderen?"
- zu erleben aufmerksam angeschaut zu werdern; „Was sehen andere an mir?".
- Vertrauen darin zu gewinnen, Wahrnehmungen von anderen skizzenhaft zu notieren.

Durchführen
Gebraucht wird eine schwungvolle Musik z.B. Network Medien GmbH 60316 Frankfurt, 1993 WDR Weltmusik 15 Bratsch: Gipsy Music from the Heart of Europe
Zu Beginn den Verlauf der Übung darstellen.
Bildet zwei Kreise; einen Innenkreis mit Blick nach außen und einen Außenkreis mit Blick nach innen. Es stehen sich jeweils zwei Personen gegenüber. Zwischen euch legt ihr ein Zeichenblatt und eine Rötelkreide. Im Innenkreis stehen die „Modelle" ruhig, sie wissen, dass sie gezeichnet werden. Im Außenkreis sind die Zeichner und Zeichnerinnen. Sie tanzen gleich zur Musik um die Modelle herum (ca. 1 Min.).
Bei Unterbrechung der Musik bleiben die Tanzenden stehen und beginnen, ihr jeweiliges Gegenüber zu portraitieren (ca. 1 Min.). Was siehst du am anderen? *Es wird auf dem Fußboden gezeichnet. Der Blick geht nach oben*

zum stehenden Gegenüber des Innenkreises. Beim Einsetzen der Musik wird die Kreide zum Blatt gelegt, der Außenkreis tanzt wieder (ca. 1 Min.). Beim nächsten Stopp vor einem anderen Gegenüber wird das angefangene Portrait fortgeführt (ca. 1 Min.).
Ein drittes Mal tanzen die Mitglieder des Außenkreises und zeichnen dann an dem nächsten Portrait weiter.
Wechsel von Außen- und Innenkreis und Wiederholung der Übung.

Reflektieren
Suche dir einen Partner/eine Partnerin und besprecht eure Portraits.
Was findest du von dir in der Zeichnung wieder? Was findest du nicht passend?
Wie hast du dich als Zeichner/Zeichnerin gefühlt - wie als Modell?

Hinweise
- Die Übung setzt vertrauensvollen Umgang in der Klasse voraus, damit die Zeichnenden ihre Mitschülerinnen und Mitschüler nicht gewollt karikieren. Der Wechsel beim Zeichnen und das Tempo beim Tanzen können ein Loslösen vom Schemazeichnen bewirken. Da mehrere an einem Bild beteiligt sind, können Ängste bezüglich des Ergebnisses abgebaut und das Vertrauen in den eigenen Ausdruck gestärkt werden. In denTanzsequenzen verändern sich Körperhaltungen und Blickpositionen. Darauf bei der Betrachtung der Bilder hinweisen.
- Die passive Situation des Modellseins kann, wenn der Tanz der Zeichner/der Zeichnerinnen zu lange dauert, das Gefühl des Ausgesetztseins erzeugen, daher die einzelnen Phasen nicht länger als angegeben andauern lassen.
- Bei großen Klassen Untergruppen bilden.

Gestalten
Material: DIN-A3-Papier, Rötelkreiden

W 1 - B 9
Kunstpädagogisches Thema: Portrait im Kubismus
Beispiel: Piccasso in seiner kubistische Phase: Frau schreibend, Frau mit einem Hut

B 10 Wer hat den Schatz?

Diese Anregung ermöglicht
- persönliche Verhaltensweisen, wie Zielstrebigkeit oder Kompromissbereitschaft beim Erreichen von Zielen, zu erfahren.
- Verhandlungsgeschick anzuwenden oder beim Rangeln die eigene Kraft bzw.die eigenen Grenzen zu spüren.

Hinweise

Diese Übung ist nur in Klassen mit vertrauensvollem Umgang untereinander durchführbar.
Bei großen Klassen diese teilen. Es bestehen geschlechtsspezifische Unterschiede in der Bereitschaft zum Rangeln, daher eher geschlechtshomogene Paare bilden.

Durchführen

Vorerfahrungen: Die Übungen „Ja - Nein“ B 5, „Stopp-Spiel“ B 6 sollten bekannt sein.
Für die Übung ausgediente Tennisbälle, Decken oder Gymnastikmatten vorbereiten.
Du suchst dir einen Partner oder eine Partnerin, zu der oder dem du Vertrauen hast. Jedes Paar erhält einen Ball. Setzt euch auf eine Matte (*oder Decke*) gegenüber.
Vorbereitend kann sich gegenseitig massierend mit dem Ball über den Rücken gerollt werden, dadurch entsteht Kontaktbereitschaft. Der Ball wird danach zum Schatz.
Der Ball ist der „Schatz“. Einigt euch, wer den Ball zuerst bekommt. Wer den Schatz besitzt, versucht ihn zu behalten; der oder die andere versucht, den „Schatz“ zu bekommen.
Ihr könnt dabei alle Mittel des Verhandelns und der Rangelei einsetzen. Es geht um den „Schatz“. Beim Rangeln gilt die Regel: Es dürfen keine Schmerzen zugefügt werden. 3 x Klopfen auf den Boden bedeutet „Aufhören!“.
Danach Wechsel.

Gestalten

Zeichne, wie du deinen „Schatz“ verteidigst oder wie du versuchst, den „Schatz“ zu bekommen.
Male, wie du dich gefühlt hast, als du den „Schatz“ verteidigt hast oder male, wie du dich gefühlt hast, als du den „Schatz“ haben wolltest.

Bei körperlichem Einsatz: Wo spürst du dich jetzt am meisten? Zeichne/male dich so, dass man erkennen kann, wo dir warm geworden ist.

Reflektieren

Kreisgespräch: Wie hast du versucht, dein Ziel zu erreichen? Machst du das meistens so?

Mit Jugendlichen können soziale Verhaltensweisen und Strategien im Alltag besprochen werden. Erreichst du, was du willst? Verfolgst du dein Ziel um jeden Preis oder machst du Kompromisse? Wie ist dein Kontakt zur anderen Person, wenn du erreicht hast, was du wolltest?

B 2 - B 5 - B 10

B 11 Spiegelübung I

Diese Anregung ermöglicht es,

- die Bewegungsweise einer anderen Person ganz wahrzunehmen.
- sich mit einer anderen Person in einer gemeinsamen Bewegung zu verständigen.

Durchführen

Vorbereitung: „Übungen im Raum gehen" W 3 und „Den Raum erfahren" W 4.

Suche dir einen Partner oder eine Partnerin. Stellt euch gegenüber auf. Lockert euch, stampft mit den Füßen und schüttelt euch. Du wendest deine Aufmerksamkeit nun deinem Gegenüber zu. Du lässt dabei deinen Blick auf der Mitte des Brustkorbes, auf dem Brustbein deiner Partnerin/deines Partners ruhen. Versuche mit den Augen die ganze Person deiner Partnerin/deines Partners zu ahnen. Eine/einer von euch beginnt nun ganz langsam sich zu bewegen. Die/der andere nimmt die Bewegung wahr und bewegt sich genauso, wie ein Spiegelbild.

Zu freien tänzerrischen Bewegungen ermutigen.

Bewegt euch langsam, damit der Partner/die Partnerin eurer Bewegung folgen kann. Spiegelt euch gegenseitig.

Spüre, wie du im Kontakt mit deiner eigenen Bewegung bist und wie du die andere Person spiegelst. Wechselt behutsam das Leiten. Bewegt euch so, dass

man von außen nicht erkennen kann, wer sich zuerst bewegt und wer folgt. Bleibe in Kontakt mit deinem Gegenüber.
Langsam beendet ihr die Bewegung.

Reflektieren
Austausch zu zweien
Wie war es für dich, dein Gegenüber anzuschauen und dabei ganz wahrzunehmen?
War es für dich einfacher zu leiten oder geleitet zu werden?
Konntet ihr euch mit der Geschwindigkeit aufeinander einstellen?

Hinweis
In jüngeren Jahrgängen kann die Übung „Dirigentenspiel" genannt werden. Wer dirigiert? Wer lässt sich dirigieren? Wer kann beides?

Gestalten
Male, wie du die gemeinsame Bewegung empfunden hast oder wie ihr euch gemeinsam bewegt habt.
Material: Deckfarben (Nass-in-Nass-Technik), Aquarellfarben, breite Pinsel, DIN-A2-Papier

B 11 - B 12 - V 11; B 11 - B 12 - B 16

B 12 Spiegelübung II

Dies ist eine Anregung,
- durch das Gespiegelt-werden sehr direkte Rückmeldungen über den eigenen Körperausdrucks zu bekommen.
- den eigenen Körperausdruck kennen zu lernen.

Hinweis
Diese Übung erst ab 10-12 Jahren, der Sekundarstufe I einzusetzen.

Durchführen
Vorerfahrung: Spiegelübung I
Vorbereitung: „Übungen im Raum gehen" W 3 und „Den Raum erfahren" W 4.

Suche dir einen Partner oder eine Partnerin. Stellt euch gegenüber auf. Entscheidet euch, wer von euch A und wer B sein möchte. Bewegt euch locker, wie euch gerade zumute ist.Wenn ich: „Einfrieren.“ sage, bleibst du unbeweglich in genau der Körperhaltung, die du in dem Moment einnimmst. „Einfrieren.“ *(ca.1-2 Min.)* Jetzt konzentrierst du dich auf dich selbst. Wie stehst du? Spürst du einzelne Teile deines Körpers besonders? Wie empfindest du sie? Was drückt deine Haltung aus?

Du wendest deine Aufmerksamkeit nun deinem Gegenüber zu. Versuche mit den Augen die ganze Person gegenüber wahrzunehmen. Wie steht er oder sie? Wie ist die Haltung der Arme, des Kopfes? Wie ist dein Eindruck, wenn du deine Partnerin oder deinen Partner anschaust?
A bleibt weiterhin „eingefroren“.
B löst sich aus der eigenen Haltung und wird zum Spiegel von A. Ihr seid jetzt das Spiegelbild eures Gegenübers und spiegelt dessen Körperhaltung. Bleibt wiederum eine Weile unbeweglich voreinander stehen. Nimm wahr, wie es dir geht. A steht dem eigenen „Spiegelbild“ gegenüber. Erkennst du dich wieder oder ist dir die Haltung fremd?
Wie fühlst du dich, B, in der Haltung eines anderen Menschen? Ist dir die Haltung vertraut oder fremd? Welche Empfindungen hast du in dieser Position? Verweilt eine Weile. Wenn du magst, schließe kurz die Augen, um es besser wahrnehmen zu können.

Reflektieren
Tauscht euch darüber aus, was ihr erlebt.
Als diejenige Person, die gespiegelt wird: Wie ist es, sich selbst „im Spiegel“ zu sehen?
Was nehme ich bewusst an meiner Haltung wahr, erstaunt es mich, erkenne ich mich wieder?
Als B: Was scheint die Haltung für mich auszudrücken? Wie fühlt sich diese Haltung für mich an?
Löst euch jetzt (*wenn der Austausch dem Ende zugeht, max. 5 Min.*), lockert und schüttelt euch.
Danach wechseln.

G 1 - W 3 - B 11 - B 12; B 11 - B 12 - V 11; B 11 - B 12 - B 16

B 13 Spaziergang mit geschlossenen Augen, geführt von Tönen

Diese Anregung ermöglicht,

- vertrauensvollen Kontakt über das Hören aufzubauen und zu erleben.
- für den Klang der Stimme aufmerksam zu werden.
- sich mit der eigenen Stimme auszudrücken.

Durchführen

Finde eine Partnerin oder einen Partner, dem oder der du vertraust. Eine Person schließt bei dem Spiel die Augen und findet den Weg im Raum durch Laute ihrer Partnerin oder ihres Partners. Einigt euch, wer die Augen zuerst schließt und wer den Laut gibt. Ihr könnt Tierstimmen nachahmen oder einen eigenen Laut erfinden.
LehrerInnendemonstration von Lauten.
Sprecht euch über den Laut ab. Dieser Laut wird bis zum Partnerwechsel hindurch getönt. Es ist wichtig, dass ihr fürsorglich miteinander umgeht, denn die Person mit den geschlossenen Augen vertraut sich dem/der Führenden an. Der oder die Führende geht langsam und gibt acht, dass niemand sich stößt.Die Person mit geschlossenen Augen bestimmt das Tempo.
Wer die Augen geschlossen hat, folgt nun dem Laut durch den Raum und durch die Fülle der Töne in der Klasse.
Wechselt jetzt und einigt euch auf einen neuen Laut.

Hinweis

Diese Übung lässt sich auch gut im Freien durchführen.

Gestalten

Abb. Farbtafel 3.2
Zeichne, wie du den Weg hörend gegangen bist oder stelle dar, wie du beim Hören deinen Weg im Raum empfunden hast.
Material: Ölkreiden, Papier DIN A3

Reflektieren

Kreisgespräch oder Austausch zu zweit
Wie hast du deinen Weg und den Klang erlebt und wie hast du es dargestellt? Wie war es für dich durch Laute geführt zu werden? Wie war es für dich durch Laute zu führen?

W 3 - W 4 - B 13; G 1 - M 9 - V 6 -B 13
Kunstpädagogisches Thema: graphische Notationen
Beispiele: Laszlo Moholy-Nagy, Tagebuch einer Fliege, Theo van Doesburg, Staßenmusik; beides in Kat. Vom Klang der Bilder

B 14 Spaziergang mit geschlossenen Augen und zeigen von Situationen

Diese Anregung ermöglicht

- zu erkennen, dass ein Unterschied zwischen dem, was eine Person zeigt und dem, was die andere Person sieht, bestehen kann.
- zu erfahren, wie individuell der erste Eindruck beim Betrachten einer Situation ist.

Durchführen

Vorbereitung: „Den Raum erfahren“ W 4 und dabei auffordern sich ein oder zwei Anblicke zu merken, an denen einem die Kombination der Farben, die Oberflächen oder Strukturen, die Lichtwirkungen oder die Perspektive gefällt. Die Anblicke werden nicht verraten.

Finde eine Partnerin oder einen Partner, dem du vertraust. • Eine Person schließt bei dem Spiel die Augen und bekommt, während sie von der anderen Person geführt wird, an zwei Stellen etwas gezeigt. *Bei jüngeren Schülerinnen und Schülern oder malerischer Umsetzung nur eine Situation.* Das geht so, dass die führende Person die andere sanft antickt und auf etwas zeigt.Die geführte Person öffnet kurz die Augen, guckt und schließt die Augen wieder. Dabei wird nicht gesprochen.Das was gezeigt wird, sollte nicht direkt ein Gegenstand sein, sondern Farben, Oberflächen oder Strukturen, Lichtwirkungen, eine Perspektive oder Ähnliches. Einigt euch, wer zuerst führt und die Situationen zeigt, das ist A und wer zuerst die Augen schließt, das ist B.

A umfasst nun mit einer Hand die Hand und mit der anderen den Ellenbogen von B. Falls es ein Hindernis vor den Füßen gibt, drückt A kurz den Arm von B, damit er oder sie vorbereitet ist. Geht fürsorglich miteinander um. Gebt acht, dass sich niemand stößt. Ist die ausgesuchte Ansicht erreicht, tickt A B an und zeigt in Richtung des gemeinten Bildausschnittes. B öffnet für 1-2 Sekunden die Augen. B schließt die Augen wieder und nimmt sich

Zeit, das gesehene Bild in sich nachklingen zu lassen. Geht dann zur zweiten Stelle oder zum Ausgangspunkt zurück, wo ihr wechselt.

Gestalten
Zeichnung/Malerei/Collage: Male oder zeichne, was du gesehen hast.
Grafikdesign/Druck/Fotografie: Fotografiere die Situation mit der Polaroidkamara und hebe durch übermalen/-zeichnen das besonders Wahrgenommenen hervor.

Reflektieren
Austausch zu zweit und dann im Kreis
Was hast du gesehen? Was „solltest" du sehen?
Konntest du die Partnerin/den Partner gut führen? Fühltest du dich beim Geführtwerden sicher?

Variation
Die Übung kann für jüngere Schülerinnen und Schüler auch als Tastübung variiert werden.
Die mit geschlossenen Augen ertastete Struktur kann dann später im Raum wieder gesucht und eine Frottage von ihr angefertigt werden.

Gestalten
Von den ertasteten Strukturen Frottagen anfertigen.

Reflektieren
Im Kreisgespräch: Erzähle, was du beim Tasten wahrgenommen hast.
Kannst du etwas davon auf deinem Bild wiedererkennen?

R 1 - R 2 - R 3 - B 14
Kunspädagogisches Thema: Durch Überzeichnungen betonen, was mir wichtig ist
Beispiel: Arnulf Rainer, Portraitübermalungen

B 15 Muschelübung

Diese Anregung ermöglicht zu lernen,
- eingefühlt Kontakt aufzubauen.
- Geborgenheit und feine Abstufungen in der Hinwendung zum anderen zu erleben.

Durchführen

Diese Übung setzt Vertrauen innerhalb der Gruppe voraus. Je nach dem Alter der Teilnehmenden kann es sinnvoll sein geschlechtshomogene Paare bilden zulassen.

Suche dir einen Partner/eine Partnerin, bei der oder dem du dich gut fühlst und dich auch berühren lassen magst. Eine oder einer von euch wird sich gleich in sich zurückziehen, wird eine Körperhaltung einnehmen, mit der sie oder er ganz bei sich ist, wie eine Muschel, die sich nach innen zusammenzieht und nach außen schließt.
Die Partnerin/der Partner wird die Muschel beim Öffnen behutsam durch auflegen der Hände begleiten. Einigt euch, wer sich zuerst als Muschel zurückzieht und wer als Begleiterin/Begleiter zur Muschel Kontakt aufnimmt. Informiert euch auch darüber, ob es Stellen gibt, an denen ihr nicht berührt werden mögt.

An die Muschel
Stell dir vor, du bist eine Muschel und ziehst dich in dein Inneres zurück. Du konzentrierst deine Kraft ganz im Innern an einem Punkt. Ziehe dich so weit in dich zusammen, wie es dir möglich ist. Lasse deinen Atem ruhig dabei fließen. Du schützt und verschließt dich nach außen.
Finde eine Körperhaltung, in der du zurückgezogen und auf dich konzentriert bist und gleichzeitig nach außen geschützt bist. Sei wie eine Muschel. Konzentriere dich ganz auf dein Empfinden und stelle dir eine Farbe vor, die zu deinem jetzigen Zustand passt. Nimm dir Zeit, dich ganz in die Vorstellung des Muschel-Zurückgezogenseins zu vertiefen.
Nicht länger als 1-2 sec. mit dem Weitersprechen warten, über das Sprechen wird der Kontakt zur „Muschel“ gehalten, so dass sich niemand plötzlich einsam fühlt.
An die Begleiterin/den Begleiter der Muschel
Du beginnst jetzt, deine Hände zu erwärmen, indem du deine Hände aneinander reibst und mit dem Daumen der einen Hand die innere Handfläche der anderen streichst und knetest, so dass diese wach wird. Während du deine Hände belebst, stellst du dich darauf ein, dass du gleich zu deiner Partne-

rin oder deinem Partner Kontakt aufnehmen wirst. Stelle dich innerlich drauf ein und bereite dich vor, indem du deine Partnerin oder deinen Partner eine Weile beobachtest. Nimm wahr, wie ihre oder seine Körperhaltung auf dich wirkt und was sie für dich ausdrückt.
Ich werde dein Gegenüber gleich anregen, dir ein Zeichen zu geben, dass sie oder er bereit ist Kontakt zuzulassen. Dann nähere dich der Muschel und lege deine Hände behutsam auf einzelne Körperstellen, um die Muschel langsam dazu zu bewegen, sich zu öffnen. Sei sanft und nimm wahr, wie die Muschel reagiert. Akzeptiere ihre Zeichen und lass dich von ihnen leiten, sie langsam zu öffnen.

An die Muschel
Du hast jetzt vielleicht schon gehört, was ich deiner Partnerin oder deinem Partner gesagt habe. Du als Muschel zeigst deiner Partnerin oder deinem Partner, wenn du bereit bist, dich wieder zu öffnen. Sie oder er wird dann beginnen die Hände aufzulegen, um dich mehr und mehr mit Berührungen anzuregen, dich zu öffnen. Du gehst mit, wenn es gut ist oder machst deutlich, wenn nicht. Während du dich öffnest, nimmst du wahr, ob sich die Farbe für Zurückgezogenheit mit deinem Öffnen verändert. Du spürst die Hände, die dich begleiten und einladen, dich wieder zu öffnen und in Kontakt zu sein mit deiner Umwelt.

Jetzt, wo du dich ganz geöffnet hast, erinnerst du dich noch einmal an die Ausgangsfarbe und ihre Veränderungen, so dass du sie nachher malen kannst. Reckt und dehnt euch und wechselt die Rollen.

Gestalten

Abb. Farbtafel 3.3

Nach dem Wiederholen der Muschelübung:
Wenn ihr möchtet, könnt ihr das Erlebte jetzt malen.
Material: Deckfarben (Nass-in-Nass-Technik), Aquarellfarben, Pastellkreiden, Schwämmchen, breite Pinsel, DIN-A2-Papier

Reflektieren
Danach Austausch zu der Erfahrung, erst zu zweien und dann in der Gruppe.

V 3 - M 9 - B 15
Kunstpädagogisches Thema: Anmutungen von Farben
Beispiele: Ives Klein, Monochrom blau, Monogold, und Monopink „Triptychon" ;
Mark Rothko, Orange und Gelb, Erdbraun und Grün

B 16 Positive Rückmeldungen annehmen

Diese Anregung ermöglicht

- zu erkennen, wie die eigene Reaktion auf positive Rückmeldungen ist.
- die Fähigkeit, positive Rückmeldungen anzunehmen zu entwickeln.

Durchführen

Suche dir eine Partnerin/einen Partner, zu der/dem du Vertrauen hast und suche mit ihm/ihr einen Ort, an dem ihr euch bequem gegenübersetzen könnt. Nun atmest du ruhig und entspannt. Während du so sitzt, überlege, ob es in den letzten Tagen oder Wochen eine Situation gab, in der dir etwas Freundliches gesagt wurde, z.B. weil du schön bist oder etwas gut gemacht hast oder einfach, weil du da bist.Suche dir eine Situation in der du das Gesagte nicht angenommen hast. Etwa indem du sagtest: „Das mach ich immer so." oder „Das ist doch gar nichts.", „Das war nur ein Zufall." oder ähnliches. Du kennst sicher solche Situationen. Also nimm dir Zeit und sieh, ob dir eine solche Situation einfällt. *Zeit lassen*

Wenn du soweit bist, kannst du deinem Gegenüber ein Zeichen geben. Nun einigt euch, wer anfängt.

Erzähle nun deinem Partner/deiner Partnerin, was dir Angenehmes gesagt wurde und wie du darauf reagiertest. Erzähle es als eine kurze Situation in wenigen Sätzen. • Ich möchte mit euch jetzt ein Experiment machen.

Dein Partner/deine Partnerin sagt dir das Freundliche noch einmal und du atmest einmal tief durch und sagst dasselbe wie beim letzten Mal.

Dann wiederholt dein Partner/deine Partnerin das Angenehme, du atmest wieder tief durch und sagst dann „Danke".

Ein drittes Mal sagt dein Partner/deine Partnerin die Freundlichkeit. Du atmest tief durch und sagst: „Danke, das freut mich."

Nun wechselt ihr die Plätze und die/der andere ist dran.

Reflektieren

Tausche dich nun mit deiner Partnerin/deinem Partner aus.

Wie geht es dir, wenn du die Freundlichkeit annimmst? Wie ist es für die Partnerin/den Partner, wenn auf eine Freundlichkeit nicht reagiert wird?

Danach Austausch in der ganzen Gruppe.

Hinweis ab 10 - 12 Jahren, Sek. I

W 3 - B 11 - B 12 - B 16

Ich in der Gruppe

Diese Anregung ermöglicht,

IG 1 Begrüßungsritual	- mit einfachen Berührungen in Kontakt zu anderen zu treten. - im Erleben unterschiedlicher Berührungen wahrzunehmen, wie individuell jeder Kontakt ist.
IG 2 Abschiedsritual	- gegenseitige Anerkennung zu erleben.
IG 3 Perpetuum Mobile	- die Eigenart der eigenen Bewegung im Verhältnis zu den Bewegungen anderer zu empfinden.
IG 4 Streitgespräch	- sich anderen gegenüber zu behaupten. - die eigene Stimme einzusetzen. - sich gegenseitig zu unterstützen und Unterstützung zu erfahren.
IG 5 Klanggespräch	- Klänge von Gegenständen zu untersuchen. - eigenen Ausdruck durch Klänge zu erproben. - eine musikalisch soziale Situation zu bilden.
IG 6 Selbstdarstellung in der Gruppe	- sich auf persönliche Weise der ganzen Gruppe darzustellen. - die zwischenmenschlichen Beziehungen in der Gruppe wahrzunehmen und über Symbole Veränderungen anzuregen.

Errata

S.113

B 16 **Positive Rückmeldungen annehmen**

S. 114

IG 1
Begrüßungsritual

IG 2
Abschiedsritual

IG 3
Perpetuum Mobile

IG 4
Streitgespräch

IG 5
Klanggespräch

IG 6
Selbstdarstellung in der Gruppe

S. 115

IG 1 **Begrüßungsritual**

S. 116

IG 2 **Abschiedsritual**

IG 3 **Perpetuum Mobile**

IG 1 Begrüßungsritual

Dies ist eine Anregung,

- mit einfachen Berührungen in Kontakt zu anderen zu treten.
- im Erleben unterschiedlicher Berührungen wahrzunehmen, wie individuell jeder Kontakt ist.

Durchführen

Vorbereitung: Übung „Im Raum gehen" W 3 und „Den Raum erfahren" W 4.
Du gehst weiter. Du begrüßt die andere Person, der du begegnest, indem du ihr die Hand gibst.
Drei bis vier Begrüßungen
Du gehst nun wieder für dich umher. Begegnet dir jetzt jemand, begrüßt du die andere Person, indem du mit deinem Ellenbogen sanft und deutlich den Ellenbogen der/des anderen berührst. Du wechselst nun und begrüßt die anderen mit deinem Knie. Nun geh wieder für dich umher.
Suche dir jetzt aus deiner Nähe ein Gegenüber. Wenn du jemanden gefunden hast, begrüßt euch, indem ihr eure Handflächen aneinanderlegt. Schließe dabei die Augen für einen Moment und spüre den Kontakt zur anderen Person. Öffne die Augen wieder und schau die andere/ den anderen an. Nicke deinem Gegenüber zu und trenne dich wieder. Suche dir jetzt eine neue Partnerin oder einen neuen Partner und begrüßt euch in gleicher Weise.
3-4 mal wechseln

Reflektieren

Kreisgespräch: Wie war es für dich, andere auf diese Weisen zu begrüßen?

Hinweise

Es ist sinnvoll, diese Übung in Teilen oder Variationen öfter in der Klasse einzusetzen.
Der letzte Teil der Übung kann sehr nah sein. Durch den wiederholten Anfang der Übung, kann die Klasse darauf vorbereitet werden.

IG 1 - IG 3; IG 1 - O 5 - T 3 - T 4 - T 5; IG 1 - W 2 - T 23 - T 24

IG 2 Abschiedsritual

Diese Anregung ermöglicht
gegenseitige Anerkennung zu erleben.

Durchführen
Alle Schülerinnen und Schüler stellen sich in einem engeren Kreis nebeneinander auf. Nach einer viertel Rechtsdrehung klopft jede/jeder seinem Vordermann/seiner Vorderfrau freundschaftlich auf die Schulter und sagt dabei: „Das haben wir gut gemacht!“
Danach geht der Kreis auseinander.

IG 3 Perpetuum Mobile

Diese Anregung ermöglicht,
die Eigenart der eigenen Bewegung im Verhältnis zu den Bewegungen anderer zu empfinden.

Lena
5. Klasse
Realschule

Durchführen
Vorbereitung: z.B. „Lockern nach Musik“, W1. Jede Schülerin/jeder Schüler bekommt dann einen Bindfaden mit Knoten an den Enden von ca. 80 cm Länge. Es können auch Halstücher genommen werden.
Finde zwei andere für eine Dreiergruppe. Haltet den Bindfaden an einem Ende fest und gib das freie Ende einem aus der Gruppe, so dass jede und jeder über die Bindfäden mit den anderen beiden verbunden ist. In jeder Hand hast du jetzt ein Fadenende und behältst es in der Hand, in der du es gerade hast. Beginne dich nun zu bewegen, achte auf deine Bewegung und bleibe gleichzeitig durch die Fäden in Kontakt mit den anderen.
Nimm wahr, wie du dich in der Gruppe bewegst. Wer bestimmt deine Bewegung, ziehst du die anderen mit oder wirst du gezogen? Vielleicht wechselst du auch, so dass du mal führst und dich mal leiten lässt. • Was fühlt sich für dich vertrauter an? • Wenn du willst, probiere auch einmal etwas Neues aus.

Wie ist es für dich in Verbindung mit den beiden anderen zu sein? Angenehm oder unangenehm? • Vielleicht kommt ihr zu einem gemeinsamen Tanz. • Beende deinen Tanz mit den anderen. Spüre, wie die Bewegungen in dir nachschwingen. Welche Bewegungen waren dir am wichtigsten? Wie war dein Kontakt zu deiner eigenen Bewegung und den Bewegungen der anderen?

Gestalten
Plastik: Stelle dar, wie du deine Bewegungen in der Gruppe empfunden hast. Material: Draht unterschiedlicher Stärke, farbigen Biegeplüsch (Pfeifenreiniger), Zangen, Bretter mit Löchern in der Mitte zum Sockeln.

Reflektieren
Austausch zu dreien oder im Kreisgespräch:
Welche Empfindungen während des Tanzes waren dir für die Gestaltung wichtig?

W 1 - IG 3; W 9 - IG 3; V 2 - V 3 - IG 3; W 1 - V 8 - IG 3

IG 4 Streitgespräch

Diese Anregung hilft zu lernen,
- sich anderen gegenüber zu vertreten.
- die eigene Stimme dazu einzusetzen.
- sich gegenseitig zu unterstützen und Unterstützung zu erfahren.

Durchführen
Vorerfahrung: „Ja-Nein“ B 5
Vorbereitung: „Im Raum gehen“ W 3 und „Den Raum erfahren“ W 4, „Schnecke-Bus“ W 7. Im Anschluß an W 7:
Nun lade ich dich in ein fernes Land ein, da fliegen wir gemeinsam hin. Kommt alle in der Mitte zusammen, das Flugzeug ist klein, wir müssen uns eng zusammendrängen, damit alle hineinpassen. Landung - nun sind wir da. Bevor du den Flugplatz verlässt, üben wir die Sprache des Landes. Die Sprache besteht nur aus sechs Worten: Gi, Ga, Gu, und Fi, Fa, Fu.

Geh ruhig hier in der Wartehalle herum und fange mit dem „Gu“ an. Probiere die Möglichkeiten, die du mit diesem Wort „Gu“ hast aus.
Spielerisch Ausdrucksmöglichkeiten mit dem „Gu“ vorsprechen, die Gestik dabei einsetzen.
Betone es unterschiedlich. Sprich es schnell und hintereinander , wie wenn du aufgeregt bist oder langsam und weich. Lass dir das „Gu“ auf der Zunge zergehen. • Das nächste Wort ist „Ga“. Probiere das „Ga“aus. • Nun lernst du das „Gi“ dazu und spielst mit dem „Gi“.

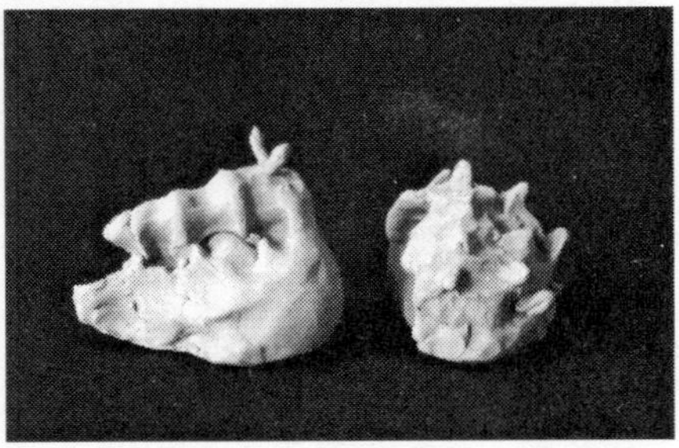
Jovanna Kunst AG 2 u. 3 Klasse

Jetzt kennst du schon einen großen Teil der Sprache, um dich zu verständigen. Probiere mit diesen drei Worten „Gu“, „Ga“, „Gi“ aus, welches du leichter tief und welches du leichter hoch sprechen kannst. Während du im Raum herumgehst, sprichst du mit der neuen Sprache mit denen, die dir begegnen.
Als nächstes lernst du die Worte „Fi“, sprich es einmal, dann das „Fa“ - und „Fu“. Probiere auch diese Worte. Jetzt probiere, dich mit diesen Worten zu verständigen. Finde eine Partnerin/einen Partner aus deiner Umgebung und beginne mit deinem Gegenüber ein Gespräch in der neu gelernten Sprache über die aufregenden Ereignisse der letzten Tage. Vielleicht habt ihr auch unterschiedliche Meinungen. Probiere aus, wie du dich in der Sprache verständigen kannst. Beende nun dein Gespräch. Gehe noch mal im Raum umher und erinnere dich: Wie war meine Verständigung?
In diesem Land vertreibt man sich die Zeit, indem heftig diskutiert wird, bis hin zum Streit. Bilde dazu mit zwei anderen eine Gruppe. Sucht euch eine zweite Gruppe mit der ihr eine Meinungsverschiedenheit austragen wollt. Stelle dir vor, worüber du streiten möchtest.
Jede Gruppe wählt eine Sprecherin oder einen Sprecher. Die oder der steht vorne und wird mit Hilfe der sechs Wörter argumentieren.
Eine Schülerin/ein Schüler stellt sich dahinter und stützt die Sprecherin/den Sprecher, indem sie/er die Hand Halt gebend aufs Kreuzbein oder zwischen die Schultern legt. Die vordere Person kann die Position der Hand bestimmen und sagen, wie sie unterstützt werden will. Die/der dritte aus der Gruppe steht neben der Sprecherin/dem Sprecher und hilft, indem sie/er die beiden anfeuert mit „Gi“, „Ga“, „Gu“, und „Fi“, „Fa“, „Fu“.
Der Abstand zwischen den Gruppen sollte gut zwei Schritte betragen.
Bevor der Streit beginnt, verbeugt euch voreinander, um euch gegenseitig zu

zeigen, dass ihr euch als Übungspartner für faires Streiten anerkennt. Setze deine Körperhaltung und Gestik im Streit ein. *Einige Zeit heftig argumentieren und streiten lassen - beenden*
Jetzt wechselst du die Position in der Gruppe. Die/der Streitende wird zur/zum Unterstützenden und die/der Unterstützende zu der/dem Helfenden und beginnt einen neuen Disput. •
Jetzt wechselt ihr noch einmal die Positionen und beginnt eure letzte Auseinandersetzung. •
Beendet die Auseinandersetzung und bedankt euch zum Abschied bei der anderen Gruppe.

Hinweise
Bei jüngeren Schülerinnen und Schülern ist diese Übung leichter zu zweit, ohne die Person, die anfeuert, durchzuführen. Auch die Vorgabe eines Themas für den „Streit“ kann sinnvoll sein, z.B. um das Fernsehprogramm. Ist die Klasse sehr verhalten, ist sie durch Zurufe anzufeuern. Wird zu sehr laut gestritten, auch auf die Möglichkeit, unterschiedliche Tonlagen auszuprobieren, aufmerksam machen.
Das Einbauen von Stopps, bei denen die Schülerinnen und Schüler erstarren, nimmt eine mögliche Ernsthaftigkeit.

Gestalten
Plastik: Die Streitenden oder Wesen im Streit
Material: Knete, Ton oder farbigen Biegeplüsch (Pfeifenreiniger)

Reflektieren
Tausch dich nun innerhalb deiner Dreiergruppe aus. Wie war es zu streiten? Hast du die Unterstützung beim Streiten annehmen können? Wie war es, die Streitenden zu unterstützen?

W3 - W4 - W7 - IG 4
UE: Aus der Empfindung mit Ton gestalten

IG 5 Klanggespräch

Diese Anregung ermöglicht,
- Klänge von Gegenständen zu untersuchen.
- den eigenen Ausdruck durch Klänge zu erproben.
- eine musikalisch soziale Situation zu bilden.

Durchführen

1. Instrument

Von einem Schrottplatz verschieden lange, dickere oder dünnere, hohle oder massive stabförmige oder blechartige Eisenteile holen. Die Eisenteile nach ihren klanglichen Möglichkeiten untersuchen. Sie dabei von zwei Fingern gehalten, stückchenweise empor oder herab führen, bis sie den besten Klang entwickeln. An dieser Stelle durchbohren und sie an Fäden an einem Gestell aufhängen. Die Schülerinnen und Schüler stellen ihre „Instrumente“ vor, indem sie sie erklingen lassen und benennen die klanglichen Eigenschaften.

Variation I:
Die Schülerinnen und Schüler bitten, Gegenstände, die ihnen vom Klang her gefallen, von zu Hause mitzubringen. *Richtige Musikinstrumente sind dabei nicht geeignet, da mit ihnen meistens Konventionen der Handhabung und des Ausdrucks verbunden sind.*
Die Gegenstände können dann am Beginn der Stunde in ihrem Klingen vorgestellt werden.

Variation II:
Spontan die im Unterrichtsraum (in der Schultasche) befindlichen Gegenständen auf ihre Klangeigenschaften untersuchen und daraus die Instrumente wählen.

Je weniger Vorbereitung, um so eingeschränkter wird das Klangspektrum sein. Es ist gut, wenn auch genügend schwingende „Instrumente“ vorhanden sind, um im Konzert rhythmische und melodische Ausdrucksweisen zu haben.

2. Konzert

Die Schülerinnen und Schüler sitzen im Kreis.
Lege dein Instrument vor dich hin. Wir werden gleich eine „Musik“ machen, in der du Klänge in den Raum gibst, vielleicht mit Hilfe deines Instru-

mentes zu jemandem sprichst, vielleicht eine Antwort erhältst oder wir sogar alle miteinander musizieren. Wenn du das Gefühl hast, dass die Musik beendet ist, legst du dein Instrument zur Seite und wartest, bis auch die anderen zur Ruhe gekommen sind. Schließe nun die Augen, atme ruhig und höre in den Raum. Wenn du ein (Sozial-) Geräusch hörst, Niesen, Husten oder Pupsen, dann brauchst du nicht weiter darauf zu achten. Und nun hörst du über den Raum hinaus und hörst die Geräusche draußen. Mit deiner Aufmerksamkeit gehst du immer weiter bis zu dem Entferntesten, was du hören kannst. Du bleibst jetzt ganz ruhig bei diesem Lauschen. Erst wenn du es überhaupt nicht mehr aushalten kannst, machst du einen Ton. Vielleicht antwortet dann jemand, vielleicht entsteht dann eine Musik.
Nach dem Ausklingen der Musik.
Horche noch einen Moment nach. Welche Töne hast du in das Konzert eingebracht? Welche Töne sind dir entgegengekommen?

Gestalten
Malen: Suche Dir aus den Kreiden eine für dich passende Farbe und male deine Töne mit den anderen auf den Bogen Papier. *Abb. Farbtafel 4.1*
Material: ein großer Bogen Makulaturpapier, Ölkreiden

Reflektieren
Kreisgespräch: Konntest du mit deinem Instrument ausdrücken,was du wolltest? Hattest du ein Zusammenspiel mit anderen Musikern und Musikerinnen? Wie hast du den Verlauf unserer „Musik“ empfunden?

Kunstpädagogisches Thema: Der Klang der Zeichen und Farben
Beispiele: John Dowell, Blues vor Lacey; Ernst Wilhelm Nay, Satztechnik II; Wassily Kandinsky, Gegenklänge; Santon MacDonald-Wright, Schöpfungs-Synchronie; Beispiele aus Kat. Vom Klang der Bilder, Prestel 1985

IG 6 Selbstdarstellung in der Gruppe

Diese Anregung ermöglicht,
- sich auf persönliche Weise in der ganzen Gruppe vorzustellen.
- die Beziehungen der GruppenteilnehmerInnen miteinander wahrzunehmen und über Symbole Veränderungen anzuregen.

Durchführen

Vorbereitung: Jede Schülerin/jeder Schüler wird gebeten, einen Gegenstand mitzubringen, mit dem sie/er positive Assoziationen verbindet. Das kann ein Fundstück aus der Natur, eine Ferienerinnerung, ein Geschenk, die Lieblingspuppe oder ähnliches sein. Der Gegenstand sollte nicht mehr als etwa handgroß sein. Mit diesem Gegenstand wird sich jede/jeder in die Gruppe einbringen. Die Klasse so teilen, dass Gruppen von sieben bis zehn Schülerinnen und Schülern entstehen.

Du nimmst jetzt deinen Gegenstand und setzt dich mit deiner Gruppe zu einem Kreis. Halte deinen Gegenstand in den Händen und schließe einen Moment deine Augen. Erinnere dich, was dich mit dem Gegenstand verbindet. Ist es die Form oder die Farbe des Gegenstandes selbst oder weil er dir seit langem vertraut ist oder verbindest du mit ihm den schönen Moment, in dem du den Gegenstand bekamst oder fandest.

Halte deine Augen noch einen Moment geschlossen. Stell dir die einzelnen Personen in deiner Gruppe vor und wie du hier im Kreis sitzt. Nimm in Gedanken Verbindung zu jedem im Kreis auf.

Öffne jetzt deine Augen.

Gleich werde ich dich bitten, ohne ein Wort zu sagen, deinen Gegenstand zu nehmen. Du stellst dich nacheinander vor jedes Mitglied der Gruppe und zeigst schweigend, was du mitgebracht hast. Wenn du bei allen gewesen bist, gehst du in die Mitte des Kreises und teilst der Gruppe mit, was es für ein Gegenstand ist und warum er besondere Bedeutung für dich hat. Dann legst du den Gegenstand in die Mitte des Kreises, an einen Platz, wo er deiner Meinung nach hingehört. Setze dich dann wieder an deinen Platz zurück. Jeder aus dem Kreis kann jetzt beginnen. Es ist immer nur eine Person im Kreis. Entscheide selbst, wann du deinen Gegenstand präsentieren möchtest. Wenn die Möglichkeit da ist, gehe in den Kreis.

Wenn alle aus der Gruppe ihren Gegenstand in die Mitte gestellt haben, betrachte sie in Ruhe und wie sie zueinander stehen. Es ist ein gemeinsames Bild für deine Gruppe, in der du gerade bist.

Du kannst jetzt hingehen und nach Belieben die Position deines Gegenstandes innerhalb des Kreises verändern, damit das Bild für dich stimmt. Guck mal wie das Bild der Gegenstände zu deiner Gruppe passt. Spüre, wie es dir in der Gruppe geht und wie du die anderen wahrnimmst.

Hinweis
Wird die Erlaubnis gegeben, auch die Gegenstände der anderen GruppenteilnehmerInnen zu bewegen, ist darauf zu achten, dass die Gegenstände sorgsam behandelt werden.

Reflektieren
Wie war es für dich, deinen Gegenstand zu zeigen und einen Platz zu bestimmen? Wie hast du die Veränderungen eures Bildes aus Gegenständen erlebt?

Variation für die Grundschule
Die Kugelgeschichte
Die Übung im Gymnastikraum oder in einem Raum mit Teppichboden durchführen. Einen Sitzkreis bilden.
Es waren einmal viele Kugeln, die rollten so vor sich hin.
Lehrkraft beginnt sich auf dem Boden zu rollen. Die Schülerinnen und Schüler nehmen die Bewegung auf und kugeln durch den Raum.
Spielwechsel
Die Kinder rollen nicht mehr selber durch den Raum, sondern ein Ball, z. B. ein Tennisball wird durch den Raum gerollt.

Dennis
2. Klasse

Spielwechsel
Ein Ball war unglücklich. Einige der anderen Bälle waren ihm zu dicht auf die Pelle gerückt. Andere, die er lieber in seiner Nähe gehabt hätte, waren weit weg. Doch an diesem Tag durfte der Ball bestimmen, wer nah und weiter weg sein sollte.
Ein Kind bestimmt von einem Ball aus die Position der anderen Bälle.
Ein anderes Kind positioniert die gleichen Bälle nach seiner Idee.

Gestalten
Zeichne deine eigene Vorstellung, wie du die Bälle legen würdest.
Material: Papier DIN A 3, Buntstifte

Reflektieren
Je zwei Kinder erzählen sich anhand ihrer Zeichnung ihre Kugelgeschichte. Kreisgespräch: Wer möchte darf seine Zeichnung den anderen vorstellen.

Kunstpädagogisches Thema: Sammeln , Ordnen, soziale Ordnung
Beispiele: Christian Boltanski, Vitrine der Beziehungen;
Raffael Rheinsberg, Sous un Ciel bleu, Hand und Fuß, Aufstand der Zangen

Hopiritual nach Diana Withmore

1.1 zu „Liebst du dein Ohr?" W 12, S. 81
Nicola, 6. Klasse, Realschule

1.2 zu „Gehen mit dem Reissäckchen" T 2, S. 132
Maurice, 1. Klasse

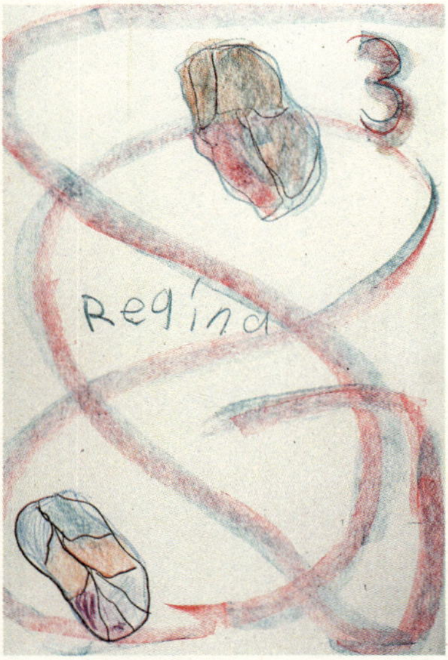

1.3 zu „Tanzen mit Tüchern" T 7, S. 138
Regina, 2. Klasse

1.4 zu „Kreisen mit der Kugel" M 8, S. 194
Jannika, 1.Klasse

2.1 zu den Übungen R 4 bis R 7, S. 52 - S. 55
Mirja, Kunst AG 9/10, Realschule

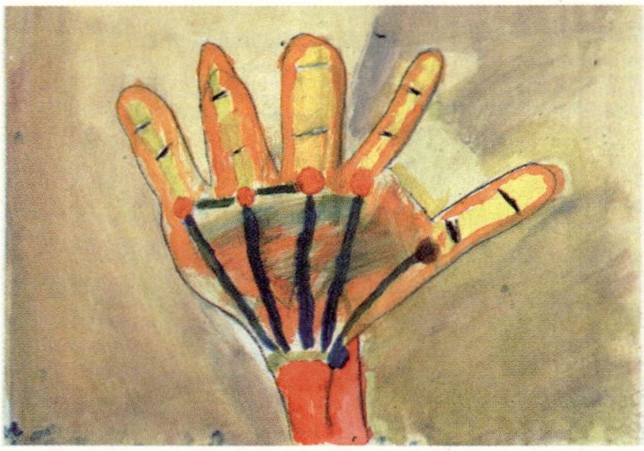

2.2 zu „Kennst du deine Hand?" W 11, S. 79
o. A., 5. Klasse, Gymnasium

2.3 zu „Tiere in der Nacht/ Begegnungen in der Nacht" W 16, S. 88
Jessica, 2.Klasse

3.1 zu „Meine Grenze/Stop-Spiel" B 6, S. 98
o. A., 5. Klasse, Gymnasium

3.2 zu „Spaziergang mit geschlossenen Augen, geführt von Tönen" B 13, S. 108
Michaela, 9. Klasse, Realschule

3.3 zu „Muschelübung" B 15, S. 111
Ines, 10. Klasse, Realschule

4.1 zu „Klanggespräch" IG 5, S. 120
Katrin, 8 Klasse, Realschule

4.2 zu „Kung-Fu" U 12, S. 181
o. A., 11.Klasse, Gymnasium

4.3 zu „Das Üben mit der Mokkatasse" V 5, S. 209
Thorben, 2. Klasse

Das bewegte Wechselspiel zwischen mir, dem Gegenstand und anderen

Diese Anregung ermöglicht,

T 1 Spiel mit dem Reissäckchen	- Spannungen in den Armen und Händen zu lösen. - mit dem Reissäckchen vertraut zu werden und unterschiedlichen Umgang mit ihm zu erproben.
T 2 Gehen mit dem Reissäckchen	- die eigene Aufrichtung und die eigene leibliche Anwesenheit zu empfinden.
T 3 Das Reissäckchen hochwerfen und im Fangen nachgeben	- weich die Energie des fallenden Säckchens in die eigene Bewegung aufzunehmen und wieder abzugeben.
T 4 Reissäckchen werfen	- das Reissäckchen so fürsorglich zu werfen, dass die Partnerin/der Partner es mühelos fangen kann und so ein positiver Kontakt entsteht. - das Reissäckchen im Fangen weich aufzunehmen.
T 5 Ich bekomme und gebe	- die Integration in die Gruppe zu stärken.
T 6 Kontakttanz mit Reissäckchen	- sich selbst deutlich in der eigenen Bewegung wahrzunehmen. - ein Empfinden für die Bewegungsdynamik einer anderen Person zu entwickeln. - sich durch die Bewegung zu verständigen.
T 7 Tanzen mit Tüchern	- mit dem Tuch in weiche Bewegungen zu kommen.
T 8 Tanz zweier Tücher	- über das Tuch mit anderen den Kontakt zu gestalten.

T 9 Spiel mit dem Stuhl	- das Alltagsmöbel „Stuhl“ zu untersuchen. - sich eigene, spielerische Nutzungsmöglichkeiten zu erschließen.		
T 10 Tanzen mit dem Stuhl	- die eigene Beweglichkeit im Gegensatz zur Starrheit des Stuhls zu erleben.		

T 1 Spiel mit dem Reissäckchen

Diese Anregung ermöglicht,
- Spannungen in den Armen und Händen zu lösen.
- mit dem Reissäckchen vertraut zu werden und unterschiedlichen Umgang mit ihm zu erproben.

Durchführen
Material: Leinensäckchen in verschieden Farben, Größe 10 x 10 cm, mit ca. 140 g Reis gefüllt. Beim Tragen auf dem Kopf, Werfen etc. sollen die Säckchen weich und nachgiebig sein.
Sind die Schülerinnen und Schüler mit der freien Bewegungsarbeit wenig vertraut, kann diese Übung sitzend am Platz durchgeführt werden.
Sie ist gut zur Vorbereitung für die anderen Übungen mit dem Reissäckchen.

Nimm dir ein Reissäckchen von einer Farbe, die dir gefällt und spiele damit. Du hast das Reissäckchen in der Hand. Wie fühlt es sich an? Beginne es zu kneten. Knete es kraftvoll, so dass der Reis aneinander knirscht. Mit deinem Arm und deiner Schulter unterstützt du die knetende Hand. Deine Bewegung ist groß und kräftig.Du lässt deinen Atem fließen.• Wechsele in die andere Hand und knete mit ihr das Reissäcken auch einmal kräftig durch.
• Nun wird das Reissäckchen ganz weich. Du nimmst es in deine Hände. Du hältst es, betastest und streichst es ganz sanft. Kannst du dabei mit den Fingerkuppen die einzelnen Reiskörner spüren? • Lass das Reissäckchen nun von einer Hand zur anderen wandern. Deine Hände sind erst nah beieinander. Du löst deine Hände mehr und mehr voneinander und beginnst das Reissäckchen leicht hin- und herzuwerfen. • Werde wieder kleiner in der Bewegung.•
Du nimmst noch einmal die Bewegung auf, die dir am besten gefallen hat, die kraftvolle, die sanfte oder die spielerische des Hin und Her.
Probiere aus, welche Bewegung dir am besten gefällt.
Dann zu einer der folgenden Übungen übergehen.

T1-T2; T1-T3-T4

T 2 Gehen mit dem Reissäckchen

Diese Anregung hilft,
die eigene Aufrichtung und die eigene leibliche Anwesenheit zu empfinden.

Durchführen
Material: Reissäckchen in verschiedenen Farben
Du nimmst ein Reissäckchen in der Farbe, die dir gut gefällt und legst es auf deinen Kopf. Lenke deine Aufmerksamkeit nun auf deine Fußsohlen, die Beine, deine Wirbelsäule und weiter auf deinen Nacken und den Kopf. Spüre das Reissäckchen auf deinem Kopf. Kannst du deine Aufrichtung fühlen? Gehe nun durch den Raum. Gehe wie ein „Model". Du kannst ruhig nach rechts und links schauen.
Bleibe stehen, lege deine Hände vor den Bauch, so dass sie übereinander liegen und die Handflächen nach oben zeigen. Neige deinen Kopf langsam. Das Reissäckchen kann jetzt fallen und landet vielleicht in deinen Händen, vielleicht auf dem Boden.
Lege das Säckchen wieder auf den Kopf und gehe nun rückwärts.Bleibe in deiner Aufmerksamkeit bei dir. Gehe langsam. Eine Berührung mit anderen macht nichts.
Nun gehe wieder vorwärts. Du nimmst das Säckchen vom Kopf und legst es auf deine rechte Schulter. Wenn du kannst, behalte das Empfinden für die Stelle auf dem Kopf, auf der das Säckchen lag, in deiner Erinnerung. Beim Gehen begegnest du anderen. Nimm Blickkontakt auf und zeige das schöne Säckchen auf deiner Schulter.
Du legst das Säckchen nun von der Schulter auf die linke Armbeuge. Spüre das feine Gewicht des Säckchens dort und gehe weiter durch den Raum. Erinnerst du noch das Empfinden für die Stellen auf deinem Kopf und auf deiner Schulter?
Durch die Aufmerksamkeit auf mehrere Körperstellen gleichzeitig wird die eigene räumliche Ausdehnung bewusst.
Du legst das Säckchen von der Armbeuge auf deinen rechten Fuß.
Das Gehen auf dicken Socken erleichtert diesen Teil der Übung; es ist auch auf Schuhen möglich, jedoch rutschen die Säckchen dann leichter ab.
Du brauchst dich beim Gehen nicht anzustrengen. Spüre das Säckchen und lasse dein Fußgelenk locker. Wenn das Säckchen vom Fuß fällt, macht es nichts. Du kannst es wieder aufheben und erneut auf den Fuß legen.
Mache mit deinem Körper eine leichte weiche Drehung und lass dabei das Säckchen vom Fuß gleiten.

Komme zum Stehen und spüre deine Körperhaltung. Ist noch etwas von der Empfindung auf dem Fuß, der Armbeuge, der Schulter und dem Kopf geblieben?

Gestalten
Male, wie du mit dem Reissäckchen gegangen bist oder finde ein Zeichen für deine Aufrichtung vom Fußboden aus bis zu deinem Kopf.
Material: Deckmalfarben, DIN-A2-Papier

Abb. Farbtafel 1.2

Reflektieren
Kreisgespräch: Erzähle den anderen, was du auf deinem Bild dargestellt hast.

W 1 - T 1 - T 2

T 3 Das Reissäckchen hochwerfen und im Fangen nachgeben

Diese Anregung ermöglicht,
die Energie des fallenden Säckchens weich in die eigene Bewegung aufzunehmen und wieder abzugeben.

Hinweise
Diese Übung in der Sporthalle oder im Freien durchführen. Grundschulkinder brauchen Zeit, den Bewegungsfluss zu entwickeln. Bei der LehrerInnendemonstration auch das Fallenlassen des Reissäckchens zeigen.

Durchführen
Vorbereitung: „Spiel mit dem Reissäckchen“ T 1
Du stehst aufrecht und bist locker und beweglich in den Gelenken deiner Beine, den Fuß-, Knie- und Hüftgelenken, den Gelenken deiner Wirbelsäule und den Gelenken deiner Arme und Hände. Auf einer Hand hast du das Reissäckchen. Deine Hand ist offen. Der Daumen liegt neben den anderen Fingern. Du spürst, wie das Reissäckchen in deiner flachen Hand liegt. Mit federnden Bewegungen aus deinem ganzen Körper heraus wirfst du das Reissäckchen nach oben. Es können auch kleine Bewegungen sein. Das Reissäckchen lässt du wieder in deine offene Hand fallen. Das Gewicht des Reis-

säckchens lässt deine Hand nach unten schwingen. Da holst du wieder Schwung und wirfst erneut. Du strengst dich dabei nicht an. Sei weich und spiele mit deinen Bewegungen. Lass deinen Atem fließen.
Manchmal fällt das Säckchen auch auf den Boden. Das gehört dazu. Hebe es einfach auf und fange neu an. Du kannst auch mit beiden Händen abwechselnd werfen und fangen.

Du nimmst die Bewegung mehr in deine Beine auf und beginnst in einer runden fließenden Weise werfend und fangend im Raum umherzugehen. Du behältst den Kontakt zu deinem Reissäckchen. Mal sind deine Bewegungen weicher, mal fester. In kleinen und großen Bewegungen nimmst du den Raum in Anspruch. Achte auch auf die anderen in deiner Nähe.
Aus der eigenen Beweglichkeit und dem Impuls des Reissäckchen soll ein gemeinsamer Bewegungsfluss entstehen. Darauf achten, dass nicht - wie beim Handball - zielgerichtet geworfen wird. Das ist hier nicht gemeint.
Nun beendest du deine Bewegung und spürst einen Moment in dich hinein.

Gestalten
Zeichne mit geschlossenen Augen und deiner „ungewohnten“ Hand (das ist zumeist die Linke) deine Bewegungsempfindung auf einen großen Papierbogen.
Material: DIN-A2-Papier, weiche Bleistifte

Reflektieren
Kreisgespräch
Wie hast du dich in der Bewegung wahrgenommen?
Wie drückt sich deine Erfahrung in dem Gezeichneten aus?

G 1 - T 3 - T 4 - T 5

T 4 Reissäckchen werfen

Diese Anregung ermöglicht

- das Reissäckchen so fürsorglich zu werfen, dass die Partnerin/der Partner es mühelos fangen kann und so ein positiver Kontakt entsteht.
- das Reissäckchen im Fangen weich aufzunehmen.

Durchführen

Material: Reissäckchen

Vorbereitung: „Das Reissäckchen hochwerfen, im Fangen nachgeben“ T 3

Du suchst dir eine Partnerin oder einen Partner. Ihr nehmt ein Reissäckchen.Wer gerade das Reissäckchen hat, hält es in der offenen flachen Hand und beginnt, es in der weichen Form hochzuwerfen und zu fangen. Ein Herunterfallen des Säckchens ist kein Fehler. Du kannst es aus der Bewegung heraus aufnehmen und weiterspielen.

Aus der weichen Drehbewegung gibst du das Reissäckchen an deinen Partner/deine Partnerin ab. Du wirfst dabei das Säckchen nicht zielgerichtet wie beim Ballspiel, sondern nimmst den Schwung aus deiner Drehbewegung, um es in Richtung Partner/Partnerin fliegen zu lassen.

Du behältst nach dem Wurf den Fluss der Bewegung bei.

Bewegung demonstrieren

Die Fangenden nehmen das Säckchen mit der offenen, flachen Hand weich auf. Deine Hand bleibt flach. Der Daumen schließt sich nicht um das Reissäckchen. Du wirfst es für dich ein bis zwei mal hoch, fängst es weich und gibst es dann an die Partnerin/den Partner wieder ab. Du wirfst nur mit so viel Kraft, wie du brauchst, um deine Partnerin/deinen Partner zu erreichen. Du kannst die Wurfhand auch wechseln.

Wenn das Säckchen zu stark oder zu schwach geworfen wird, kann die Partnerin/der Partner nicht fangen. Dadurch sind die Paare aus ihrem Kontakt heraus und damit auch aus dem Bewegungsfluss. Aufgabe ist es, ein Kontaktfeld aufzubauen, das weich, dynamisch und kraftvoll ist und die andere/den anderen mit einbezieht.

Einzelne Paare mit gutem Bewegungsfluss zum Demonstrieren ihrer Bewegung auffordern. Auf Eigenschaften der Bewegung hinweisen.

Gestalten

Zeichne mit der „ungewohnten“ Hand deinen Eindruck von der Bewegung.

Zur Vorbereitung in der Luft zeichnen.

Material: Kreiden oder weiche Bleistifte, DIN-A2-Papier

Reflektieren
Kreisgespräch
Was hast du an der Bewegung wahrgenommen?
Wie hast du das wiedergegeben?

W 1 - O 5 - T 3 - T 4

T 5 Ich bekomme und gebe

Diese Anregung ermöglicht,
die Integration in die Gruppe zu stärken.

Durchführen
Vorbereitung: Zu Beginn der Stunde eine Übung wählen, in der alle ein Reissäckchen haben und der weiche Bewegungen geübt werden, z.B. „Das Reissäckchen hochwerfen und im Fangen nachgeben“ T 3. Dann die Zahl der Reissäckchen halbieren, so dass die Hälfte der Schülerinnen und Schüler ein Reissäckchen hat.

Michael
4. Klasse

Sammelt euch in der Mitte des Raumes und bewegt euch wie in einem Knäuel. Wenn du ein Reissäckchen hast, biete es mit der offenen, flachen Hand an und lege es in eine leere Hand. Hast du gerade kein Reissäckchen, hältst du deine Hände offen und bist bereit, eins anzunehmen. Bleibe dicht bei den anderen. Sieh nicht zu sehr auf die Reissäckchen, achte mehr auf die Hände. Freue dich, wenn du ein Reissäckchen bekommst und wenn du es weitergibst. Du lässt deine Hände offen.
Langsam gehen, jüngere Schülerinnen und Schüler brauchen eine Weile, bis sie eine Form für das Weitergeben entwickeln. Wird das Geben und Nehmen dynamisch, schneller werden und nach einiger Zeit die Bewegung ausklingen lassen.

Gestalten
Zeichne dich beim Bekommen und Geben.

Material: Reissäckchen, farbige Öl- oder Pastellkreiden, DIN-A2-Papier

Reflektieren
Kreisgespräch
Beschreibe, was du gezeichnet hast.

IG 1 - O 5 - T 3 - T 4 - T 5

T 6 Kontakttanz mit Reissäckchen

Diese Anregung ermöglicht,
- sich selbst deutlich in der eigenen Bewegung wahrzunehmen.
- ein Empfinden für die Bewegungsdynamik einer anderen Person zu entwickeln.
- sich durch die Bewegung zu verständigen.

Durchführen
Material: Reissäckchen
Vorerfahrung in weichen Bewegungsweisen sollte vorhanden sein.
Finde eine Partnerin/einen Partner, die/der dir vertraut ist und mit der/dem du dir eine Körperberührung vorstellen kannst.

Übungssituation 5. Klasse

Ihr bekommt jetzt ein Reissäckchen. Klemmt es zwischen eure Schultern. Experimentiert damit, wie ihr euch bewegen könnt, ohne dass es herunterfällt. Sollte es fallen, dann macht es nichts. Hebt das Reissäckchen wieder auf und bewegt euch weiter.

Bewege dich auf deine Weise und halte gleichzeitig das Reissäckchen mit deinem Körper. Welche Bewegungen sind dir so möglich? Nimm wahr, wie du dich bewegst und wie sich deine Partnerin/dein Partner bewegt. Nimm wahr, wie ihr euch gemeinsam bewegt. Folgst du dabei mehr deiner Partnerin/deinem Partner oder leitest du mehr die Bewegungen an? Atme auch in Momenten weiter, in denen du dich konzentrierst. Was kannst du tun, ohne dass das Reissäckchen fällt?

Ihr könnt auch versuchen, bis auf den Boden zu gehen und wieder hochzukommen.
Einzelne Paare können ihre liebste/spannendste Kontaktsituation den anderen vorführen.

Gestalten
Zu zweit auf einem Blatt eine gemeinsame Situation mit dem Reissäckchen zeichnen.
Material: Buntstifte oder Ölkreiden, DIN-A3-Papier
Jede/r zeichnet sich selbst. Die Figuren und Reissäckchen werden ausgeschnitten und zu einer Klassencollage zusammengefügt.
Material: Buntstifte oder Ölkreiden, DIN-A4-Papier, ein großer Bogen Makulaturpapier

Reflektieren
Zu zweit oder im Kreisgespräch
Konntest du dich mit deiner Partnerin/deinem Partner in der Bewegung verständigen?
Konnte das Reissäckchen zwischen euch wandern?

I G 1 - V 8 - T 6; IG 1 - O 5 - T 3 - T 4 - T 6
UE: Inneres Gleichgewicht - Bildnerisches Gleichgewicht;

T 7 Tanzen mit Tüchern

Dies ist eine Anregung,
mit dem Tuch in weiche Bewegungen zu kommen.

Durchführen
Vorbereitung: Die Schüler/innen bringen leichte, durchscheinende Tücher, ca. 80x80 cm, mit.

1. Weiche, raumgreifende Bewegungen anregen
Musik: vital, fordernd, z.B. Astor Piazoll, Tangos. Die Lautstärke so wählen, dass zur Musik gesprochen werden kann.
Du fasst dein Tuch an einer Ecke oder an zwei Ecken und bringst es in Bewegung.

Wie bewegt sich das Tuch? Wie bewegst du dich mit dem Tuch? Gehe mit deinem ganzen Körper in der Bewegung mit. Magst du lieber die schwungvolle weite Bewegung oder die zarte Bewegung? Probiere beides aus. Wie hoch kommst du mit dem Tuch? Und wie sind deine Bewegungen unten, über dem Boden? Welche Bewegung bringt dir am meisten Freude? Probiere es aus.

2. Sich selber sammeln
Musik: ruhig, melodisch, z.B. Cesaria Eviva: Les Mystères de Subal.
Du legst das Tuch über den Handrücken und Unterarm und bewegst dich weiter. Dein ganzer Körper ist in der Bewegung. Wie hoch, wie tief möchtest du jetzt gehen? Dein Atem fließt ruhig weiter.

3. Sich mit der eigenen Bewegung präsentieren.
gleiche Musik
Du stellst dich nun mit den anderen in einen großen Kreis.
Mit einer Bewegungsdemonstration beginnen. Das Tuch kann im Tanz verhüllen und bergen oder die eigene Bewegung expressiver, größer werden lassen. Die große Form kann auch in sich gekehrt, die kleine Form impulsiv und nach außen gewendet getanzt werden.
Wenn du Lust hast, kannst du in den Kreis gehen und deinen Tuchtanz zeigen.
Zwei oder drei Schülerinnen und Schüler tanzen gleichzeitig.
Eventuell einzelne Schüler/innen durch Blickkontakt oder Ansprache ermutigen.
Wenn du am Rand stehst, achte auf die Bewegungsweisen im Kreis. Sieh die Unterschiede.
Es könne auch einzelne eine Bewegung vormachen, die alle nachvollziehen.

Abb. Farbtafel 1.3

Gestalten
Zeichne, was du während des Tanzes erlebt hast.
Material: farbige Öl- oder Pastellkreiden, DIN-A2-Papier

W 1 - T 7

T 8 Tanz zweier Tücher

Dies ist eine Anregung,
über das Tuch mit anderen den Kontakt zu gestalten.

Durchführen
Vorbereitung: Die Schüler/innen bringen leichte, durchscheinende Tücher, ca. 80x80 cm, mit.
1. Kontakt aufnehmen
Die Klasse in zwei gleich große Gruppen A und B teilen, die sich an gegenüberliegenden Wänden aufstellen.
Gruppe A und B stehen sich als Reihen im Raum gegenüber.
Sieh, wer dir in der anderen Reihe gegenübersteht.
A; Du hältst das Tuch an zwei Ecken so hoch, dass du noch darüber hinwegsehen kannst.
B; Du beginnst, das Tuch zu bewegen und gehst auf dein Gegenüber zu.Du nimmst mit dem Tuch zu deiner Partnerin/deinem Partner Kontakt auf. Probiere aus, welcher Kontakt dir mit dem Tuch möglich ist.
Nun wechselt ihr. B hält das Tuch an zwei Ecken vor sich und geht langsam rückwärts. A bleibt mit den Tuchbewegungen in Kontakt zum Partner/zur Partnerin.

2. Bewegungsgespräch
An der Wand angekommen:
B bewegt nun das Tuch in Wellen auf den Partner/die Partnerin zu. Deine Wellen können groß oder klein, energisch oder zart, oben oder unten sein. A antwortet mit der eigenen Tuchbewegung und geht dabei langsam rückwärts.
An der Wand angekommen, wechselt ihr. A gibt jetzt den Impuls und B antwortet im Rückwärtsgehen.
Je nach Intensität der Beteiligung kann das Hin und Her wiederholt werden.

3. Ausklang
Du bleibst bei der Wellenbewegung und stellst dich mit den anderen zu einem großen Kreis auf.
Ihr geht zur Mitte. Wenn ihr dicht zusammen seid, werden die Bewegungen kleiner.
Ihr geht rückwärts nach außen und lasst eure Bewegungen wieder größer werden.

2-3 mal wiederholen.
Deine Bewegungen werden langsamer, du lässt dein Tuch im Kreis zurück und setzt dich an den Rand.

Gestalten
Malerei:
Male die Begegnung zweier Tuchbewegungen oder
Male wie du dich mit dem Tuch und deiner Partnerin/deinem Partner bewegt hast.
Mit Fingerfarben auf großformatigen Flächen malen, z. B. auf Fensterscheiben, auf Bahnen ausgelegter Rauhfasertapete oder Makulaturpapier.
Malen mit zwei Händen, jede Hand hat eine andere Farbe, Abtönfarben, breite Pinsel
Zeichnung:
Zeichnen mit zwei Händen, jede Hand hat eine andere Farbe, einen unterschiedlich starken Stift, Wachsmalblöcke mit der Breitseite.
Material: Aquarell- oder Deckmalfarben, Abtönfarben, breite Pinsel, Wachsmalblöcke, unterschiedlich dicke Farbstifte, DIN-A2-Papier

Reflektieren
Kreisgespräch, Bildbetrachtung
Wie habe ich mich mit dem Tuch bewegt?
Wie hat sich mein Tuch bewegt?
Welche Spuren hat mein Tuch im Raum in der Luft hinterlassen?
Wie hast du die Bewegungen mit dem Tuch empfunden?
Wie drückst du das in deinem Bild aus?

W 1 - T 7 - T 8

T 9 Spiel mit dem Stuhl

Diese Anregung ermöglicht,
- das Alltagsmöbel „Stuhl“ zu untersuchen.
- sich eigene, spielerische Nutzungsmöglichkeiten zu erschließen.

Durchführen
Vorerfahrung: „Sitz erarbeiten“ G 3 sollte bekannt sein.
Vorbereitung: Ein großer Raum, z.B. eine Turnhalle, ist für diese Übung zu empfehlen. Die Stühle für diese Übung müssen stabil sein. Hocker sind nicht geeignet. Alle Schülerinnen und Schüler sitzen im Kreis, genügend Abstand zueinander, auf ihrem Stuhl.
Regel ist: Die Stühle dürfen sich bei der Übung nicht berühren. Die Stunde mit einer kurzen lösenden Übung beginnen, z.B. Aufstehen mit Schwung, V 4. Danach auf die Stühle setzen.

1. Tragen

Abb. Buchtitel Du sitzt auf deinem Stuhl. Was kannst du mit deinem Stuhl noch alles tun? Kannst du ihn tragen? Wie trägst du ihn? Du kannst ihn mit beiden Händen tragen oder mit einer Hand. Hältst du ihn dabei vor dem Bauch oder über dem Kopf? Trägst du ihn vielleicht lieber auf der Schulter oder dem Rücken? Probiere aus, wie du den Stuhl am leichtesten trägst.
Zwischen den einzelnen Anregungen zum Ausprobieren genügend Zeit geben.
Du kannst dich auch mit dem Stuhl verknoten. Wo kannst du deine Arme oder Beine durchschieben? Probiere mehrere Möglichkeiten aus, dich mit deinem Stuhl zu verschlingen. Wenn du dich verknotet hast, gehe so im Raum umher und zeige es den anderen. Stoßt euch dabei nicht an.

2. Drehen

Kannst du den Stuhl drehen? Wie kannst du den Stuhl drehen? Du kannst ihn auf ein Bein stellen und drehen oder du kannst ihn auf die Lehne stellen und drehen. Hast du noch andere Möglichkeiten? Probiere es aus!

3. Sitzen

Wie sitzt du am liebsten auf deinem Stuhl? Ist es möglich, den Stuhl auf die Seite zu legen und sich darauf zu setzen? Gefällt dir das? Du kannst auch den Stuhl ganz umdrehen und dich darauf setzen? Stelle ihn normal hin und probiere aus, dich anders darauf zu setzen als sonst. Vielleicht entdeckst du einen neuen Lieblingssitz. Du kannst dich auch hinlegen und den Stuhl als Stütze benutzen. Probiere aus wie du den Stuhl am liebsten benutzt. Komme in den Kreis und benutze den Stuhl, wie du es am liebsten möchtest. Was gefällt dir an deinem Sitz? Kannst du länger so sitzen oder ist es ein Sitz für kurze Zeit.

Bevor du deinen Lieblingssitz zeichnest, achte noch einmal darauf, wo deine Füße bei diesem Sitz sind. Wo sind deine Knie, dein Po, dein Kopf und die Arme?
Wie fühlst du dich, wenn du so sitzt?

Gestalten
Zeichnung: Wie ich meinem Stuhl auch benutzen kann.
Material: farbige Kreiden, DIN-A3-Papier

Hinweis
Sollten in der GS Schwierigkeiten beim Zeichnen auftreten, kann methodisch wie folgt vorgegangen werden. Zeichne deinen Stuhl etwa in der Größe deiner Hand auf das Blatt. Drehe dann das Blatt, bis du den Stuhl so siehst, wie du ihn benutzt hast. Zeichne eine Bodenlinie, damit klar ist, wie du deinen Stuhl verdreht hast. Male dich in, auf, unter ... dem Stuhl.

Reflektieren
Erzähle, was du mit dem Stuhl auf dem Bild machst und was dir daran gefällt.

W 1 - W 9 - T 9

T 10 Tanzen mit dem Stuhl

Diese Anregung hilft,
die eigene Beweglichkeit im Gegensatz zur Starrheit des Stuhls zu erleben.

Durchführen
Vorerfahrung: „Sitz erarbeiten“ G 3, „Der Tanz mit den Tüchern“ T 7 und „Spiel mit dem Stuhl“ T 8

Vorbereitung: Ein großer Raum, z.B. die Turnhalle, ist für diese Übung zu empfehlen.
Bei einem kleinen Raum sollte die Gruppe geteilt werden und nacheinander arbeiten. Die anderen bekommen dann Beobachtungsaufgaben zu den Bewegungen.
Folgende Spielregeln sollten vereinbart werden:
- *Jede/jeder bewegt nur ihren/seinen Stuhl.*
- *Die Stühle dürfen sich beim Tanzen nicht berühren.*
- *Es muss still getanzt werden.*
- *Auf den Stühlen sollte man nur barfuß stehen und nicht auf Strümpfen.*

Musik: weich, langsam, z.B. Kronos Quartett: Pieces of Africa
Die Musik so laut stellen, dass noch in sie hineingesprochen werden kann.

1. Den Stuhl bewegen
Du nimmst dir deinen Stuhl. Nimm wahr wie du ihn hältst. Du wechselst deinen Griff und hältst ihn anders. Probiere aus, wie du den Stuhl leicht halten kannst und in welcher Haltung du viel Kraft brauchst. Du nimmst die Musik in die Bewegung des Stuhles mit auf. Probiere schwingende, pendelnde und kreisende Bewegungen aus, die du zu einem Tanz mit dem Stuhl ausdehnen kannst. Wie fühlst du dich, wenn du den Stuhl in Fußbodennähe bewegst, wie, wenn du ihn nach oben hältst? Bewegst du dich um den Stuhl herum oder den Stuhl um dich herum? Finde eine Bewegung, die dir gefällt. Zeige jemandem in deiner Nachbarschaft deine Bewegung.

2. Sich selbst mit dem Stuhl bewegen
Du bewegst dich mit dem Stuhl durch den Raum und gehst mit ihm enger in Kontakt. Probiere aus, wie der Stuhl dich kleiden könnte. Kann er dich schützen als Hut oder Helm? Kannst du ihn als Ärmel, Weste oder Hose benutzen? Beobachte, wie sich deine Bewegung mit dem Stuhl verändert. Gehe durch den Raum und nimm mit anderen Blickkontakt auf. Du beendest dei-

nen Gang mit dem Stuhl und setzt dich darauf.
Hast du deine Bewegungen durch den Stuhl verändert?
Wie hast du die Bewegungen empfunden?

Hinweise
Um die unterschiedlichen Bewegungsempfindungen zu verdeutlichen, kann diese Übung mit „Tanzen mit Tüchern“ T 7 kombiniert werden.

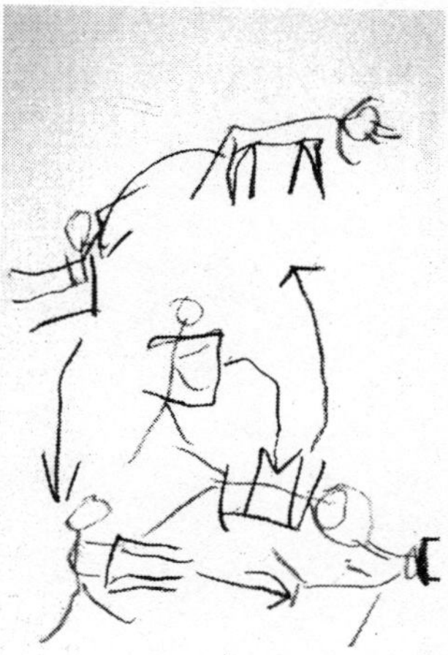
Simeon 2. Klasse

Gestalten
Plastik/Objekt/Objektdesign: Ich entwerfe und baue einen Phantasiestuhl.
Nach dem Tanz Skizzen und Notizen anfertigen zu der Frage: Wie möchtest du, dass dein Lieblingsstuhl aussieht und sich anfühlt? Dann ein dreidimensionales Modell von dem Phantasiestuhl fertigen.
Die Notizen und Skizzen dienen dazu, um die ursprüngliche Idee und Weiterentwicklung des Modells aufgrund neuer Erfahrungen oder unter dem Materialeindruck vergleichen zu können.
Material: Stoff- und Holzreste, Korken, Wäscheklammern, Draht, Pappe sonstige geeignete Materialien, Kleber

Reflektieren
Beschreibe deinen Stuhl ?
Welche Vorzüge bietet er den Nutzern?

W 1 - T 7 - T 10

Balancieren und Raumerfahrung

Diese Anregung ermöglicht,

T 11 Sicher auf einem Bein stehen	- Sicherheit im Stand zu empfinden.
T 12 Lange auf einem Bein stehen	- ruhig und gesammelt auf einem Bein zu stehen.
T 13 Balancieren in unterschiedlichen Bewegungsarten	- das Balancieren des Körperschwerpunktes als wichtigen Teil von aufrechter Bewegung kennenzulernen.
T 14 Spielen mit der Balance	- den in der Bewegung eingenommenen Raum zu spüren. - das Balancieren auf einem Bein, verbunden mit Bewegungen meiner anderen Gliedmaßen zu erleben.
T 15 Die Wand als Bewegungserfahrung	- eine Grenze, hier die Wand als Raumgrenze, für die Entwicklung kreativen Verhaltens zu nutzen.
T 17 Sich paarweise weich über den Boden bewegen	- Vertrauen in den inneren Bewegungsfluss zu stärken. - den eigenen Zeitlauf in der Bewegung zu entdecken. - den eigenen Bewegungsfluss mit einem Partner/einer Partnerin empfindend zu koordinieren.

T 11 Sicher auf einem Bein stehen

Diese Anregung ermöglicht,
Sicherheit im Stand zu empfinden.

Durchführen
Du stehst aufrecht; deine Füße sind schulterbreit auseinander, deine Fuß-, Knie- und Hüftgelenke sind locker. Du verlagerst langsam dein Gewicht auf einen Fuß. Spüre, wie du das Gewicht mit deiner Fußsohle an den Boden abgibst. Du hebst nun den anderen Fuß. Finde das Gleichgewicht auf deinem Standbein.Wenn du merkst, dass du im Gleichgewicht stehst, setzt du den freien Fuß wieder fest auf den Boden.
Darauf achten, dass die Schülerinnen/Schüler nur kurz auf einem Bein stehen. Das Kippeln im Ungleichgewicht vermeiden und die Bewegung eher klein ausführen. Vom sicheren Stand auf einem Bein zum Stand auf zwei Beinen zurückgekehrt, wird guter Bodenkontakt erfahrbar.
Du spürst deinen Kontakt zum Boden. Du belastest beide Beine für einen Moment gleichzeitig und wechselst auf das andere Bein über und hebst das „freie“ Bein an. Das Kniegelenk deines Standbeines lässt du leicht angewinkelt. Das Kniegelenk des gehobenen Beines winkelst du etwas an. Lass deienen Atem fließen. Hast du dein Gewicht über einer Fußsohle, setzt du deinen freien Fuß wieder fest auf den Boden.
Die Bewegung einige Male wiederholen . Du stellst dich nun wieder mit beiden Beinen auf den Boden.
Spüre, wie du jetzt stehst.

R 6 - R 7 - T 11; W 2 - T 11, W 9 - T 11 - T 12 - T 13
UE: Bewegungserfahrung im Raum plastisch umsetzen;
UE: Inneres Gleichgewicht - Bildnerisches Gleichgewicht;

T 12 Lange auf einem Bein stehen

Dies ist eine Anregung,
ruhig und gesammelt auf einem Bein zu stehen.

Durchführen
Vorbereitung: „Sicher auf einem Bein stehen“ T 11

1. Stehen
Probiere aus, wie du in entspannter Weise auf einem Bein stehen kannst. Du stellst dich auf ein Bein und spürst deine Fußsohle am Boden. Du lässt deine Gelenke locker und nimmst nur so viel Kraft, wie du zum Aufgerichtetsein brauchst. Du balancierst deinen Mittelpunkt über der Fußsohle aus, du kommst ins Lot und brauchst dich nicht anzustrengen. Atme ruhig. Du stehst aus dir selber heraus. Spüre, wie du es machst. Du richtest dich auf. Wenn du dein Gleichgewicht gefunden hast, schaust du dich vorsichtig im Raum um und hältst trotzdem deine Mitte. Das ist nicht so leicht. Stelle dich wieder auf beide Beine.

2. Irritieren
Bilde mit zwei anderen eine Gruppe. Eine/einer aus jeder Gruppe stellt sich nun auf ein Bein. Die beiden anderen versuchen, ohne zu berühren, die Person aus dem Gleichgewicht zu bringen. Wechselt die Positionen in der Gruppe.
Zum Schluss können sich freiwillig Einzelne auf einem Bein hinstellen. Die Klasse versucht sie aus dem Gleichgewicht zu bringen, ohne sie zu berühren

Gestalten
Bleistiftskizze, Umsetzung in Draht
Material: Bleistift, DIN-A2-Papier, Draht, Holzplatten als Sockel.
Die Bohrungen zum Befestigen des Drahtobjektes möglichst nach Angaben der Schüler/innen in die Holzplatte fertigen.

Reflektieren
Konntest du einen ruhigen Stand auf einem Fuß finden?
Wie hast du das Stehen auf einem Bein und das Irritiert-werden empfunden?

U 3 - T 11 - T 12
UE: Inneres Gleichgewicht - Bildnerisches Gleichgewicht;
UE: Bewegungserfahrung im Raum plastisch umsetzen

T 13 Balancieren in unterschiedlichen Bewegungsarten

Dies ist eine Anregung,
das Balancieren des Körperschwerpunktes als wichtigen Teil von aufrechter Bewegung kennenzulernen.

Durchführen

Für diese Übung wird ein großer Raum benötigt.

1. Gehen

Ohne es zu wissen balancierst du sehr oft in deinen Bewegungen. Schon beim Gehen balancierst du. Du gehst jetzt umher. Du wirst langsam und noch langsamer im Gehen. Du setzt einen Fuß auf. Der andere ist für einen Moment in der Luft. Dann setzt du ihn wieder auf. Sei aufmerksam für die Gewichtsverlagerung auf deinen Fußsohlen. Lasse deinen Atem dabei ruhig fließen. Während du mit deiner Aufmerksamkeit bei deinen Fußsohlen bleibst, bewegst du dich langsam schneller und kommst in deine normale Gehgeschwindigkeit.
Bleibe stehen. Spüre deinen Kontakt zum Boden.

2. Torkeln

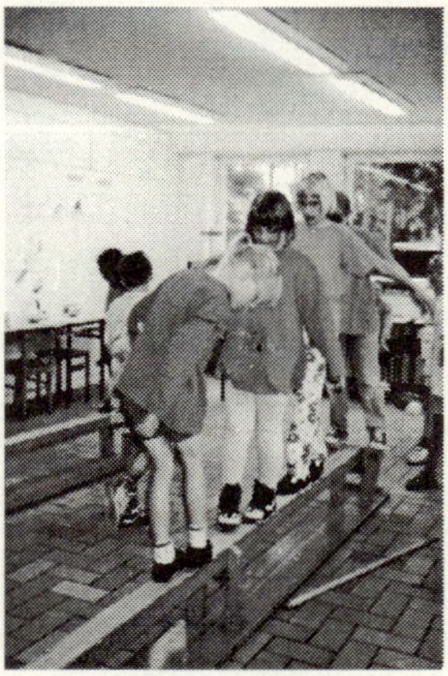

Projekt „Balance" 3. u. 4. Klasse

Du stellst dich so in den Raum, dass du genügend Abstand zu deinen Mitschülern/innen hast.
Deine Fuß-, Knie- und Hüftgelenke sind locker.
Spüre deinen Schwerpunkt über deiner Standfläche. Du pendelst deinen Körper leicht hin und her, bis dein Schwerpunkt über den Rand deiner Standfläche hinaus schwingt und du einen kleinen Schritt machen musst, um nicht zu fallen. Du lässt deinen Körper in dieser Bewegung weich mitgehen. Du schwingst weiter und hältst dich wieder mit einem kleinen Schritt. Du fängst an zu torkeln. Was ist das Spannende an dieser Bewegungsweise? Du weißt nicht, wo sie endet; sie ist gewagt. Du kannst fallen oder auch nicht. Du spielst mit der Balance.

Probiere aus, ob du auch in anderen Bewegungsarten balancierst: z.B. beim Laufen, Hinken, Krabbeln, Drehen und Wippen.
Mache die Bewegungen langsam, wie in der Zeitlupe, um dein Balancieren besser zu spüren.

Nach einiger Zeit einen Kreis bilden, in dem einige Schüler/innen ihre Bewegungen vorführen.
Bei welcher Bewegung musst du noch balancieren?
Nenne eine Bewegungsart und führe sie im Kreis vor.
Wie spürst du deinen Kontakt zum Boden jetzt?
Wie stehst du auf deiner Standfläche?

Gestalten
Welche innere/äußere Bewegung hast du gespürt? Fertige dazu eine Skizze an.
Die Skizze wird zum Thema „Balance“ plastisch umgesetzt.
Material: Zeichenkreide, Draht, ø 2,5 mm, Sockelplatte, Zange

Reflektieren
Kreisgespräch: Was hast du beim Balancieren wahrgenommen? Wie hast du das im Objekt zum Ausdruck gebracht?

U 3 - T 11 - T 12 - T 13
UE: Inneres Gleichgewicht - Bildnerisches Gleichgewicht;
UE: Bewegungserfahrung im Raum plastisch umsetzen
Kunstpädagogisches Thema: Raum und Bewegung, Objekte des Informel
Beispiele: Norbert Kricke, Raumplastik 1952, Raumplastik 1956;
Matschinsky-Denninghoff, Taifun 1990

T 14 Spielen mit der Balance

Diese Anregung hilft,
- den in der Bewegung eingenommenen Raum zu spüren.
- das Balancieren auf einem Bein, verbunden mit Bewegungen meiner anderen Gliedmaßen zu erleben.

Durchführen
Vorerfahrung: „Sicher auf einem Bein stehen“ T 11, „Lange auf einem Bein stehen“ T 12, „Balancieren in unterschiedlichen Bewegungsarten“ T 13.
Du stehst aufrecht. Deine Füße sind etwa schulterbreit auseinander, deine Fuß-, Knie- und Hüftgelenke sind locker. Du verlagerst langsam dein Ge-

wicht auf einen Fuß. Spüre deine Fußsohle und wie dein Gewicht vom Boden getragen wird. Du hebst dein nicht belastetes Bein und beginnst es leicht und langsam zu bewegen. Du spielst mit deiner Balance. Du spürst wie du dich von deinem stehenden Fuß her aufrichtest und nimmst deine Arme mit in die Bewegung hinein. Von deiner Körpermitte aus gehen deine Bewegungen mal mehr, mal weniger in den Raum. Dein Atem fließt ruhig. Du bist wie eine bewegliche Skulptur. Dein Unterkiefer ist entspannt und deinen Mund kannst du leicht öffnen. Wenn das Standbein ermüdet, wechselst du auf das andere Bein über. Du wirst langsamer und kleiner in deinen Bewegungen. Aus der Vielgliedrigkeit findest du wieder zu deiner Mitte. Jetzt stehst du mit beiden Beinen auf dem Boden. Spüre deinen Kontakt nach unten zum Boden und deine Aufrichtung nach oben.

o. A.
9. Klasse
Realschule

Gestalten
Zu zweit oder in kleinen Gruppen balancieren und eine akrobatische Haltung einüben.
Die Haltung wird zum Ende der Stunde der Klasse gezeigt und kann auf Video oder mit dem Fotoapparat dokumentiert werden.

W 2 - T11 - T 12 - T13 - T 14
UE: Inneres Gleichgewicht - Bildnerisches Gleichgewicht
Kunstpädagogisches Thema: Experimentelle Fotografie, Abbildung dynamischer Vorgänge
Beispiel: Bernhard Johannes Blume, Fotosequenzen: Wahnzimmer, Holterdipolter

T 15 Die Wand als Bewegungserfahrung

Diese Anregung ermöglicht,
eine Grenze, hier die Wand als Raumgrenze, für die Entwicklung kreativen Verhaltens zu nutzen.

Hinweise
Ein Raum mit freien Wänden ist für diese Übung nötig. Für diese Übungen sollten Hosen getragen werden. Eine Bewegunsdemonstration ist bei dieser Übung wichtig. Die Schülerinnen und Schüler zeigten sich anfangs zögerlich, dann aber sehr interessiert.

Durchführen
Vorbereitung: „Den Raum erfahren“ W 4, um an der Wand anzukommen.
Du gehst frei im Raum. Du näherst dich der Wand und gehst an der Wand entlang weiter.
Wie verändert sich deine Bewegung? Du suchst dir nun eine freie Stelle an der Wand. Beginne die Wand zu untersuchen. Welche Bewegungen deiner Füße, der Hände und deines Kopfes setzt du dabei ein? Du nimmst deinen ganzen Körper mit in die Bewegung hinein. Spiele mit der Wand. Lass dich von der Wand zu neuen Bewegungen anregen. Die Wand gibt dir Halt. Du kannst viele Körperhaltungen an ihr einnehmen. Nimm möglichst viel Kontakt zur Wand auf. Du kannst dich auch so an ihr bewegen, dass deine Füße höher sind als dein Kopf. Deinen Atem lässt du fließen. Dein Unterkiefer ist locker. Sind deine Bewegungen anstrengend, so kannst du beim Ausatmen ein Geräusch machen. Ist die Wand langweilig?
Du kommst langsam zur Ruhe und setzt dich an die Wand.
Spüre einen Moment nach.

Gestalten
Zeichnung: Finde ein Zeichen für deine Bewegung an der Wand oder zeichne, wie du dich an der Wand bewegt hast.
Material: Pinsel und Zeichentusche oder Farbstifte, Din-A3-/DIN-A2-Papier

Reflektieren
Wie war es, an der Wand entlang zu gehen?
Wie empfindest du die Wand, nachdem du dich an ihr bewegt hast?

W4 - T15
UE: Bewegungserfahrung im Raum plastisch umsetzen
UE: Inneres Gleichgewicht - Bildnerisches Gleichgewicht;

T 16 Der Boden als Bewegungserfahrung

Diese Anregung ermöglicht,
- am Boden die Ganzheit der Bewegung stärker zum Ausdruck zu bringen.
- die Phantasie für kreatürliche Bewegungsvielfalt auszubilden.

Hinweise
Diese Übung setzt eine vertrauensvolle Atmosphäre in der Klasse voraus. Ein großer leerer Raum oder eine Turnhalle ist für diese Übung empfehlenswert.

Durchführen
Vorerfahrung: „Die Wand als Bewegungserfahrung“ T 15
1. Am Boden bewegen
Du beginnst, dich frei am Boden zu bewegen, so wie dir gerade zumute ist. Du kannst auf allen Vieren gehen oder - mit mehr Kontakt zum Boden - auf ihm rollen, kriechen oder gleiten.
Stopp: Halte weich deine Bewegung an. Womit berührt dein Körper den Boden? Bewege dich weiter und versuche, dich mit viel Kontakt zum Boden zu bewegen.
Stopp: Wo bist du mit dem Boden in Kontakt? Bewege dich weiter und versuche, den Boden dabei kaum zu berühren.
Stopp: Mit welchen Körperteilen berührst du gerade den Boden? Bewege dich weiter. Schau dich um. Wo bist du? Wo sind die anderen? Du wirst so weich wie möglich in deinen Bewegungen.
2. Am Boden tun, was dir gefällt
Auf dem Boden hast du viele Möglichkeiten. Du kannst eigenartige Bewegungen entwickeln. Du kannst dir zu deiner Bewegung ein Phantasietier vorstellen. Versuche mit deinem ganzen Körper gleichzeitig in Bewegung zu sein. Wo berührst du den Boden? Wie würde deine Spur im weichen Sand oder im Schnee aussehen? Werde langsamer in deiner Bewegung und noch langsamer und komme zur Ruhe.

Gestalten

Plastik, Objektdesign: Ein Relief der vorgestellten Spur in Ton modellieren.
Druck: Körperdruck oder Gegenstände mit Farbe anmalen und auf einem Blatt Papier rollen.
Spuren erstellen und lesen.
Diese Übung kann auch nach dem Malen oder Zeichnen von Phantasietieren eingesetzt werden. Wie bewegt sich so ein Wesen? Entwickle eine Bewegung. Die Schülerinnen können ihr Tier in der Bewegung der Klasse vorstellen.

Reflektieren

Kreisgespräch
Was ist bei deiner Bewegung am Boden anders als im Stehen und Gehen?
Bist du bei Bewegungen am Boden mehr oder weniger auf dich konzentriert?

W 4 - T 15 - T 16
UE: Bewegungserfahrung im Raum plastisch umsetzen
Kunstpädagogisches Thema: Körperabdrucke/Körperabformungen
Beispiele: Ives Klein, Anthropometrien; Rolf Simon-Weidner, Eingriffe

T 17 Sich paarweise weich über den Boden bewegen

Diese Anregung hilft,

- das Vertrauen in den inneren Bewegungsfluss zu stärken.
- den eigenen Zeitlauf in der Bewegung zu entdecken.
- den eigene Bewegungsfluss mit einem Partner/einer Partnerin empfindend zu koordinieren.

Hinweise

Diese Übung ist nur in kleinen Klassen, Kunst- oder Theater AG´s ab Sek I sinnvoll einzusetzen und braucht eine vertrauensvolle Atmosphäre. Die Übungen T 15 und T 16 sollten bekannt sein.

Durchführen

Die Schülerinnen und Schüler setzen sich rechts und links an die Wand des Raumes, so dass eine Bahn entsteht. Anfang und Ende der Bahn werden durch Klebeband markiert. Die Schüler und Schülerinnen werden paarweise aufgefordert, sich weich und langsam auf der Bahn entlang zu bewegen. Zurückhaltenden fällt die Übung in kleinen Gruppen leichter. Die anderen beobachten den Bewegungsablauf.

Du findest eine Partnerin oder einen Partner.
Ihr bewegt euch auf dem Boden von einer zur anderen Seite des Raumes.
Du beginnst weich auf dem Boden zu rollen. Bewege dich langsam. Du suchst Kontakt zum Boden, schmiegst dich an den Boden, der Boden trägt dich. Du spürst die Anwesenheit deiner Partnerin/deines Partners durch den Raum zwischen euch, ohne die andere/den anderen zu berühren.
Deine Augen sind offen und entspannt (*defokussiert*). Der Blick haftet nicht an der Partnerin/dem Partner. Versuche im Kontakt mit deiner Partnerin/deinem Partner zu bleiben. Deine Bewegungen sind langsam, weich und rund.
Darauf achten, dass mit viel Berührung zum Boden gearbeitet wird.

Finja
9. Klasse
Realschule

Du denkst deine Bewegung nicht vor.
Spüre, wie sich die Bewegung in dir entwickelt. Lass dir Zeit, sei langsam. Du bist aufmerksam für dein Körperempfinden und nimmst gleichzeitig den Raum wahr.
Das Sehen kann die Aufmerksamkeit vom Körperempfinden wegführen. Die Augen sind dennoch geöffnet, damit die Schülerinnen und Schüler mit ihrer Wahrnehmung in der Gegenwart des Raumes bleiben.

Dein Unterkiefer ist entspannt; dein Atmen fließt ruhig. Gelenkigkeit ist bei dieser Übung nicht wichtig. Deine innere Gelassenheit, die Stimmigkeit des Bewegungsablaufes ist wichtig. Sei neugierig auf deine Bewegung. Du bewegst dich weich, so dass dein Körper jeder Bewegung nachgibt. Nimm dir am Ende der Bahn einen Moment Zeit und erlebe das Ankommen. Bleibe in der Empfindung der Übung.
Dann löst du dich aus der Empfindung und setzt dich wieder auf deinen Platz.
Die Nächsten bewegen sich über den Boden.

Gestalten
Plastik: Forme ein Zeichen für deine Bewegung am Boden.
Material: roter Ton oder Knete

Reflektieren

Kreisgespräch

Konntest du die Bewegung in dir entstehen lassen?

Hast du während deiner Bewegung die Anwesenheit deiner Partnerin/deines Partners wahrgenommen?

W 3 - W 4 - T 15 - T 16 - T17; W 1 - U 2 - B 4 - T17
UE: Bewegungserfahrung im Raum plastisch umsetzen

Gemeinsame Rhythmen, zusammen schwingen

	Diese Anregung ermöglicht,
T 18 In Rhythmen gehen	- rhythmische Strukturen im Gehen kennenzulernen. - Gesten in ihrem Ausdruck bewusst wahrzunehmen.
T 19 Rhythmisches Klatschen	- klatschend ein Gefühl für Rhythmus zu entwickeln.
T 20 Ballett - Bewegungen vormachen und kopieren	- sich in der Bewegung mit anderen zu koordinieren. - als Vorführende die bestätigende Kraft der Gruppe zu spüren.
T 21 Rücken an Rücken schwingen	- in spielerischem Kontakt einen gemeinsamen Rhythmus zu entwickeln. - Vertrauen im Kontakt zu erfahren. - sich innerlich zu lösen.
T 22 Zu Musik geschwungen werden	- durch Berührtwerden die eigene körperliche Anwesenheit deutlich zu empfinden. - sich entspannt dem Kontakt einer anderen Person anzuvertrauen. - verantwortlich und fürsorglich einen Kontakt aufzubauen.
T 23 Tanz der Hände	- die Hände und Arme in der Bewegung wahrzunehmen. - Gewohnheiten in der eigenen Bewegung zu entdecken.
T 24 Mit Armen und Händen paarweise tanzen	- den Körperausdruck in einer begrenzten Bewegung deutlich zu artikulieren und wahrzunehmen. - die Verständigung durch Gesten zu erleben.

T 18 In Rhythmen gehen

Diese Anregung ermöglicht,
- rhythmische Strukturen im Gehen kennenzulernen.
- Gesten in ihrem Ausdruck bewusst wahrzunehmen.

Durchführen
Ein großer Raum ist für diese Übung erforderlich.
Du gehst durch den Raum. Eine/einer aus der Klasse sagt: „Stopp."
Darauf achten, dass die Intervalle des Stopp-Sagens anfangs nicht zu kurz sind.
Du hältst weich deine Bewegung an und verharrst einen Moment in der Körperhaltung und gehst weiter. Jemand anders sagt: „Stopp." Du bleibst wieder in der momentanen Haltung und nimmst wahr, wo du bist und wo die anderen sind.
Nach einer Weile die Intervalle des Stopp-Sagens verkürzen, schneller werden.
Das Tempo des Stopp-Sagens wird schneller.
Nun wirst du langsamer, gehst in die Tiefe und bewegst dich am Boden weiter.
Auch diese Bewegung durch Stopp-Sagen unterbrechen. Nachher schneller werden
Findet beim Stopp-Sagen einen Rhythmus. Du richtest dich wieder auf.
Den Rhythmus in den folgenden Übungen selbst sprechen oder von einer Schülerin/einem Schüler sprechen lassen. Die den Rhythmus ansagende Person sollte rhythmusfest sein.

1 - 2 - 3 - 4 stopp
Du gehst vier Schritte nach vorn 1 - 2 - 3 - 4 stopp, 1 - 2 - 3 - 4 stopp, usw.
Zu jeder Zahl machst du gleichzeitig einen Schritt.

1 - 2 - 3 und ...
„Und" wird wie ein Hinweis auf etwas Kommendes gesprochen.
Du gehst 1 - 2 - 3 - und. Bei „und" bleibst du wie in Erwartung auf etwas Kommendes stehen.
Die Bewegung wird freier und rhythmischer. Eine innere Form entsteht.

1 - 2 und?
„Und?" ist dabei Frage und wird mit der Mimik und Geste des Fragenden begleitet.
Du gehst 1 - 2 - und?

Auf „und?“ blickst du jemanden in deiner Nähe fragend an. Wem begegnest du?

1 - 2 - 3 und
Du gehst 1 - 2 - 3 - und
„Und“ ist kurz gesprochen (eine Achtelnote).
Auf „und“ wendest du dich aufmerksam und staunend um.
„Und“ bedeutet: Was ist das da?

Du klatschst beim Gehen deine Schritte mit.

1 - 2 - 3 - was?
Du gehst auf 1, 2, 3 und klatschst jeden Schritt mit.
Bei „Was?“ bleibst du stehen, öffnest die Hände und machst eine fragende Geste.
Das „Was“ wird dynamisch ausgesprochen. Körper und Geste unterstützen die Fragehaltung.

Gestalten
Zeichne dich, wie du in einer Bewegung erstarrst. Welchen Ausdruck hat die Haltung? Betone das dir Wichtige. Zur Erinnerung kannst du die Haltung nachstellen.
Material: Ölkreiden und DIN-A2-Papier.

Reflektieren
Kreisgespräch
Was drückt die Haltung aus? Wie hast du den Ausdruck betont?
Anregen, die Bilder nachzustellen.

W 1 - W 3 - T18

T 19 Rhythmisches Klatschen

Diese Anregung hilft,
klatschend ein Gefühl für Rhythmus zu entwickeln.

Durchführen

1. Applaus
Bildet einen Kreis. Du klatschst jetzt kräftig Applaus. Unterstütze dein Klatschen mit Stampfen der Füße und Ausrufen.
So lange applaudieren, bis der Körper deutlich belebt ist.

2. Flamenco
Du klatschst mit deinen Händflächen so, dass sich deine Finger dabei nicht berühren. Dazu verdrehst du die Handflächen um 90^0. So wird beim Flamenco geklatscht. Deine Ellenbogen sind bei diesem Klatschen abgewinkelt. Es entsteht eine größere Spannung in deinem Körper. Du findest klatschend mit den anderen einen gemeinsamen Rhythmus.

3. Die Geste betonen
Die Hände bleiben in Flamencohaltung. Wenn sich beim Klatschen deine Hände berühren, halte einen Moment inne, ehe du sie wieder zum neuen Klatschen öffnest.
Der Rhythmus wird langsamer und prägnanter. Geschlossenheit und Festigkeit kann spürbar werden.
Du betonst nun beim Klatschen das Öffnen deiner Hände. Deine Geste wird größer.
Offenheit und Erwartung kann spürbar werden.
Spüre den Unterschied zwischen den Gesten.

4. Der Schrei
Du öffnest jetzt die Hände und öffnest dabei leise deinen Mund. Du schließt die Hände klatschend und schreist laut.

5. In Gruppen klatschen
Zwei Gruppen klatschen mit unterschiedlichem Gestus. Den Kreis halbieren und Gruppe A und B sich gegenüber aufstellen lassen. Rhythmisch begabte Kinder auf die Gruppen verteilen.
Gruppe A klatscht und betont die offene Haltung der Hände in großer Geste und spricht „Ja und!“ oder „Doch auch!“ dazu. Gruppe B klatscht und be-

tont das Aufeinanderliegen der Hände in kleiner Geste und spricht „Ach nein!" oder „Oh ha!" dazu. Du nimmst mit deinen Bewegungen Kontakt zu der anderen Gruppe auf.
Wechsel der Gesten.
Setze dich zum Ausruhen mit den anderen in einen Kreis. Bleibe mit deiner Aufmerksamkeit bei deinem Körperempfinden. Lasse deinen Atem dabei fließen.

Hinweis
Die Übung mit viel körperlichem Einsatz durchführen, so dass nach der anfänglichen Belebung im Ausruhen eine erschöpfte Stille folgen kann.

Gestalten
Zeichnung 1: Zeichne die Geräusche, die klatschend entstanden sind oder zeichne dich beim Klatschen.
Zeichnung 2: Zeichne deine Wahrnehmung in der abschließenden Stille. Nimm dazu deine ungeübte Hand. Wenn du möchtest, kannst du mit geschlossenen Augen zeichnen.
Material: Papier DIN-A2, Kohle, Kreiden oder weicher Graphitstift

Hinweis
Mit der ungewohnten Hand haben wir weniger Bewegungsmuster. Die geschlossenen Augen verringern die kognitive Kontrolle, wodurch der Ausdruck innerer Empfindungen erleichtert ist.

Reflektieren
Kreisgespräch
Welche Situation/Empfindung hast du dargestellt? Worauf hast du in deiner Zeichnung besonderen Wert gelegt?

W 2 - T 19

T 20 Ballett - Bewegungen vormachen und kopieren

Diese Anregung ermöglicht,
- sich in der Bewegung mit anderen zu koordinieren.
- als Vorführende die bestätigende Kraft der Gruppe zu spüren.

Durchführen
Zu dieser Übung ist ein großer Raum erforderlich.
Musik: leicht und dynamisch, z. B. Otmar Liebert: Nouveau Flamenco. Das Stück mehrfach spielen. Vorbereitung: „In Rhythmen gehen" T 18

Finde zwei (oder drei) andere und bilde mit ihnen eine Gruppe. Denkt euch zusammen eine kleine, rhythmische, tänzerische Gehbewegung aus und übt sie ein. Zusammen werdet ihr diese Bewegung der Klasse vorführen. Die Klasse wird dann die Bewegung wiederholen und euch mit ihr durch den Raum folgen.
Nachdem die einzelnen Gruppen Bewegungen erarbeitet haben, die Klasse auffordern, sich an einer Raumseite in zwei oder drei Reihen aufzustellen. Die Reihenfolge der vorführenden Gruppen festlegen. Mit einer Lehrerinnen-/Lehrerdemonstration beginnen.
Wir werden uns jetzt wie ein Ballett mit gleicher Bewegung gemeinsam zur anderen Seite des Raumes bewegen. Ich zeige euch eine Bewegung. Ihr kopiert die Bewegung und folgt so zur anderen Raumseite. Auf der anderen Seite drehen wir gemeinsam um und die erste Gruppe stellt sich vor die anderen und zeigt ihre Bewegung, mit der wir wieder durch den Raum gehen.
usw.

Gestalten
Zeichne/ Male dich und andere in einer gemeinsamen Bewegung.
Material: Ölkreiden oder Wasserfarben, DIN-A3-Papier

Reflektieren
Kreisgespräch
Welche Bewegung hast du dargestellt?
Wie hast Du es empfunden, sich gemeinsam mit den anderen zu bewegen?
Wie war es für dich, den anderen eine Bewegung zu zeigen?
Wie hast Du erlebt, dass dir die Klasse in der Bewegung folgt?
In Klassen mit vertrauensvollem Umgang kann auch nach den unterschiedlichen Eigenschaften der Bewegungen gefragt werden, z.B. rund, weich, weit,

rhythmisch, eckig, streng. Wichtig ist, dass dabei die Bewegungen anderer nicht abgewertet werden.
Wie hast du die unterschiedlichen Bewegungen erlebt?

Variante
In der Grundschule kann die Übung „Ballett - Bewegungen vormachen und kopieren" vereinfacht durchgeführt werden.
Die Schülerinnen und Schüler stellen sich mit genügend Abstand in Reihen auf und bleiben auf den eingenommenen Plätzen stehen. Vorne werden von den einzelnen Gruppen kleine Bewegungen vorgemacht und mehrmals wiederholt z.B. die Bewegung eines Armes, des Kopfes und Oberkörpers etc..
Die Klasse kopiert die Bewegung, ohne dabei durch den Raum zu gehen.

W 2 - T 18 - T 20
Kunstpädagogisches Thema: Bewegung im Bild durch sich überlagernde Formelemente
Beispiele: Giacomo Balla,Dynamik eines Hundes an der Leine (1912), Ein Mädchen läuft auf dem Balkon (1912), dazu auch die Studien;
Marcel Duchamp, Akt eine Treppe herab steigend Nr. 2 (1912);
Franz Marc, Eichhörnchen im Wald

T 21 Rücken an Rücken schwingen

Diese Anregung hilft,
- in spielerischem Kontakt einen gemeinsamen Rhythmus zu entwickeln.
- Vertrauen im Kontakt zu erfahren.
- sich innerlich zu lösen.

Durchführen
Musik: eine langsame Arie, z.B. Marla Glann, Ave Maria oder Regenwaldmeditationsmusik
Material: Decken oder Sportmatten
Du findest eine gleich große Partnerin/einen gleich großen Partner. Du setzt dich mit deiner Partnerin/deinem Partner Rücken an Rücken auf die Decke. Du sitzt gerade, so dass sich die Rücken ganz berühren.
Der Kontakt beginnt beim Kopf oder den Schultern und reicht bis zum

Becken.
Du sitzt in Kontakt zu deiner Partnerin/deinem Partner und übst keinen Druck aus. Durch die Anwesenheit der/des anderen wirst du gehalten. Wenn du magst, kannst du deine Augen schließen. Wenn die Musik erklingt, schwingt ihr in kleinen Bewegungen leicht zu den Seiten hin und her. Du spürst dich selbst und dann den Rücken der Partnerin/des Partners. Dein Gesicht ist entspannt. Findet eine gemeinsame Bewegung, einen gemeinsamen Rhythmus.
Nach 3-5 Minuten die Musik langsam ausblenden.
Du schwingst weiter im Rhythmus und öffnest langsam die Augen. • Dein Blick ist weit, wie in die Ferne gerichtet. • Du beendest langsam das Schwingen und beginnst die Umgebung wieder genau wahrzunehmen.

Wende dich deiner Partnerin/deinem Partner zu und tausche dich mit ihr/ihm aus.
Wie hast du das gemeinsame Schwingen empfunden?

Gestalten
Malerei: Male ein Bild zu dem, was du empfunden hast.
Material: Deckmalfarben, DIN-A2-Papier
Fächerübergreifend: Deutsch: Schreibe einen Text/ein Gedicht zu dem, was du empfunden hast.

Reflektieren
Kreisgespräch
Zeige dein Bild. Nenne empfundene Eigenschaften und wie du sie dargestellt hast.
Trage deinen Text/dein Gedicht vor. Setze deine Stimme zum Betonen der Empfindungen ein.

T 19 - T 21; W 1 - B 5 - T 21

T 22 Zu Musik geschwungen werden

Diese Anregung hilft,
- durch berührt werden die eigene körperliche Anwesenheit deutlich zu empfinden.
- sich entspannt dem Kontakt einer anderen Person anzuvertrauen.
- verantwortlich und fürsorglich einen Kontakt aufzubauen.

Durchführen
Du findest eine Partnerin/einen Partner, zu der/dem du Vertrauen hast. Entscheidet euch, wer zuerst passiv und wer zuerst aktiv ist. Die Passiven sind A, die Aktiven B.
Wer A ist, stellt sich in einem Kreis mit dem Gesicht zur Mitte auf.
B stellt sich drei Schritte hinter A.
Eine langsame melodische Musik spielen, z.B. Georgia Kelly: CD Harp and Soul, Three Gymnopedies
A kann die Augen schließen und der Musik lauschen. B nähert sich jetzt langsam A.
A merkt, dass jemand kommt. B berührt A mit beiden Händen an den Schultern und bringt A leicht in Schwingung. A lässt sich schwingen.
An B: Deine Berührung ist klar, nicht zu fest und nicht zu schwach. Du gibst mit deiner Berührung Sicherheit.
Beim Schwingen sind die Hände immer im Kontakt mit der geschwungenen Person. Die Hand geht mit. Die geschwungene Person kann sich dann besser gehalten fühlen und weich sein. Werden mit der Hand nur kurze Impulse gegeben, kann das bei der geschwungenen Person Verunsicherung bewirken.
B hat immer mit einer Hand Kontakt zu A. Mit der anderen Hand kann B auch die Hüfte oder den Kopf behutsam zum Schwingen bringen. • B löst die Berührung.
A schwingt aus und öffnet langsam die Augen.
Wie empfindest du dich? Bist du wach, müde, erstaunt, verträumt, geborgen?
A geht rückwärts aus dem Kreis. B geht in den Innenkreis.
Die Übung wird wiederholt.

Hinweis
Beim Rückwärtsgehen aus der Raummitte bleibt man im Kontakt mit der Energie im Raum. Beim Umdrehen und Vorwärtsgehen aus der Raummitte wendet man sich einem neuen äußeren Ziel zu und verlässt die erlebte Situation.

Gestalten
Arbeitsbereich: Zeichnung/Malerei/Collage
Die beim Geschwungenwerden entstandene Empfindung malerisch ausdrücken.
Material: Papier DIN-A2, Deckmalfarben/Abtönfarben, Borstenpinsel

Reflektieren
Austausch zu zweien
Was hast du beim Geschwungenwerden empfunden? Wie hast du es dargestellt?

W 8 - M 9 - T 22; W 1 - B 8 - M 9 - T 22

T 23 Tanz der Hände

Diese Anregung hilft,
- die Hände und Arme in der Bewegung wahrzunehmen.
- Gewohnheiten in der eigenen Bewegung zu entdecken.

Durchführen
Musik: im Hintergrund, ruhig und melodisch, z.B. Andreas Vollenweider: LP Behind The Gardens, Pyramid
Bilde mit den anderen einen großen Kreis, so dass du genügend Abstand zu den Seiten hast.
Du beginnst, deine Hände in spielerischer Form zur Musik zu bewegen. Welche Bewegung, welche Geste fällt dir ein? Bleibe eine Weile bei deiner Bewegung. Deine Arme und Schultern bewegen sich mit. Dein Gesicht ist entspannt. Entdeckst du eine Gewohnheit in der Bewegung deiner Hände? • Vergrößere nun deine Bewegung, so groß wie es dir möglich ist. • Du verkleinerst die Bewegung. • Werde kleiner und kleiner in deiner Bewegung, so

klein, dass sie von außen kaum noch sichtbar ist. Deine Arme und Hände bleiben locker. Du spürst die Bewegung jetzt mehr in dir, als dass du sie nach außen zeigst. • *Durch das Vergrößern und Verkleinern der gleichen Bewegung kann sie deutlicher wahrgenommen werden.*
Du wirst in deiner Bewegung wieder so groß und weit, wie es dir am besten gefällt. Du bewegst jetzt nur einen Arm und eine Hand. Spüre, wie sich die Bewegung anfühlt. Du wechselst zur anderen Seite. Fühlt sich die Bewegung mit diesem Arm und dieser Hand anders an? Ist ein Unterschied da? Wie spürst du den Unterschied? Vergleiche noch einmal. Du beendest langsam die Bewegung.

Gestalten

Druck: Mit den Händen Spuren unterschiedlicher Bewegungphasen drucken.
Material: Stoff, z. B. alte Bettlaken; Fingerfarben
Zeichnung: Finde ein Zeichen für den Fluss deiner Bewegung.
Material: Tusche, Pinsel, DIN-A2-Papier

Björn
Kunst AG
Kl. 9/10
Realschule

Reflektieren

Kreisgespräch oder Austausch zu zweit:
Hast du etwas dir Vertrautes, eine Gewohnheit, in deiner Bewegung entdeckt?
Kannst du das Vertraute der Bewegung zeigen und/oder beschreiben?

W 2 - M 9 - T 23
Kunstpädagogische Themen: Körperabdruck; Informel
Künstlerische Beispiele: Yves Klein, Anthropometrien 1958 - 61; K.R.H. Sonderborg, Tuschezeichnungen 1989, Aktion 5.12.1992; Cy Twombly, Letters of Resignation, Naxos, Suma

T 24 Mit Armen und Händen paarweise tanzen

Diese Anregung ermöglicht,

- den Körperausdruck in einer begrenzten Bewegung deutlich zu artikulieren.
- die Energie, die im Ausdruck der Gesten liegt, zu erleben.

Durchführen

Vorbereitung: „Tanz der Hände" T 23.

Diese Übung ist nur für AG´s oder kleine Klassen ab Sek. I geeignet.

Bildet einen großen Kreis und beobachtet, was in der Mitte geschieht.

Zwei Schüler/Schülerinnen auffordern, in den Kreis zu gehen.

Du stellst dich deiner Partnerin/deinem Partner gegenüber auf. Du beginnst, nur mit einem Arm und einer Hand (rechts oder links) deinem Gegenüber etwas zu erzählen.

Du kannst deine Gesten einfach entstehen lassen oder pantomimische Gesten wählen. Lasse dich von deinem Empfinden leiten und von dem, was dir von der/dem anderen entgegenkommt. Führe ein Gespräch mit deinen Gesten.

Zeit geben, damit sich aus der Bewegung ein kommunikatives Spiel entwickeln kann

Du beendest dein Bewegungsgespräch und gehst wieder in den Kreis zurück.

Zwei weitere Schüler/Schülerinnen auffordern, in den Kreis zu gehen.

Du stellst dich deiner Partnerin/deinem Partner gegenüber auf. Du sprichst mit einem Arm und einer Hand mit deinem Gegenüber. Du kannst dich frei im Kreis (im Raum) bewegen und hältst dabei den Kontakt zu deiner Partnerin/deinem Partner. Welchen Abstand oder welche Nähe möchtest du haben? Wie kannst du den Raum für deinen Dialog nutzen?

Du beendest dein Bewegungsgespräch und stellst dich in den Kreis zurück.

Zwei andere Schüler/Schülerinnen auffordern, in den Kreis zu gehen.

Ihr stellt euch einander gegenüber und bleibt nah beieinander. Eine/einer von euch setzt, legt oder hockt sich auf den Boden, die/der andere bleibt stehen. Entscheidet euch, wer welche Position einnehmen möchte. Du beginnst dein Gespräch mit einem Arm und einer Hand. Welche Möglichkeiten hast du, aus deiner Position mit der anderen/dem anderen in Kontakt zu treten?

Es können weitere Positionen festgelegt werden, die den Radius der Bewegung bestimmen oder es kann der gleiche Aufbau verschiedenen Paaren vorgeben werden.

Hinweis
Isolierte Bewegungen sind Bestandteil verschiedener Tanztraditionen: Jazztanz, afrikanische Tänze, Flamenco u.a.. Dadurch, dass sich nur z.B. Arm und Hand bewegen, entsteht eine deutlichere Gebärdensprache und die Gesten werden stärker wahrgenommen.

Gestalten
Zeichne die Dynamik zwischen dir und deiner Partnerin/deinem Partner.
Material: Zeichentusche, Pinsel, DIN-A2-Papier

Reflektieren
Hast du dich mit deinem Gegenüber verständigt?
Wie hast du das bei dir und deinem Gegenüber wahrgenommen und in deiner Zeichnung ausgedrückt?
Hat sich deine Position/dein Bewegungsradius auf dein Bewegungsgespräch ausgewirkt?

IG 1 - W 2 - T 23 - T 24; W 2 - M 9 - T 23 - T 24

Der untere Atemraum: Kontakt zum Boden, Vertrauen, getragen sein

	Diese Anregung hilft,
U 1 Füße kneten und verwringen	- die Füße zu empfinden. - Gespür für die Fußhöhlung und eine gute Erdung zu bekommen.
U 2 Bodenarbeit: Füße und Beine durcharbeiten	- eine gute Erdung zu bekommen. - Entspannung und Belebung zugleich und damit Wohlbefinden zu erleben.
U 4 Hüpfen auf „T“	- die Gruppe positiv zu erleben. - sich zu beleben und das Zwerchfell und die Beine zu empfinden.
U 5 Federn	- die Muskulatur und Gelenke zu lockern. - Gespür für die Fußgelenke zu entwickeln.
U 6 Fußkreis	- mehr Bewusstheit für die Füße und ihre Auflageflächen und Höhlungen zu bekommen.
U 7 Froschhüpfen auf „F“	- die Spannung im Beckenboden zu harmonisieren. - die Kraft des Beckenbodens und spielerische Bewegungslust zu erleben.
U 8 Sitzhöckerschwung	- die Spannung im Beckenboden zu lösen. - den eigenen Sitz als breit und schalig zu empfinden. - zur Ruhe zu kommen.
U 9 Beckenkreisen im Sitzen	- Raumempfinden für das Becken zu bekommen. - den Kontakt zwischen Becken und Sitzmöbel deutlich zu empfinden.
U 10 Beckenkreisen im Stand	- Raumempfinden für das Becken und Empfinden für den Stand zu bekommen.

U 11 Becken kippen und aufrichten mit scharfem „S“	-	die Aufrichtung der Wirbelsäule im Zusammenhang mit der Beckenhaltung zu empfinden.
U 12 Kung-Fu	-	die eigene Kraft zu erfahren und ihr eine Richtung zu geben.
U 13 Kreuzbeine aneinander schubbern	- -	spielerisch mit Kraft und Widerstand umzugehen. deutlich die Kraft der Kreuzbeingegend zu spüren.
U 14 Kreuzbein in den Raum dehnen	- -	die Kreuzbeingegend bewusst wahrzunehmen. die Kreuzbeingegend zu dehnen und ihre Beweglichkeit zu erfahren.
U 15 Im Vierfüßlerstand Trochanterschieben	- -	spielerisch Kräfte zumessen. eine Empfindungsachse im Becken wahrzunehmen.

U 1 Füße kneten und verwringen

Diese Anregung hilft,
- die Füße zu empfinden.
- Gespür für die Fußhöhlung und eine gute Erdung zu bekommen.

Thore
4. Klasse

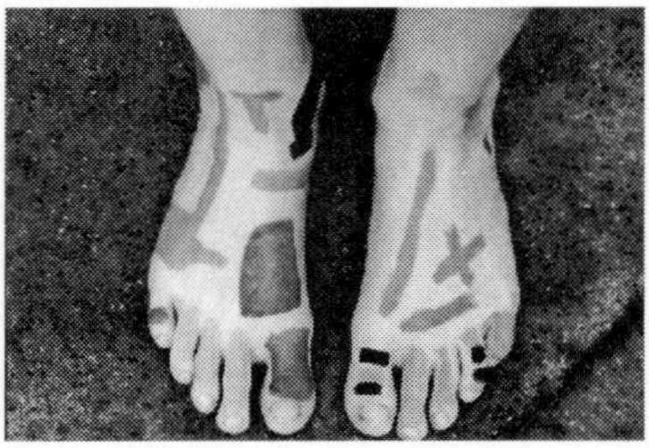

Durchführen
Zu dieser Übung sind die Schuhe auszuziehen.
Du sitzt vorne auf dem Stuhl. Du legst den linken Unterschenkel auf den rechten Oberschenkel, so dass die Hände den linken Fuß gut fassen können. Die Fußsohle und den Fußrücken knetest du kräftig durch. Spüre dabei das Weiche und das Knöcherne deines Fußes. Die Zehen dehnst du einzeln. • Dann umschließt die rechte Hand die Ferse und die linke Hand den Vorderfuß und verdreht ihn so, dass die Fußsohle sichtbar wird. Diese Bewegung wiederholst du mehrmals. Du bist dabei aufmerksam für deine Fußhöhlung. • Nun umfasst du mit beiden Händen dein Fußgelenk und hältst es. • Nun setzt du den Fuß bewusst auf den Boden zurück und nimmst den Unterschied zum rechten Fuß wahr.
In Gedanken vergleichst du deine Füße. Spürst du den gekneteten Fuß wärmer oder kälter, leichter oder schwerer, kleiner oder größer als den anderen Fuß?
Danach wiederholst du die Übung mit dem rechten Fuß.
Je nach der folgenden Gestaltungsaufgabe anregen, zu den Empfindungen im Fuß Farben oder Strukturen zu assoziieren.

Gestalten
Zeichnung/Malerei: Umrisse der eigenen Füße zeichnen und die Innenflächen nach der Empfindung mit Strukturen oder Farben ausgestalten.
Druck: Bemale die unterschiedlich empfundenen Bereiche deiner Fußsohlen mit verschiedenen Farben und drucke sie ab.
Körperbemalung: Füße mit Schminke bemalen - Ergebnisse fotografieren
Material: Wasser- oder Fingerfarben, Papier DIN A3

W 2 - R 7 - U 1; W 3 - U 1 - G 2 - R 8 - M 8; G 2 - U 1- M 1 - R 8
UE: Inneres Gleichgewicht - Bildnerisches Gleichgewicht

U 2 Bodenarbeit: Füße und Beine durcharbeiten

Dies ist eine Anregung,

- eine gute Erdung zu bekommen.
- Entspannung und Belebung zugleich und damit Wohlbefinden zu erleben.

Durchführen

Setze dich auf den Boden, lehne dich mit dem Rücken an die Wand oder Tür und strecke die Beine aus. Ein Bein winkelst du an und legst den Unterschenkel über den Oberschenkel des anderen Beines. Du massierst und knetest kräftig den Fuß und arbeitest auch deinen Unterschenkel durch. Nun legst du das Bein lang auf den Boden zurück. Fühlen sich deine Beine jetzt unterschiedlich an? Dann massierst du das andere Bein.
Spüre nach, wie sich beide Beine anfühlen.

Hinweis

Diese Übung kann bei Schwindelgefühl und Unwohlsein Linderung schaffen. Nach der Übung nach dem Befinden fragen.

U 3 Mit den Füßen Ton kneten

Diese Anregung ermöglicht,

- die drei Beingelenke zu spüren.
- ein besseres Empfinden für den Bodenkontakt und ein besseres Standvermögen zu bekommen.

Durchführen

Einleitend den Schülerinnen und Schülern erzählen, dass früher die Töpfer in den Tongruben den Ton mit den Füssen weich und geschmeidig geknetet haben. Das geht so:
Du stehst auf beiden Beinen. Du hebst einen Fuß und setzt ihn mit dem vorderen Ballen auf, belastest ihn und rollst ihn bis zur Ferse hin ab. Dann hebst du den anderen Fuß und wiederholst die Bewegung mehrmals mit den Füßen abwechselnd, als würdest du den Ton kneten. Genieße die Bewegung und atme gut dabei durch. *1-2 Minuten üben*

Beende die Bewegung und spüre in deine Beine und Füße. Wie ist dein Kontakt zum Boden? Wie stehst du jetzt?

Gestalten
Die eigene Spur - Fußabdrücke herstellen: Füße in Ton abdrücken und mit Gips ausgießen.
Material: Modellierton, Gips, Gipsbecher

W 2 - U 3 - U 5

U 4 Hüpfen auf „T"

Diese Anregung ermöglicht
- die Gruppe positiv zu erleben.
- sich zu beleben und das Zwerchfell und die Beine zu empfinden.

Durchführen
Stellt euch zu zweit oder mit mehreren nebeneinander und legt die Arme um die Schultern oder Hüften. Nun stellt ihr euch alle auf das rechte Bein und winkelt das linke Bein im Knie an. Ihr hüpft gleichzeitig mit dem rechten Bein. Beim ersten Landen werft ihr das linke Bein locker nach vorne. Beim nächsten Hüpfer winkelt ihr das Bein wieder an, beim übernächsten werft ihr das Bein wieder nach vorn usw. *Die Bewegungen sind ähnlich wie beim Can-Can.* Das Tempo ist schnell und rhythmisch. Mit einem kräftigen „T" verstärkt ihr das Beinwerfen.
Das „T" fördert die Kontraktion des Zwerchfelles und unterstützt dadurch die Bauchmuskulatur beim Hochwerfen des Beines. Ca. 1-2 Minuten üben
Nun wechselt ihr die Beine.

U 4 - M 1 - M 4 - M5

U 5 Federn

Diese Anregung ermöglicht
- die Muskulatur und Gelenke zu lockern.
- Gespür für die Fußgelenke zu entwickeln.

Durchführen
Du stehst, deine Füße sind etwa hüftbreit auseinander. Du verlagerst dein Gewicht auf den vorderen Teil deiner Füße. Von den Fußgelenken her beginnst du zu federn. Die Knie- und Hüftgelenke schwingen locker mit. Deine Arme lässt du seitlich hängen. Dein Unterkiefer und Mund sind entspannt. Du atmest gelassen mit. Werde mal kleiner mal größer im Federn. • Mit dem Ausatem kannst du dabei ein Geräusch erzeugen. • Zwischendurch kannst du aussetzen und spüren, wie der Atem dich bewegt.
Wie schwingt dein Körper beim Federn mit?
Um den Bodenkontakt zu betonen:
Beende die Bewegung und spüre einen Moment nach. • Hebe jetzt deine Fersen leicht an und lasse dich sanft auf sie fallen. Tue es so, dass es dir angenehm ist. Das machst du drei- bis viermal.
Spüre, wie du auf dem Boden stehst.

Gestalten
Plastik/Objekt: Es federt; Biegearbeit mit Draht unterschiedlicher Stärken, Vogelfedern, farbige Seidenpapierstreifen

W 2 - U 3 - U 5
Kunstpädagogisches Thema: Plastiken aus Draht, dynamische Objekte
Beispiele: Alexander Calder, Josephine Baker (1926), Pantograph (1934), Figure (1960)

U 6 Fußkreis

Diese Anregung hilft
mehr Bewusstheit für die Füße und ihre Auflageflächen und Höhlungen zu bekommen.

Durchführen
Zur Bewegungsdemonstration einen Kreis bilden.
Vorbereitung: die Sitzhöcker spüren wie in „Sitz erarbeiten“ G 3.
Du sitzt gut gesammelt und spürst die Auflagefläche der Fußsohlen am Boden. Du winkelst die Fußgelenke leicht an, bis nur noch die Fersen am Boden sind. Mit leichtem Druck, angefangen bei den Fersen, kreist du seitlich über die Außenkanten bis zu den Zehenballen und hebst dabei die Fersen. Von den Zehenballen senkst du den Fuß über die Höhlung gerade nach hinten.
Du winkelst das Fußgelenk aufs Neue an und wiederholst den Fußkreis mehrmals.
Darauf achten, dass nicht über die Fußinnenkanten gekreist wird, da oft eine Überspannung im Innenbereich der Schenkel und im Beckenboden vorhanden ist, die damit noch vergrößert würde.
Du beendest die Bewegung und spürst in deine Fußsohlen. Wo und wie berührt dein Fuß den Boden?

Gestalten
Zeichnung: Fußumriss zeichnen und die am Boden gespürten Teile des Fußes farbig gestalten.
Material: Ölkreiden, Papier DIN A3
Collage: Den Fußumriß nach den Empfindungen mit unterschiedlichen Materialien (Fell, Watte, Stoff, Leder, Wellpappe ....) bekleben.

U 7 Froschhüpfen auf „F"

Diese Anregung ermöglicht

- die Spannung im Beckenboden zu harmonisieren.
- die Kraft des Beckenbodens und spielerische Bewegungslust zu erleben.

Durchführen

Du stellst deine Füße etwas weiter als hüftbreit und gehst in die Hocke. Versuche, die Fußsohlen ganz am Boden zu lassen; deine Arme hängen zwischen den Beinen. Dein Oberkörper und Kopf sind locker nach vorne geneigt. Nun bewegst du mit einem F-Laut das Becken ein kleines Stück nach oben. Mit dem „F" pumpst du dich ein Stück nach oben, als würdest du eine Luftmatratze aufpusten. Während des Einatmens gehst du in die Ausgangsstellung zurück. Allmählich werden deine Bewegungen größer, bis hin zum Hüpfen. Wer möchte, hüpft durch den Raum. Die Beine kannst du bei Bedarf ausschütteln.

Öfter eine Pause einlegen. Wer in der Hocke wackelig ist, kann sich am Stuhl leicht festhalten.

Die Bewegung geht vom Becken aus. Für Geübte lässt sich das „F" als Kontraktion im Becken spüren, die einen fast automatisch hochschnellen lässt.

U 8 Sitzhöckerschwung

Dies ist eine Anregung,

- Spannungen im Beckenboden zu lösen.
- den eigenen Sitz als breit und schalig zu empfinden.
- zur Ruhe zu kommen.

Durchführen

Du sitzt gut und gesammelt, deine Hände liegen auf den Oberschenkeln nahe der Leisten. Du verlagerst dein Körpergewicht auf den rechten Sitzhöcker. Von dort schwingst du von einem Sitzhöcker zum anderen und erfährst so die ganze Weite des Beckenbodens. Der Oberkörper geht weich mit und richtet sich wieder auf. Nun schwingst du zurück und wiederholst die Bewegung mehrmals. Mit der Bewegung lässt du ein weiches „L" ertönen. Zum Ende wirst du in deiner Bewegung kleiner.

Bleibt dir ein Empfinden vom Schwingen? Wie nimmst du dein Becken jetzt wahr?

Hinweis
Das „L“ kann eine weite Atembewegung im Beckenboden und Becken schaffen. Durch das „L“ wird das Empfinden von weich, breit und warm im Becken gefördert. Es kann still und stimmhaft getönt werden. Lange geübt wirkt das „L“einlullend.

UE: Inneres Gleichgewicht - Bildnerisches Gleichgewicht

U 9 Beckenkreisen im Sitzen

Diese Anregung hilft,
- Raumempfinden für das Becken zu bekommen.
- den Kontakt zwischen Becken und Sitzmöbel deutlich zu empfinden.

Durchführen
Du sitzt gut und sammelst dich. Dann legst du dein Gewicht auf den linken oder den rechten Sitzhöcker, kippst dein Becken rückwärts und gleitest in deiner Bewegung weiter, so dass du fast auf deinem Kreuzbein sitzt, gleitest darüber hinweg bis auf die Höhe des nächsten Sitzhöckers. Nun neigst du dein Becken nach vorn und während du deinen Bauch dehnst, bewegst du dich weiter bis du wieder auf den Sitzhöcker kommst, von dem du deine Bewegung begannst. Nun wiederholst du das Kreisen des Beckens nach deinem eigenen Empfinden: schnell - langsam, groß - klein, je nachdem, wie dir zumute ist.
Die Muskulatur des Beckenbodens wird gedehnt. Dadurch kann der Beckenboden empfunden werden und sich dort Atembewegung einstellen.
Nun beendest du das Kreisen und legst eine Hand vorne unter deinen Nabel und die andere mit dem Handrücken auf dein Kreuzbein. Atmend spürst du den Raum zwischen deinen Händen.
Wie empfindest du dein Becken jetzt?
Wie spürst du deine Sitzfläche?

Hinweis
Im Bewusstsein einiger Schülerinnen und Schüler kann das Becken negativ besetzt sein.
Wenn Unbehagen geäußert wird, die Erlaubnis, geben sich nicht an der Übung zu beteiligen. In der Folge mehr mit den Füßen und Beinen arbeiten.

Gestalten
In Verbindung mit „Umrisslinie zeichnen" B 7, die Wahrnehmung des Beckens in die Umrißlinie mit farbigen Kreiden einzeichnen.

B 7 - U 1 - U 9; G 1 - G 2 - U 9 - M 8

U 10 Beckenkreisen im Stand

Dies ist eine Anregung,
Raumempfinden für das Becken und Empfinden für den Stand zu bekommen.

Durchführen
Du stehst gut und sammelst dich. Dann verlagerst du dein Gewicht auf dein linkes oder rechtes Bein. Dabei wölbt sich seitlich das Becken und der Oberschenkel nach außen auf das belastete Bein. An der weitesten Wölbung ertastest du mit kräftigem Fingerdruck das obere Ende deines Oberschenkelknochens (den großen Trochanter). Nun klopfst du dort mit lockerer Faust, bis du ihn gut spürst.
Dann verlagerst du dein Gewicht auf das andere Bein und ertastest auch dort mit kräftigem Druck der Fingerkuppen das obere Ende deines Oberschenkelknochens und klopfst auch hier, bis du den Knochen gut spürst.
Jetzt legst du die Hände seitlich ans Becken und beginnst mit deinem Becken in der Horizontalen zu kreisen. Probiere aus, wie groß und wie klein deine Kreise sein können. Suche dir deine angenehmste Kreisbewegung. Wechsle auch die Richtung.
Du kommst zur Ruhe und spürst nach.
Wie ist dein Stand jetzt? Spürst du, wie dein Becken von den Beinen getragen ist?

Hinweis Diese Übung ist nur bedingt mit Pubertierenden durchführbar.

U 11 Becken kippen und aufrichten mit scharfem „S“

Diese Anregung hilft,
die Aufrichtung der Wirbelsäule im Zusammenhang mit der Beckenhaltung zu empfinden.

Durchführen
Du sitzt in der Grundhaltung auf deinem Stuhl oder Hocker. Auf der Höhe des Nabels streichst du mit beiden Händen um deinen Körper, bis er sich warm anfühlt.
Dann legst du eine Hand mit dem Handrücken auf das Kreuzbein und die andere unterhalb des Nabels auf den Bauch. Du lauschst auf die Atembewegung zwischen deinen Händen. Allmählich nimmst du deinen Beckenraum wahr. Nun rollst du im Einatem hinter die Sitzhöcker, wobei du deinen Rücken rundest und deinen Kopf senkst.
Mit dem Ausatmen kehrst du auf den höchsten Punkt der Sitzhöcker zurück und bist aufgerichtet. In deinem eigenen Atemrhythmus wiederholst du diese Bewegung des Beckens einige Male. Dein Mund ist dabei leicht geöffnet. Deine Aufrichtung begleitest du mit einem scharfen „S“.
Die Vorstellung einer Schlange, die sich zusammenrollt und zischend aufrichtet, kann diese Bewegung begleiten.
Wie aufgerichtet bist du? Kannst du dabei deine Wirbelsäule spüren?

Hinweis
Diese Übung kann „Sitz erarbeiten“ G 3 ergänzen.

G 3 - U 11
UE: Inneres Gleichgewicht - Bildnerisches Gleichgewicht

U 12 Kung-Fu

Dies ist eine Anregung,
die eigene Kraft zu erfahren und ihr eine Richtung zu geben.

Durchführen

Vorbereitung: „Becken kippen und Aufrichtung mit scharfen 'S'" U 11, darin die Bewegung aus dem Becken heraus betonen, und „Arbeit mit den Handmitten" M 9
Du stehst in der Grundstellung. Du hältst deine Hände zu Fäusten geformt seitlich in Beckenhöhe und sammelst deine Energie in deinem Becken und in den Fäusten.
Nun machst du einen energischen Schritt nach vorn. Mit dem Becken beginnst du die Bewegung. Dein Oberkörper ist aufgerichtet. Nach dem Schritt prüfe, ob du sicher stehst. Sieh, wohin du deinen nächsten Schritt lenken möchtest und gehe den Schritt entschieden. Wiederhole das einige Male.
Du stößt mit dem nächsten Schritt gleichzeitig deine geballte Faust nach vorne. Dazu kannst du dir ein Ziel auf Bauchhöhe vorstellen, einen Sandsack oder einen Gegenstand, der in der Richtung des Faustrstoßes liegt, jedoch keine Person. Die Bewegung begleitest du mit dem Ausruf „Fu" . Sammle vor den einzelnen Schritten wieder Kraft. So gehst du durch den ganzen Raum.

Gestalten

Malerei/Zeichnung: Male oder zeichne, wie du dich bei dem Ausruf „Fu" gefühlt hast. Anregen, mit abstrakten Lösungen Kraft, Richtung und Dynamik auszudrücken.

Abb. Farbtafel 4.2

Collage: Stelle gerichtete Energie mit einfachen geometrischen Zeichen dar.
Material: Pro Schülerin und Schüler ein Bogen schwarzer Karton DIN A2, farbige Tonpapiere, Scheren und Kleber.
Typogramm: Schriftzüge als bidnerischeZeichen: Die Empfindung bei dem Ausruf „Fu" wird durch die Art und Weise der Buchstabengestaltung sichtbar gemacht.

Reflektieren

Wie ging es dir nach der Übung?
Beschreibe Richtung und Wirkung der von dir dargestellten Energie.

Hinweis
Die abstrakte Formensprache des russischen und italienischen Futurismus kann in Sek. 1 und Sek. 2 in Werkbetrachtungen vor dieser Unterrichtsstunde erarbeitet werden.

U 11 - M 9 - U 12
Kunstpädagogisches Thema: Die Dynamik geometrischer Formen
Beispiele: Kasimir Malewitsch, Suprematismus;
Wassily Kandinsky, Standhaftes Grün;
Roy Lichtenstein , Sonnenaufgang 1967

U 13 Kreuzbeine aneinander schubbern

Diese Anregung ermöglicht
- spielerisch mit Kraft und Widerstand umzugehen.
- deutlich die Kraft der Kreuzbeingegend zu spüren.

Hinweis
Diese Übung kann auch als Einzelarbeit an einer Wand oder Tür angeboten werden.

Durchführen
Im Übungsverlauf immer wieder darauf aufmerksam machen, dass der Atem gut fließt.
Suche einen dir angenehmen Partner oder eine dir angenehme Partnerin gleicher Größe. Ihr stellt euch, die Rücken zueinander, ohne euch zu berühren. Du ertastest für dich dein Kreuzbein. Das Kreuzbein ist die dreieckige Knochenplatte unter der Lendenwirbelsäule, an der sich rechts und links die Beckenschaufeln anschließen.
Nun stellst du die Füße etwas breiter als die Hüften. Hüften und Knie knickst du ein. Die Kreuzbeine legt ihr aneinander, reibt und schubbert sie durch Hinundherbewegen, ohne dabei die Partnerin oder den Partner wegzudrücken.
Zum spielerischen Ausprobieren der Berührungs- und Bewegungsmöglichkeiten anregen.

Wieviel Kraft könnt ihr vertragen? Wieviel Kraft könnt ihr einsetzen?
Zum Ende hin werdet ihr langsamer und löst euch voneinander. Du richtest dich wieder auf.
Du atmest gelassen .
Nun spürst du in dein Kreuzbein. Kannst du dein Kreuzbein empfinden?
Wie ist das für dich?

Reflektieren
Austausch zu zweien: Wie war es für dich? Konntest du einen klaren und kraftvollen Kontakt zum Partner/zur Partnerin aufbauen?

U 14 - U 13 - B 5

U 14 Kreuzbein in den Raum dehnen

Diese Anregung hilft
- die Kreuzbeingegend bewusst wahrzunehmen.
- die Kreuzbeingegend zu dehnen und ihre Beweglichkeit zu erfahren.

Durchführen
Du stehst in Knien und Hüften leicht gebeugt und klopfst mit lockeren Fäusten kräftig dein Kreuzbein. Dann legst du einen Handrücken auf das Kreuzbein und spürst nach. Du stellst dich ungefähr 30 cm vor deinen Stuhl und hältst dich seitlich an der Sitzfläche fest. Nun dehnst du das Kreuz- und Steißbein nach unten, bis du deinen Rücken ganz lang empfindest. Du beugst dabei deine Knie- und Hüftgelenke.
Nun erkundet dein Kreuzbein neugierig in verschiedene Richtungen den Raum hinter dir. Immer, wenn du dich nach hinten dehnst, atmest du in die Dehnung hinein. Dein Kreuz- und Steißbein führen die Bewegung an. Du kannst dabei mit dem Kreuzbein wackeln wie ein schwanzwedelnder Hund oder auch einmal einen Katzenbuckel machen. Du richtest dich langsam wieder auf.
Wie spürst du dein Kreuzbein und deinen Rücken?

U 14 - U 15
UE: Aus der eigenen Empfindung mit Ton gestalten

U 15 Im Vierfüßlerstand Trochanterschieben

Dies ist eine Anregung,
- spielerisch Kräfte zu messen.
- eine Empfindungsachse im Becken wahrzunehmen.

Durchführen

Vorbereitung: „Kreuzbein in den Raum dehnen" U 14.
Du suchst dir einen dir angenehmen Partner oder eine dir angenehme Partnerin. Zunächst schaffst du durch Abtasten und kräftiges Klopfen deiner Trochanter auf beiden Seiten eine deutliche Empfindung.
Wenn im Stehen das Becken seitlich verschoben wird, wölbt sich der Trochanter, ein Teil des Oberschenkelknochens, am weitesten nach außen und lässt sich gut tasten.
Dann geht ihr nebeneinander in den Vierfüßlerstand. Euer Abstand ist ungefähr handbreit.
Die Hände setzt du unterhalb der Schultergelenke auf den Boden, die Knie haben etwa den gleichen Abstand zueinander wie die Hände. Nun berührt ihr euch mit den Trochanten und A schiebt B seitlich mit dem Becken so weit, wie er oder sie kommt. Während A schiebt, lässt B es mit leichtem Widerstand zu. Dann schiebt B den Partner/die Partnerin zurück. Das macht ihr eine Weile (*2 Min.*) und wechselt dann die Seiten. Die Bewegung muss nicht groß sein. Dein Atem kann dich dabei unterstützen. Probiert aus, wieviel Kraft und Widerstand ihr einsetzen könnt, um einen klaren Kontakt zur anderen/zum anderen zu bekommen. Empfinde die Kraft, die du durch dein Becken nach außen gibst und empfinde die Kraft, die dir wieder entgegen kommt.
Frage für Fortgeschrittene: Stellt sich ein Rhythmus in eurem Atem ein? Probiert aus, ob ihr beim Schieben im Ein- oder Ausatmen mehr Kraft habt. (In der Regel hat man mehr Kraft im Ausatmen.) Darauf achten, dass die Bewegung seitlich auf der Achse zwischen den beiden Trochanten ausgeführt wird.
Du stellst dich wieder hin. Wie spürst du dein Becken? Kannst du eine Empfindung zwischen der rechten und linken Hüfte wahrnehmen?

Gestalten

Thema: Kräfte formen
Eine Tonkugel mit dosierter Kraft in eine Raumecke werfen.

Material: Ton

Reflektieren

Mit wieviel Kraft hast du die Tonkugel geworfen? Kannst du Kraft und Richtung deines Wurfes an der entstandenen Form wiedererkennen?

U 14 - U 15 - M 9

UE: Aus der eigenen Empfindung mit Ton gestalten

Der mittlere Atemraum: Selbstvertrauen und Gelassenheit

Diese Anregung ermöglicht,

M 1 Hände streichen die Flanke	- die Leibmitte räumliche zu erfahren. - den Atem sanft, aber deutlich wahrzunehmen. - die angeregte Körpermitte wie einen lebendigen Ring zu spüren.
M 2 Fuß dehnt Arm und Rücken	- durch Dehnen Spannungen in Armen, Schultern und Rücken zu harmonisieren.
M 3 Eisenbahn	- die Bewegungskoordination von Armen und Beinen. - die Beweglichkeit der Wirbelsäule zu empfinden.
M 4 „He"-Tönen	- die Bewegungen der Flanken zu spüren. - sich in der Mitte zu sammeln.
M 5 Platz schaffen mit „He"	- eine kraftvolle Abgrenzung zu empfinden. - die Stimmung und das Selbstbewusstsein zu heben.
M 6 Ellenbogen-Schieben	- spielerisch Kraft und Widerstand zu erleben und sich abzugrenzen. - sich in der Körpermitte, den Flanken und Armen deutlich zu empfinden.
M 7 Dehnen der Seiten	- die Flanken und Achselhöhlen zu dehnen. - die Gelenke der Wirbelsäule und des Brustkorbes zu bewegen. - die Weite des mittleren Atemraumes zu empfinden und sich zu harmonisieren.

M 8 Kreisen mit der Kugel	- die eigene Weite der Mitte zu spüren. - sich in die Mitte zu sammeln.
M 9 Empfinden zwischen den Handmitten	- den Atemrhythmus betont durch die Handbewegung zu spüren. - Empfinden von Kraft zwischen den Händen aufzubauen. - sich der eigenen Präsenz bewusst zu werden.

M 1 Hände streichen die Flanken

Diese Anregung hilft

- die Leibmitte räumlich zu erfahren.
- den Atem sanft, aber deutlich wahrzunehmen.
- die angeregte Körpermitte wie einen lebendigen Ring zu spüren.

Durchführen

Du sitzt gut und gesammelt. Du reibst deine Hände aneinander, bis sie warm und weich werden. Nun streichst du mit deiner rechten Handfläche vom Brustbein über den rechten Rippenbogen die Flanke bis zur Wirbelsäule und zurück. Dabei dreht sich deine Handfläche. Du machst deinen Rücken rund, um besser deine Wirbelsäule zu erreichen. Dein Streichen ist vorne sanft und hinten kraftvoll, so dass du die Bewegung deiner Hand auf der Flanke gut spüren kannst. Nachdem du das 4-5 mal getan hast, wechselst du zur linken Hand und deiner linken Flanke. Du kannst auch gleichzeitig mit beiden Händen streichen. Du hörst langsam auf und lässt deine Hände auf den Oberschenkeln ruhen.
Wie fühlt sich deine Körpergegend, die du gestrichen hast, jetzt an?
Spürst du dort eine Bewegung beim Atmen?

Gestalten

Soll eine gestalterische Aufgabe folgen, auch nach der Wärme oder einer Farbvorstellung für die Empfindung fragen.

M1 - M3

M 2 Fuß dehnt Arm und Rücken

Diese Anregung ermöglicht,
durch Dehnen Spannungen in Armen, Schultern und Rücken zu harmonisieren.

Durchführen
Vorbereitung: Die Klasse darauf hinweisen für diesen Unterricht bequeme Hosen zu tragen oder Sportsachen mitzubringen.
Du sitzt gut gesammelt vorne auf dem Stuhl. Du hebst das rechte Bein angewinkelt an. Deine rechte Hand umfasst von der Innenseite her deine Fußhöhlung. Nun dehnst du das Bein in verschiedene Richtungen und nimmst dabei deinen Arm, die Schulter und den Rücken mit. Es kommt nicht darauf an, das Knie durchzudrücken, sondern durch die Dehnungen die unterschiedlichen Muskelbereiche des Rückens zu erreichen. Den Atem lässt du dabei gut laufen und atmest auch in deinen Rücken hinein. Probiere aus, dein Bein nach oben, unten, hinten, und zu den Seiten zu dehnen. *1 - 2 Minuten üben* Nun beendest du langsam deine Bewegungen.
Du sitzt wieder entspannt und aufrecht auf deinem Stuhl.
Wie spürst du deine rechte Körperseite?
Gibt es Unterschiede zur anderen Körperseite?
Folgt eine gestalterische Aufgabe, auch nach Form- und Farbvorstellungen fragen.
Jetzt nimmst du das andere Bein und machst die Übung mit deiner linke Seite.

Variation
Die rechte Hand umgreift den linken Fuß, danach die linke Hand den rechten. Mit der diagonalen Dehnung erreichst du weitere Muskelpartien im Rücken.

Gestalten
Male dich während der Übung oder male den Körperbereich, den du am meisten gespürt hast.
Material: Deckmalfarben, DIN-A3-Papier

U 1 - M 2 - O 2; U 1 - M 2 - M 4 - M 5

M 3 Eisenbahn

Diese Anregung fördert

- die Bewegungskoordination von Armen und Beinen.
- die Beweglichkeit der Wirbelsäule.

Hinweis

Diese Übung ist besonders für die Grundschule geeignet.

Durchführen

Die Bewegung ohne den assoziativen Titel der Übung anleiten.
Du sitzt vorne an der Stuhlkante und lässt deine Arme seitlich mit gedehnten langen Fingern nach unten hängen. Mit dem Oberkörper beugst du dich nach vorn und rutschst dabei auch mit der linken Ferse nach vorne, bis das ganze Bein gedehnt ist. Gleichzeitig, parallel zum Bein, dehnst du deinen rechten Arm nach vorn. Strecke nun deinen linken Arm nach hinten oben. Du drehst deinen Kopf und blickst auf deine linke Hand. In dieser Verdrehung lässt du deinen Einatem kommen. Beim Ausatmen lässt du langsam deine Arme sinken, ziehst dein rechtes Bein an und streckst dein Linkes aus. Nimm einen Moment wahr, wenn du geradeaus blickst und geh mit der anderen Seite in die Verdrehung. Diese Bewegungen wiederholst du mehrmals und machst immer eine kleine Pause zwischen den Seitenwechseln.
Darauf achten, dass die Kinder diese Pause einhalten und sich kurz mit dem Blick orientieren, da ihnen sonst schwindelig werden kann.
Mit der Zeit werden deine Bewegungen rhythmischer. Nach Lust kannst du beim Ausatmen kräftig „Sch“ tönen. *1-2 Minuten üben* Nun wirst du langsamer und kommst zum Stillstand.
Spüre noch einen Moment in deinen Rücken und wie dich dein Atem bewegt. • Löse dich davon.

Gestalten

Male, wie du dich bei dieser Übung bewegt hast oder wie du dich bei der Bewegung empfunden hast.
Material: Deckmalfarben, DIN-A3-Papier

M1 - M3

M 4 „He“-Tönen

Diese Anregung hilft
- die Bewegungen der Flanken zu spüren.
- sich in der Mitte zu sammeln.

Durchführen
Einen großen Kreis bilden. Diese Übung kann im Sitzen und im Stehen durchgeführt werden.
Du lässt deinen Atem ruhig fließen. Du stellst dir vor, beim Ausatmen „He“ zu tönen. Du tönst es erst schweigend. Wenn du eine Vorstellung vom „He“ hast, lässt du es hörbar werden. Du tönst das „He“ erst mit einem anhaltenden Klang, ohne dich dabei anzustrengen oder die Luft herauszupressen. Das „He“ verklingt mit dem Ende deines Ausatmens. Das wiederholst du einige Male und spürst dabei, wo das „He“ in dir Schwingungen erzeugt. Probiere hohe, mittlere und tiefe Tonhöhen mit dem „He“ aus.
Wo schwingt es in dir? Welche Tonhöhe und Schwingung ist dir am angenehmsten?
Hast du einen guten Ton für dich gefunden, dann lausche, wie dein Ton mit den Tönen im Raum zusammenklingt. *Ca. 1 Minute üben. Folgt eine gestalterische Aufgabe, nach Farbvorstellungen für den eigenen Ton und dem Klang im Raum fragen.*
Nun beendest du langsam dein Tönen.

Gestalten
Malerei: Farben begegnen sich auf großer Fläche
Material: Schwämme oder breite Pinsel, Aquarellfarben, DIN-A2-Papier

Reflektieren
Was hast du dargestellt? Wie war dein Ton im Klang des Raumes?

M 1 - M 4
Fächerübergreifend: Deutsch in der GS: Einführung der Buchstaben.

M 5 Platz schaffen mit „He“

Diese Anregung ermöglicht,
- eine kraftvolle Abgrenzung zu empfinden.
- die Stimmung und das Selbstbewusstsein zu heben.

Durchführen
Vorbereitung: „'He'-Tönen“ M 4
Beim Tönen: Sich nicht verausgaben, beim Einatmen Zeit nehmen. Diese Übung kann im Sitzen begonnen werden.
Durch Kneten, Drücken und Massieren verstärkst du die Empfindung für beide Ellenbogen. Nun hältst du deine Unterarme so vor den Bauch, dass sie ungefähr rechte Winkel zu den Oberarmen bilden. Deine Hände sind lockere Fäuste. Beim Ausatmen schiebst du einen Ellenbogen seitlich in den Raum. Du bewegst ihn langsam und nur so weit, wie dein Atem reicht. Dein Blick folgt der Richtung deines Ellenbogens. Das wiederholst du einige Male und wechselst dabei die Ellenbogen.
Darauf achten, dass die Schultern dabei nicht hochgezogen werden.
Du beginnst die Bewegung deiner Ellenbogen mit einem deutlichen „He“ zu begleiten. Nun stehst du auf und bewegst mit einem kraftvollen „He“ abwechselnd beide Ellenbogen zur Seite. So gehst du durch den Raum. Du nimmst dich und auch die anderen in der Klasse wahr. Nimm beim „He“ Blickkontakt zu anderen auf. Du kannst das „He“ durch Aufstampfen mit dem Fuß noch bekräftigen.
Die Übung kann auch sehr langsam ausgeführt werde, Zeit dafür lassen.
Du beendest die Bewegung und spürst nach.
Wie stehst du jetzt da?

Gestalten
Zeichnung: Ich schaffe mir Platz – Mein Freiraum – Zeichne, wie du dir im Urwald Platz schaffst.
Material: Ölkreiden, DIN-A2-Papier

M1 - M4 - M5

M 6 Ellenbogen-Schieben

Dies ist eine Anregung
- spielerisch Kraft und Widerstand zu erleben und sich abzugrenzen.
- sich in der Körpermitte, den Flanken und Armen deutlich zu empfinden.

Durchführen

Vorbereitung: „Platz schaffen mit He"
M 5

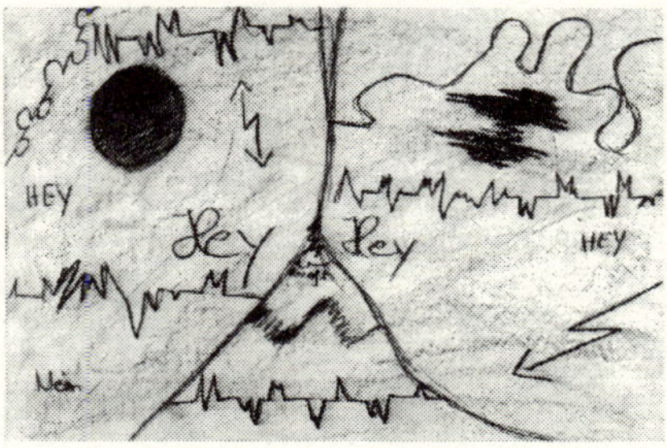

Ines
Kunst AG
Kl. 9/10
Realschule

Suche dir eine Partnerin oder einen Partner und setzt euch mit euren Stühlen dicht nebeneinander. Du arbeitest jetzt mit dem Ellenbogen, der deiner Partnerin/deinem Partner zugewandt ist. Du winkelst den Arm so an, dass der Unterarm vor deinem Bauch ruht. Deine Hand bildet eine lockere Faust. Berühre mit deinem Ellenbogen den Ellenbogen deiner Partnerin/deinenes Partners. Ihr werdet gleich spielerisch eure Kräfte messen. Entscheidet euch, wer anfängt. A beginnt. A schiebt nun mit dem Ellenbogen den Ellenbogen von B zur Seite und unterstützt diese Bewegung mit einem kraftvollen „He". B lässt es zu, bietet aber soviel Widerstand, dass A seine/ihre Kraft anwenden und erfahren kann. Dann schiebt B kraftvoll zurück.
Wo spürst du deine Kraft?
Kommt die Kraft aus deiner Mitte?

Gestalten

Zeichne oder male, wie du das Spiel zwischen deiner Kraft und der Kraft deiner Partnerin oder deines Partners empfunden hast oder zeichne dich und deine Partnerin oder deinen Partner beim Ellenbogen-Schieben.
Material: Deckfarben, Ölkreiden, DIN-A3-Papier

M 1 - M4 - M 5 - M 6

M 7 Dehnen der Seiten

Diese Anregung ermöglicht
- die Flanken und Achselhöhlen zu dehnen.
- die Gelenke der Wirbelsäule und des Brustkorbes zu bewegen.
- die Weite des mittleren Atemraums zu empfinden und sich zu harmonisieren.

Durchführen
Du sitzt gut gesammelt vorn an der Stuhlkante. Von den Hüften bis zu den Knien klopfst du die Außenseiten deiner Oberschenkel mit lockeren Fäusten. Dann drückst, massierst oder knetest du deine Ellenbogen nacheinander kräftig. Nun beugst du einen Arm im Ellenbogengelenk so stark, dass die Handfläche zur Schulter zeigt. Deinen Ellenbogen führst du seitlich am Oberschenkel entlang bis zum Knie. Rumpf, Hals und Kopf folgen der Bewegung. Vom Knie führst du den Ellenbogen in einem großen Kreis nach vorn, oben und hinten. Dabei richtet sich dein Rumpf auf. Deine Achselhöhlen und Flanken werden weit. Den Kreis schließt du am Oberschenkel und beginnst wieder von vorn. Während der Bewegung lässt du den Atem ruhig fließen. Nach drei bis vier Kreisen wechselst du die Seite.
Wie fühlen sich deine Seiten an?

M 7 - O 3 - O 4; U 8 - M 7 - M 8

M 8 Kreisen mit der Kugel

Diese Anregung ermöglicht
- die eigene Weite der Mitte zu spüren.
- sich in die Mitte zu sammeln.

Durchführen
Vorbereiten: Durch die Übung „Hände streichen die Flanken" M 1 die Rippenbogen in die Empfindung bringen.
Du wirst gleich in deiner Phantasie eine Kugel in dir bewegen. Dazu kannst du die Augen schließen. Du sitzt gut und gelassen und spürst deine Sitzhöcker auf der Stuhlfläche. Dein Becken ruht wie eine weite Schale auf dem Stuhl.

Unten in der Schale entdeckst du eine Kugel. Du stellst sie dir in einer Größe vor, die dir angenehm ist und kannst auch die Farbe und das Material bestimmen. Ihre Größe und Farbe ist veränderbar. Du beginnst dein Becken in kleinen Kreisen zu bewegen. Die Kugel folgt deiner Bewegung und rollt in Kreisen in der Schale deines Beckens. Ihr Kreisen wird immer größer und sie beginnt langsam, in dir aufzusteigen. In der Höhe deiner Rippenbögen bleibt die Kugel auf einer Bahn. Die Kugel rollt immer in eine Richtung. Du spürst jeden Punkt, den die Kugel gerade berührt. Du kannst mit einem leichten Kreisen deiner Flanken die Kugel begleiten. Sie rollt auf ihrer Bahn von vorne über die Seite nach hinten, über die andere Seite, wieder nach vorne und kreist so weiter. Dein Atem fließt ruhig. Bleibe eine Weile bei deiner kreisenden Kugel und ihrer Bahn. *Ca. 1 Minute üben.* Nun lässt du die Kugel leichter und kleiner werden, so klein, bis sie ganz verschwunden ist.
Im Nachschwingen spürst du noch die Bahn, auf der die Kugel kreiste.

Gestalten
Zeichne oder male, wie du die Bahn der Kugel empfunden hast. *Abb. Farbtafel 1.4*
Material: Deckmalfarben, dicke Pinsel, DIN-A1-Papier, oder Ölkreiden, DIN-A2-Papier,

Reflektieren
Austausch über die Empfindungen und die Bilder erst zu zweit, dann in der Klasse.
Wie hast du die Bahn der Kugel empfunden? Wie hast du das in deinem Bild dargestellt?

M 1 - M 8; U 8 - M 7 - M 8; W 3 - U 1 - G 2 - R 8 - M 8; U 4 - U 10 - M 8

M 9 Empfinden zwischen den Handmitten

Diese Anregung hilft
- den Atemrhythmus betont durch die Handbewegung zu spüren.
- Empfinden von Kraft zwischen den Händen aufzubauen.
- sich der eigene Präsenz bewusst zu werden.

Durchführen
Du sitzt gut gesammelt vorne auf dem Stuhl. Du hältst deine Hände locker vor dem Körper. Deine Achselhöhlen sind entspannt. Du bewegst deine Hände in den Handgelenken in alle Richtungen. Nun streichst du die Hände nacheinander von den Handmitten zu den Fingerkuppen hin aus und drückst mit dem Daumen kräftig in beide Handmitten. Jetzt legst du die Handmitten übereinander zwischen Nabel und Brustbein und spürst dort das Dehnen und Zurückschwingen deines Bauches. Wenn dir dein eigener Atemrhythmus deutlich geworden ist, löst du die Hände vom Bauch und hältst sie so, dass sie sich gegenüberstehen. Bringe deine Hände so dicht zusammen, dass du spüren kannst, dass sie einander nahe sind. Deine Hände berühren sich nicht.Mit dem Einatem dehnst du die Handflächen, vergrößerst den Zwischenraum zwischen den Händen aber nur so weit, wie du den Zwischenraum noch spüren kannst. Die Bewegung kann auch ganz klein sein. Im Ausatmen kommen sich die Hände wieder näher, ohne sich zu berühren. Diese Übung wiederholst du einige Male und probierst aus, ob du den empfundenen Raum zwischen den Händen verdichten kannst.
Nun löst du die Hände und gibst die empfundene Dichte in den Raum, als würdest du einen Ball werfen. Du schüttelst deine Hände, streichst sie aus und legst sie zum Nachspüren auf deinen Bauch.

Reflektieren
Zu zweit oder im Kreisgespräch: Was hast du zwischen deinen Händen empfunden?

UE: Aus der eigenen Empfindung mit Ton gestalten

Der obere Atemraum: Leichtigkeit und Entfaltung der Persönlichkeit

	Diese Anregung ermöglicht
O 1 Oberen Raum klopfen und streichen	- die Schultern, Arme und Kopf und die Konturen des Gesichts zu spüren
O 2 Lauschen mit den Ohren	- sich selbst lauschend zu empfinden. - leicht und offen zu werden.
O 3 Schulterkreisen	- die bewegliche Verbindung der Arme mit dem Rumpf wahrzunehmen. - den Schultergürtel zu beleben und ihn gelöst zu empfinden. - den Raum im oberen Atemraum zu empfinden
O 4 Schulterzucken auf „P“	- den mittleren und oberen Atemraum und die Schultern zu empfinden. - die Stimmung zu heben und Ärger loszuwerden.
O 5 Morgenschwung	- die Achselhöhlen, den Rücken und die Wirbelsäule zu dehnen. - den oberen Atemraum weit zu empfinden. - den ganzen Körper zu beleben
O 6 Tönen auf „Ö“	- das Brustbein und den Schultergürtel sanft zu durchschwingen. - die eigene Stimmung zu heben.

O 1 Oberen Raum klopfen und streichen

Diese Anregung ermöglicht,
die Schultern, Arme und Kopf und die Konturen des Gesichts zu spüren.

Durchführen
Diese Übung kann im Stehen wie im Sitzen durchgeführt werden.
Du wirst gleich deinen Oberkörper, Hals und Kopf „lebendig klopfen".
Du beginnst mit einer flachen Hand oder lockeren Faust, deine andere Hand, den Arm und die Schulter wachzuklopfen.
Während des Klopfens kann beim Ausatmen angeregt werde, vor sich hin zu summen oder das „M" zu tönen.
Dein Klopfen ist so stark, dass du deine geklopfte Hand, den Arm und die Schulter gut spüren kannst. Bleibe dabei für dich fürsorglich.
Du kannst auch das Schlüsselbein mitklopfen.
Wenn du mit der einen Seite fertig bist, wechselst du zur anderen.
Dann klopfst du deinen Nacken mit deinen Fingerkuppen ab.
Beim Kopf wirst du zarter und klopfst ihn wie mit Katzenpfötchen.
Das Gesicht streichst du aus. Dazu legst du deinen Zeigefinger auf den Daumen. In den Winkel, der sich zwischen deinen Fingerkuppen bildet, legst du dein Kinn und streichst zweimal an deinem Unterkiefer entlang bis zu den Ohren.
Dann nimmst du Daumen und Zeigefinger deiner rechten Hand und setzt sie auf die Nasenspitze, streichst auf deinem Nasenrücken entlang und nimmst dabei gleich deine rechte Augenbraue mit. Das gleiche machst du mit der linken Hand und der linken Augenbraue.
Nun streichst du die Stirn mit deinen Fingerkuppen von der Mitte bis zu den Schläfen und dann von den Augenbrauen aus bis zum Haaransatz.
Spüre einen Moment nach.
Empfindest du deinen oberen Körper deutlicher?

O 1 - O 2; U 1 - U 9 - O 1 - O 2

O 2 Lauschen mit den Ohren

Diese Anregung hilft

- sich selbst lauschend zu empfinden.
- leicht und offen zu werden.

Durchführen

Julia
2. Klasse

Du sitzt gut und gesammelt, deine Hände ruhen auf den Oberschenkeln. Du kannst deine Augen schließen. Nun lauschst du mit dem Ohr in den Raum; mit dem rechten Ohr rechts in den Raum und mit dem linken Ohr links in den Raum. Du lauschst immer weiter in die Ferne und neigst dein Ohr nicht nach unten. Erst lauschst du nach rechts und dann nach links und fährst langsam die Seiten wechselnd fort. Du verlagerst dein Körpergewicht auf den entsprechenden Sitzhöcker. Während du dich den Klängen entgegendehnst, atmest du gelassen ein. Im Ausatmen schwingst du in die Mitte zurück.
Wie weit kannst du lauschen?
Stelle dir zu den Klängen und Geräuschen, die du lauscht, auch Farben und Formen vor.

Gestalten

Zeichne, was du gelauscht hast oder zeichne dich beim Lauschen.
Material: Ölkreiden, DIN-A2-Papier

Reflektieren

Was hast du erlauscht? Wie hast du es dargestellt?

O 1 - O 2; U 1 - U 9 - O 1 - O 2

O 3 Schulterkreisen

Diese Anregung hilft

- die bewegliche Verbindung der Arme mit dem Rumpf wahrzunehmen.
- den Schultergürtel zu beleben und ihn gelöst zu empfinden.
- den Raum im oberen Atemraum zu empfinden.

Durchführen

Du sitzt gut gesammelt vorne auf der Stuhlkante. Du beginnst, eine Schulter in ihrer Kontur zu ertasten. Sanft massierend nimmst du erst einmal das Weiche deiner Muskulatur wahr. Vom Hals über den Nacken bis zum Ansatz deines Oberarmes massierst du dich. Danach erhöhst du den Druck und tastest die Festigkeit deiner Knochen im Schultergürtel. Spürst du Oberarmknochen, Schulterblatt und Schlüsselbein?
Nun lässt du beide Arme seitlich hängen und machst mit der massierten Schulter eine Kreisbewegung. Du hebst deine Schulter in Richtung Ohr nach oben und kreist dann nach hinten, unten und vorn. Das übst du ein paar Mal und kannst dabei das kleine, große, langsame und schnelle Kreisen ausprobieren. Wie ist es dir am angenehmsten? Dein Atem fließt dabei ruhig weiter. Nun kommst du langsam zum Ende.
Kannst du einen Unterschied zwischen deinen Schultern spüren?
Empfindest du die bewegte Schulter weicher oder fester, größer oder kleiner als die andere?
Nun massierst du die andere Schulter und kreist mit ihr.

Gestalten

Marionettenbau: Bau dir eine Marionette und lass, deine Marionette eine Partnerin/einen Partner finden, mit der/dem sie ein gestenreiches Gespräch führt.
Material: ein Tuch, drei Perlen (eine für den Kopf, zwei für die Hände), ein kurzer Stab, Faden
Satt der Perlen können auch Zweige oder Federn als Arme oder Flügel genommen werden.

M 7 - O 1 - O 3

O 4 Schulterzucken auf „P“

Diese Anregung hilft,
- den mittleren und oberen Atemraum und die Schultern zu empfinden.
- die Stimmung zu heben und Ärger loszuwerden.

Durchführen
Du stellst dich gut hin und spürst, wie der Boden dich trägt. Nun ertastest, knetest und massiert du deine Schulterkuppen, bis sie gut spürbar sind. Dann lässt du deine Arme sinken, entspannst die Schultern und zuckst einzeln oder gleichzeitig mit ihnen nach oben. Das kannst du mit einem „P“ unterstreichen. In dieser Weise gehst du durch den Raum, nimmst mit deinem Blick Kontakt zu anderen auf und sprichst sie mit dem „P“ an. Probiere aus, wie du das „P“ betonen möchtest. Schafft dir das ein leichtes Gefühl um die Schultern?

W 2 - O 3 - O 4; O 1 - O 3 - O 4 - V 8

O 5 Morgenschwung

Diese Anregung hilft,
- die Achselhöhlen, den Rücken und die Wirbelsäule zu dehnen.
- den oberen Atemraum weit zu empfinden.
- den ganzen Körper zu beleben.

Durchführen
Diese Übung ist im Bewegungsablauf deutlich zu demonstrieren.
Du stehst entspannt in der Grundstellung mit genügend Platz nach vorne und hinten. Du hältst deine Arme gestreckt vor den Körper. Deine Hände berühren sich. Den rechten Arm bewegst du nach unten, hinten, oben und wieder nach vorne in die Ausgangshaltung. Dabei streicht die linke Hand am rechten Arm entlang und begleitet ihn so. Zeigen beide Hände wieder nach vorn in den Raum, hältst du einen kurzen Moment inne, bevor der linke Arm in gleicher Weise mit dem Schwung fortfährt. Diesmal begleitet die rechte Hand den linken Arm. Du betonst das Innehalten der Arme vor dem Körper, indem du dabei in den Beingelenken locker nach unten federst. Ab-

wechselnd schwingst du mit beiden Armen.
Du lässt deinen Atem frei fließen und wählst dir ein angenehmes Tempo.
Schwingt der Arm nach hinten und oben, entsteht der Einatem, im Schwung der Arme nach vorn folgt der Ausatem.
Du beendest langsam die Bewegung. Spüre, wie sich dein Brustkorb im Atmen weitet und wieder schmal wird, wie sich deine Schultern heben und senken und wieviel Raum du um deinen Kopf wahrnehmen kannst. Löse dich aus der Sammlung.

U 4 - O 5 - IG 3; V 3 - O 5 - V 10

O 6 Tönen auf „Ö“

Dies ist eine Anregung,
- das Brustbein und den Schultergürtel sanft zu durchschwingen.
- die eigene Stimmung zu heben.

Durchführen
Diese Übung kann im Sitzen und im Stehen durchgeführt werden.
Du lässt deinen Atem ruhig fließen. Du stellst dir beim Ausatmen und Einatmen vor, schweigend ein „Ö“ zu tönen. Wenn du eine Vorstellung vom „Ö“ hast, lässt du es beim Ausatmen stimmhaft werden. Du tönst das „Ö“ erst wie einen anhaltenden Gesang, ohne dich dabei anzustrengen oder die Luft herauszupressen. Das „Ö“ verklingt mit dem Ende deines Ausatems. Das wiederholst du einige Male.
Probiere aus laut zu tönen, leise zu tönen, hoch und tief zu tönen. • Du kannst eine Hand auf den Brustkorb legen und spüren, ob das „Ö“ Schwingungen in dir erzeugt. • Welche Tonhöhe ist dir beim „Ö“ angenehm? • Du hörst auch auf die anderen und stimmst dich auf sie ein. • Stelle dir Farben für die Töne vor. • Nun beendest du langsam dein Tönen.
Wo hast du die Schwingungen des „Ö“ in dir wahrgenommen?

Hinweis
Beim Tönen kann die Erfahrung des oberen Atemraumes im Einatmen entstehen.

Gestalten
Male die Töne und Zwischentöne, die du wahrgenommen hast oder male, wie du tönst.
Material: Deckmalfarben, DIN-A2-Papier

Reflektieren
Welche Töne hast du gehört? Wie hast du sie gemalt?

Kunstpädagogisches Thema: Farbklang
Beispiele: Robert Delaunay, Rhythmus Nr. 1 (1938), Die Luftschraube (1923);
Franz Marc, Kämpfende Formen (1914); Alexej von Jawlenski, Sommertag (1916)

Verbinden von unten und oben, Integration

Diese Anregung ermöglicht,

V 1 Wirbelbeuge	- aufmerksam auf die gesamte Rückenmuskulatur und die Wirbelgelenke zu werden. - die Atembewegung im Rücken zu empfinden.
V 2 Käfer	- die Beweglichkeit und das Zusammenspiel der Gelenke, Lockerung und Bewegungsfluss zu erfahren.
V 3 Twist	- die Beine, Hüftgelenke, das Becken und die Schultern zu beleben.
V 4 Aufstehen mit Schwung	- mit Leichtigkeit aufzustehen und sich zu präsentieren.
V 5 Das Üben mit der Mokkatasse	- die Seiten zu dehnen und ein Gespür für Arm- und Beingelenke zu entwickeln. - sich im Hintergrund zu bergen und im Vordergrund zu präsentieren.
V 6 Augenbaden	- den Spannungszustand der Augen zu harmonisieren. - entspannter zu sehen.
V 7 Gähnen locken	- das Gesicht zu entspannen. - wach zu werden.
V 8 Rücken an Rücken lebendig machen	- den Rücken deutlich zu empfinden. - spielerischen Kontakt zu einer Partnerin/einem Partner aufzubauen.
V 9 Vom Hocker ziehen	- den ganzen Rücken kräftig zu dehnen. - sich bewusst aufzurichten.
V 10 Rücken an Rücken „M“ tönen	- die Schwingungsfähigkeit des eigenen Rückens zu empfinden. - über den schwingenden Rücken Kontakt zu einer Partnerin/einem Partner aufzunehmen.

V 11 Mit Partnerin/Partner die Atembewegung empfinden	- bewusst innere Bewegungen in Beziehung zu anderen zu erleben.

V 1 Wirbelbeuge

Diese Anregung ermöglicht,
- aufmerksam auf die gesamte Rückenmuskulatur und die Wirbelgelenke zu werden.
- die Atembewegung im Rücken zu empfinden.

Hinweise
Die Übung: „Sitzerarbeiten“ G 2 sollte bekannt sein.
Stühle oder Hocker mit fester, möglichst horizontaler Sitzfläche verwenden.
Lockere Kleidung ist gut für diese Übung. Zu enge Kleidung könnte den Bauch einschnüren.

Durchführen im Sitzen
Vorn am Stuhlrand sitzend, stellst du die Füße parallel und mehr als schulterbreit auseinander; die Arme hängen vor dem Körper. Nun neigt sich die Stirn in Richtung Brustbein. Dadurch entsteht eine gute Dehnung in der Nackenmuskulatur. So bewusst wie möglich rollst du die einzelnen Wirbel von Brustwirbelsäule und Lendenwirbelsäule nach unten ab. Dabei bist du ganz wach für die Dehnung im Rücken und kannst dort die Atembewegung spüren. Es ist nicht wichtig, möglichst tief zu kommen, sondern den Rücken in eine gute Dehnung zu bringen. Du beugst dich nur so weit, wie es angenehm ist. Unten angekommen, lässt du einen Moment Kopf, Rumpf und Arme aushängen - genieße! Atme dabei gut weiter. Dann richtest du dich langsam und geschmeidig wieder auf. Du beginnst mit dem Kreuzbein und lässt die Lendenwirbelsäule folgen. Die Brustwirbel, Halswirbel und der Kopf schließen sich an. Jetzt bist du bis zum höchsten Scheitelpunkt aufgerichtet. Die Schultern und Arme lässt du entspannt hängen.
Kannst du deine Aufrichtung spüren?

Durchführen im Stand

Die Füße stehen parallel und schulterbreit auseinander; die Knie sind leicht eingewinkelt. Der Körper ist gelassen und aufrecht. Nun neigst du die Stirn in Richtung Brustbein und rollst dabei nacheinander deine sieben Halswirbel ab. Es folgen langsam deine Brust-, die Lendenwirbel, das Kreuzbein mit dem Becken. Auch wenn du die Wirbel zunächst nicht einzeln spürst, ist es gut, sie einzeln im Beugen nach unten „anzusprechen". Dabei nicht die Luft anhalten, sondern den Atem ruhig laufen lassen. Schließlich hängt dein gesamter Rumpf an den sicherstehenden Beinen. Du lässt dich in deinen Hüftgelenken, dem Schultergürtel und den Armen hängen.

Eine Weile genießt du, wie das Eigengewicht den Rücken immer länger werden lässt, ihn dehnt.

Die Aufrichtung vollzieht sich genauso langsam und bewusst, wie das Hinunterbeugen. Der Atem kommt und geht und kann wie ein kleiner Wind jeden Wirbel „belüften". Stehst du wieder, genießt du deine Aufrichtung bis zum Scheitelpunkt!

Dann löst du dich aus der Sammlung und schwingst deine Arme, Schultern, und den Rücken locker aus.

V 2 Käfer

Dies ist eine Anregung,

- die Beweglichkeit und das Zusammenspiel der Gelenke, Lockerung und Bewegungsfluss zu erfahren.

Pia
2. Klasse

Durchführen

Während der Übung: die Bauchmuskeln nicht zu fest anspannen und an das Weiteratmen erinnern.

Die Übung in einem flüssigen Tempo anleiten.

Du sitzt in der Grundhaltung und spürst, wie Boden und Sitzfläche dich tragen. Du hebst deine rechte Hand und bewegst die Gelenke des rechten Daumens „wie sie wollen". Nach und nach kommen die Gelenke der anderen Finger dazu, dann Hand-, Ellenbo-

gen- und Schultergelenk, bis der ganze Arm in gleicher Weise bewegt ist. Jetzt beginnst du vom Daumen aus auch den anderen Arm in die Bewegung zu nehmen. Während du beide Arme bewegst, hebst du das rechte Bein etwas an und beginnst es von den Zehen her über das Fußgelenk und das Knie bis zur Hüfte zu bewegen. Du balancierst das Gleichgewicht auf deinem Kreuz- und Steißbein aus. Nun nimmst du in gleicher Weise das linke Bein dazu, so dass Arme und Beine sich wie bei einem Käfer, der auf dem Rücken liegt, bewegen. Wirbelsäule, Hals und Kopf beziehst du mit ein.
Jetzt kommst du langsam wieder zur Ruhe. Du setzt dich wieder in die Grundhaltung und lässt dich vom Boden und der Sitzfläche tragen. Spüre deiner Beweglichkeit nach.

Hinweis
Diese Übung ist gut als Vorbereitung für schwungvolles Malen und Tuschen.

Gestalten
In der Grundschule nach der Übungsfolge: „Sitz erarbeiten“ G 2, „Kutschersitz und Schaukelsitz“ G 3 und „Käfer“ V 2: Zeichne dich in den vier Weisen zu sitzen.
Material: Ölkreiden, DIN-A2-Papier
In der Sek I nach der Übungsfolge: „Im Raum gehen - den Körper spüren“ W3, „Dehnen“ G 1, „Sitz erarbeiten“ G 2, „Käfer“ V 2: Zeichne, alles ist in Bewegung.
Material: Scriptol, Pinsel, DIN-A2-Papier

Variation
Diese Übung kann mit Kindern, denen die Koordination schwer fällt, auch sparsamer durchgeführt werden. Die vier Extremitäten werden einzeln nacheinander durchbewegt und zwischendurch Pausen zum Nachspüren eingelegt.

G 2 - G 3 - V 2; W 3 - G 1 - G2 - V 2; V 2 - W 5 - W 6

V 3 Twist

Diese Anregung hilft,
die Beine, Hüftgelenke, Becken und Schultern zu beleben.

Durchführen
Du stehst, deine Füße sind etwa schulterbreit auseinander. Du hebst die rechte Ferse an und stellst deinen rechten Fuß mit leichtem Druck auf Ballen und Zehen. Dein Knie- und Hüftgelenk beugst du dabei locker. Nun drehst du das Bein aus der Hüfte in beide Richtungen so weit, wie du angenehm kommst. Um die Drehung in deinem Hüftgelenk zu spüren, kannst du eine Hand oben auf deinen Oberschenkel legen. Dein Fuß bewegst du wie auf einer Drehscheibe. Nun winkelst du die Arme locker an und bewegst sie entgegen der Hüftbewegung. Deinen Atem lässt du fließen, wie er will. Finde einen schwungvollen Rhythmus in deiner Bewegung.
2 - 3 Minuten üben
Dann wechselst du zu deinem linken Bein.

Reflektieren
In welcher Körpergegend kannst du dich deutlich spüren?

V 2 - V 3 - IG 3

V 4 Aufstehen mit Schwung

Diese Anregung ermöglicht,
mit Leichtigkeit aufzustehen und sich zu präsentieren.

Durchführen
Du setzt dich auf den höchsten Punkt deiner Sitzhöcker, deine Füße stehen schulterbreit und parallel nebeneinander. Die Arme hängen locker herab. Du rollst nun mit dem Becken hinter die Sitzhöcker und lässt dein Kinn Richtung Brust sinken. Dein Rücken wird rund und weit. Du atmest ein. Deine Arme schwingen nach hinten. Im Ausatmen rollst du dein Becken wieder nach vorne, deine Arme schwingen mit und du stehst mit einem kleinen Schwung nach vorne auf. Du setzt dich wieder und wiederholst die Übung.

Dabei kannst du dein Becken ruhig mehrfach nach hinten und vorne rollen, bis du wieder genug Schwung zum Aufstehen hast. • Vergleiche einmal, ob es dir leichter fällt im Ausatmen oder im Einatmen aufzustehen.
Im Ausatmen kann mehr Energie beim Aufstehen zur Verfügung stehen, wenn der Rücken geschmeidig ist und sich im Einatmen nach hinten weiten kann.

Reflektieren
Wie kannst du leichter aufstehen?

Hinweis
Die Übung eignet sich gut zur Belebung am Stundenanfang.

V 5 Das Üben mit der Mokkatasse

Dies ist eine Anregung,
- die Seiten zu dehnen und ein Gespür für Arm- und Beingelenke zu entwickeln.
- sich im Hintergrund zu bergen und im Vordergrund zu präsentieren.

Durchführen
Die Übung kann mit der Vorstellung einer Kellnerin/eines Kellners, die/der im Gedränge eine Tasse balanciert, begleitet werden. Zur Einstimmung eine Acht und eine liegende Acht in die Luft malen.
Du stehst gut. Du streckst deinen Arm auf schulterhöhe seitlich aus. Die Handfläche ist nach oben gerichtet und leicht geöffnet. Du stellst dir vor, dass auf einer Untertasse eine kleine gefüllte Tasse (eine Mokkatasse) auf deiner Hand steht. Du bewegst deinen Arm nach vorn, während du deinen Ellenbogen einbeugst. Du führst deine Hand weiter unter deiner Achselhöhle hindurch nach hinten. Dabei rundest du deinen Rücken und lässt den Kopf sinken. Deine Beingelenke beugen sich leicht, so dass die Bewegung angenehm ist. Dann kommst du mit der Tasse wieder in den Vordergrund und streckst deinen Arm seitlich aus. In der Bewegung achtest du darauf, dass dir die Tasse nicht aus der geöffneten Hand fällt. Du behältst alle Flüssigkeit in der Tasse. Deine Handhöhlung bleibt immer nach oben gerichtet.
Die Bewegung dehnt ergiebig im seitlichen Rumpf.

Deine Bewegung ist leicht. Du lässt deinen Atem fließen.
Bewegst du deine Hand in den Hintergrund, werden dein Rücken und die Seiten weit. Wenn du wieder nach vorne kommst, erscheinst du und präsentierst dich mit der Mokkatasse. Du übst einige Male mit dem rechten Arm, dann mit dem linken, später mit beiden Armen gleichzeitig. Nimm dabei den Fluss deiner Bewegung wahr.
Wenn die Bewegung leicht ausgeführt wird, kann sie erweitert werden.
Du kannst nach dem Kreisen des Armes, wenn er in Vorhalte steht, einen zweiten äußeren Armkreis anschließen. Deine Hand schwingt dabei von vorne zur Seite. Deinen Kopf und Rumpf beugst du nach hinten, die Hand beschreibt einen großen Kreis über deinem Kopf und über deinem Rumpf und kommt unter deiner Achselhöhle hindurch, wieder in die Vorhalte.
Schließlich stehst du in deiner Ausgangslage. Dabei bleibt ebenfalls die Handfläche unverändert nach oben gerichtet. Die gesamte Bewegung gleicht einer liegenden Acht. Bewege dich so, dass du dabei gelassen weiter atmen kannst.
Nicht zu lange üben.

Abb. Farbtafel 4.3

Gestalten
Zeichne dich in deiner Bewegung mit der Tasse.
Material: Ölkreiden, DIN-A2-Papier

Reflektieren
Wie hast du dich in der Bewegung wahrgenommen?
Wie hast du es in der Zeichnung dargestellt?

G 1 - V 5

V 6 Augenbaden

Diese Anregung hilft,
- den Spannungszustand der Augen zu harmonisieren.
- entspannter zu sehen.

Durchführen

Du massierst deine Handmitten und machst sie damit lebendig. Dann drückst du mit den Daumen mehrmals kräftig in die Handhöhlen. Nun setzt du dich an den vorderen Stuhlrand. Du stellst deine Füße etwas breiter auseinander, beugst den Oberkörper nach vorn und stützt die Ellenbogen auf die Oberschenkel oder auf den Tisch. Deine Handflächen drehst du nach oben und formst sie locker zu Höhlen. Nun legst du deinen Kopf so auf die Hände, dass die Augen abgedeckt werden. Finde eine bequeme Haltung. Deine Hände lassen kein Licht mehr durchscheinen. Deine Nase bleibt frei. Die Augen lässt du offen und schaust in deine Handhöhlen hinein. In dieser Haltung verweilst du einige Zeit. Beobachte deinen Atemfluss.
Du richtest dich langsam wieder auf; deine Hände sinken auf die Oberschenkel.
Nimm wahr, wie du deine Augen nun empfindest.
Nimm wahr, wie du schaust.
Löse dich davon.

Hinweis

Um die Augen zu entspannen, kann diese Übung nach einer Maleinheit und vor dem Betrachten von Bildern eingesetzt werden.

G 1 - M 9 - V 6 -B 13

V 7 Gähnen locken

Diese Anregung hilft
- das Gesicht zu entspannen.
- wach zu werden.

Durchführen

Ist der Sauerstoffgehalt im Blut niedrig, setzt unwillkürlich der Impuls zum Gähnen ein. Das tiefe Aus- und wieder Einatmen des Gähnens reichert das Blut mit Sauerstoff an und belebt.

Du wanderst mit deiner Zunge in deinem Mund herum. Du spürst die Höhlung deines Gaumens, die Festigkeit deiner Zähne, die Weichheit deiner Wangen. Deine Zunge dehnt von innen sanft dein Gesicht. Wenn es ganz weich und weit ist, nimmst du deine Handhöhlen und hältst sie vor die Mundhöhle und lockst mit ihnen das Gähnen. Die Hände sind dabei weich und beweglich. Du öffnest den Mund und gähnst in die Handhöhle hinein. Geräusche sind dabei erlaubt. Wie fühlst du dich nach dem Gähnen? Hat es dich erfrischt?

Da das Gähnen häufig mit Müdigkeit assoziiert wird, kann anfangs die spontane Reaktion auch ein „"Jetzt fühle ich mich müde", sein.

Hinweis

Auch indem man mit der Zungenspitze oben am Gaumen nach hinten fährt löst man das Gähnen aus.

G 1 - V 7 - B 5, G 1 - V 7 - R 8 - V 11

V 8 Rücken an Rücken lebendig machen

Diese Anregung ermöglicht,
- den Rücken deutlich zu empfinden.
- spielerischen Kontakt zu einer Partnerin/einem Partner aufzubauen.

Durchführen
Du suchst dir einen Partner/eine Partnerin, der oder die ungefähr deine Größe hat. Mit einem Abstand von wenigen Zentimetern stellt ihr euch mit dem Rücken zueinander . Du wählst einen sicheren Stand. Deine Beine und der Bauch sind locker. Du spürst in deinen Rücken. Wie fühlt sich dein Rücken an? Dann lehnst du dich leicht zurück und eure Rücken berühren sich. Du beginnst deinen Rücken am Rücken deines Partners/deiner Partnerin zu reiben - mal heftiger - mal langsamer. Dabei atmest du gut weiter. Bewege dich so, dass du möglichst mit jeder Fläche des Rückens einmal in Kontakt gehst. Wenn du die Ellenbogen nach vorne nimmst, kannst du auch gut die Fläche zwischen den Schulterblättern reiben. Zum Schluss der Übung wirst du langsamer und löst dich dann von deinem Partner oder deiner Partnerin. Spürst du deinen Rücken anders als vorher? Wie empfindest du ihn? Spürst du ihn größer oder kleiner, kälter oder wärmer als vorher? Kannst du dir für die Empfindungen im Rücken Farben vorstellen?

Hinweis
Wenn diese Übung eine zu große Nähe für die Beteiligten bedeutet, kann der Rücken auch als Einzelarbeit an der Wand oder an einer Tür lebendig gemacht werden. Die Füße stehen dabei etwa schulterbreit auseinander und ca. 30 cm von der Wand entfernt. Wenn die Wände zu kühl sind, darauf achten, dass die Kinder warm gekleidet sind.

Variation
In spielerischer Weise kann diese Übung zu Beginn einer Stunde als Begrüßungsritual eingesetzt werden. Dazu aus dem Gehen heraus anregen, sich gegenseitig Rücken an Rücken warm zu schubbern, wie es „Wildschweine zur Begrüßung tun“. Das „Wildschweinschubbern“ ist weniger geführt als „Rücken an Rücken lebendig machen“. Dabei mehrmals die Partner wechseln.

V 8 - V 10; W 1 - V 8 - IG 3

V 9 Vom Hocker ziehen

Diese Anregung ermöglicht
- den ganzen Rücken kräftig zu dehnen.
- sich bewusst aufzurichten.

Durchführen
Die Stühle so stellen, das die Rückenlehne seitlich ist.
Finde eine Partnerin oder einen Partner. Ihr setzt euch einander gegenüber und nehmt an der Kante der Sitzfläche Platz. Den Abstand zueinander bemesst ihr so, dass ihr euch mit lang ausgestreckten Armen an den Handgelenken gut umfassen könnt. Die Füße stellt ihr etwas mehr als hüftbreit auseinander. Einigt euch darüber, wer anfängt. Nun rollt A langsam mit rundem Rücken hinter die Sitzhöcker. Die Füße bleiben dabei am Boden stehen. A zieht allein mit dem Gewicht seines Rückens B zu sich hinüber. B ist passiv und lässt sich nacheinander die Arme, die Schultern und die Wirbelsäule lang dehnen, bis B durch den Zug wenige Zentimeter vom Stuhl abhebt. Einen Moment bleibt ihr in der Haltung und spürt euren Atem. A wird nun passiv. Langsam kehrt B auf den Hocker zurück, richtet sich bewusst vom Kreuzbein über die einzelnen Wirbel wieder auf und beginnt A vom Hocker zu ziehen. Ihr wiederholt dies mehrmals.
Darauf achten, dass sich die Partner wirklich ziehen lassen und dass die Dehnung langsam ausgeführt wird. Aus der Gewichtsverlagerung entsteht die Kraft zum Ziehen.

Gestalten
Erfinde zwei Figuren, die sich gegenseitig vom Hocker ziehen.
Material: Karton, Briefklammern

Kunstpädagogisches Thema: Schattenfiguren
Beispiel: Christian Boltanski, Der Engel der Einigkeit (1986), Die Schatten (1986), Theatralische Kompositionen (1980)

V 10 Rücken an Rücken „M“ tönen

Dies ist eine Anregung,
- die Schwingungsfähigkeit des eigenen Rückens zu empfinden.
- über den schwingenden Rücken Kontakt zu einer Partnerin/einem Partner aufzunehmen.

Durchführen

Die Lehnen der Stühle befinden sich an der Seite.
Beide Partner sitzen Rücken an Rücken auf dem Stuhl. Du nimmst die eigene Atembewegung und die des anderen im Rücken wahr. Dann rückt ihr ein wenig auseinander, bis sich die Rücken nicht mehr berühren. Jetzt tönst du das „M“. Probiere verschiedene Tonhöhen aus, tiefe und hohe. Wo schwingt dein Rücken mit den Tönen mit?
Du tönst einige Atemzüge tief und spürst dabei in den Bereich des Kreuzbeines. Du wirst höher im Ton und spürst in den mittleren Rücken und zum Schluss spürst du mit hohen Tönen zwischen die Schulterblätter. In jedem Bereich verweilst du. Wenn du das Tönen beendet hast, sammelst du dich auf deinen ganzen Rücken und schwingst nach.

Reflektieren

Konntest du die Schwingungen deines Rückens und auch die Schwingungen des Rückens deiner Partnerin/deines Partners spüren? Tauscht euch darüber aus.

Variation

Für die Grundschule kann die Übung in eine Geschichte von großen und kleinen Schiffen im Nebel eingebettet werden.

V 8 - V 10

V 11 Mit Partnerin/Partner die Atembewegung empfinden

Dies ist eine Anregung,
bewusst innere Bewegungen in Beziehung zu anderen zu erleben.

Durchführen
Suche dir eine Partnerin/einen Partner und stellt euch im Abstand von 30 - 40 cm gegenüber. Deine Füße stehen schulterbreit auseinander, die Knie sind locker. Schließe deine Augen und wende deinen Kopf ein wenig zur Seite, so dass dich der Atem des Partners/der Partnerin nicht trifft. Spüre in dich hinein und nimm deine Atembewegung wahr.Spürst du beim Atmen die Dehnung deines Körpers in eine Richtung besonders?
1/2 Min. Zeit lassen.
Du stellst dich nun rechts neben deine Partnerin/deinen Partner.
Euer Abstand beträgt wieder 30 - 40 cm. Spüre wieder deine innere Atembewegung.
Hat deine Atembewegung jetzt eine andere Richtung?
1/2 Min. Zeit lassen.
Meistens spürt man die der Partnerin/dem Partner zugewandte Seite am stärksten.
Nun wechselt du wieder deinen Platz. Stelle dich mit deinem Rücken zu deiner Partnerin/ deinem Partner. Spüre wieder in dich hinein und nimm deine Atembewegung wahr.
Soll eine gestalterische Umsetzung folgen, anregen, sich die Empfindungen der Atembewegung als Formen oder Farben vorzustellen.
1/2 Min. Zeit lassen.
Nun probiere auch die linke Seite aus.
Nimm wieder die Richtung deiner Atembewegung wahr.
1/2 Min. Zeit lassen.
Nimm etwas mehr Abstand zu deiner Partnerin/deinem Partner und spüre noch einmal nach.

Gestalten
Male die Farben, die sich bei dieser Übung einstellten.
Male dich mit deiner Partnerin/deinem Partner bei der Übung.
Material:Schwämme oder breite Pinsel, Aquarellfarben, große Bögen Makulatur

Reflektieren
Austausch zu zweien:
Konntest du den Richtungswechsel deiner Atembewegung spüren?
War sie deinem Partner/deiner Partnerin zugewandt?

W 9 - U 1 - B 4 - V 11; B 11 - B 12 - V 11

Unterrichtseinheit (UE)

Die Unterrichtseinheiten orientieren sich an den Lehrplänen für den Kunstunterricht in Schleswig-Holstein. In den Lehrplänen ist die Vermittlung von fachlichen und sozialen Kompetenzen im Kunstunterricht empfohlen. Die Unterrichtseinheiten zeigen, wie empfindungsorientierte Unterrichtsinhalte und Übungsfolgen über mehrer Unterichtsstunden aufgebaut sein können. Erprobt wurden die Unterrichtseinheiten mit Klassen und Gruppen, die schon einige Wochen Erfahrung mit den Übungen aus diesem Buch hatten. Hinweise zum Unterricht sind in den Unterrichtseinheiten gegeben, wenn sie über das in den Übungen stehende hinausgehen.

UE: Aus der Empfindung mit Ton gestalten

Ich forme mit meiner Kraft Objekte.
Objekte erzählen von den Kräften, die sie formten.

Schulart/ Klassenstufen	GS, Sek. I Kl. 3 - 4, Kl. 5
Zeit	6 Einzelstunden
Arbeitsbereich	Plastik, Objektdesign
GS: Leitthema	Sich selbst finden - mit anderen leben
Sek. I: Bezug zum Kernproblem 5: „Partizipation“	Die Gestaltung der eigenen Lebensverhältnisse

Selbst- und Sozialkompetenz

Die Schülerinnen und Schüler

- diferenzieren ihr Körperempfinden.
- werden mit physiologischen Körperhaltungen vertraut.
- lernen den Ausdruck von Körperhaltungen wahrzunehmen und zu benennen.
- werden angeregt von der eigenen Empfindung und Vorstellung bei der plastischen Gestaltung auszugehen.

Sach- und Methodenkompetenz
Die Schülerinnen und Schüler lernen mit dem Werkstoff Ton zu arbeiten.

Raum
Der Raum muss genügend Bewegungsfreiheit für die Übungen bieten. Ein Werkraum ist wegen der unmittelbaren Umsetzungsmöglichkeit gut geeignet.

Material für jede Unterrichtsstunde: Modellierton, Abdeckfolie, Spatel
Hinweise: 12 Kinder brauchen ca. 30-40 kg Ton in dieser UE.
Es wird geschmeidiger, sehr fein schamottierter Modellierton empfohlen. Die Kinder bekommen Tonstücke, die in der Größe etwa der kindlichen Hand entsprechen. Tische evtl. mit Folie abdecken. Spatel werden benötigt, um sehr massive Tonformen auszuhöhlen, dadurch werden Trockenrisse vermieden, und zum Einritzen der Namenskürzel nach jeder Stunde.

Fächerübergreifend Sport

1. Stunde: Die Handschale

Selbst- und Sozialkompetenz
Die Schülerinnen und Schüler
- lernen eine entspannte, aufrechte Sitzhaltung kennen.
- werden sich der Atembewegung ihres Körpers bewusst.
- differenzieren das Empfindungsbewusstsein ihrer Handmitten.

Sach- und Methodenkompetenz
Die Schülerinnen und Schüler
- modellieren mit geschlossenen Augen eine Handschale.

<u>Übungen:</u> „Sitz erarbeiten“ G 2, „Atembewegung spüren“ R 8, „Empfinden zwischen den Handmitten“ M 9
<u>Gestalten:</u> Eine Tonkugel wird zwischen den Handflächen gerollt und geformt. Die Kugeln werden betrachtet. Die Kugel wird in eine Hand gelegt. - Die Lehrkraft demonstriert die folgende Arbeitsweise. - Wer möchte, kann jetzt die Augen schließen. Drückt mit dem Daumen der anderen Hand eine Vertiefung in die Kugel. Nun wird mit Daumen und den anderen Fingern von außen und innen die Schale geformt. Die Schale liegt während der ge-

samten Arbeit in einer Hand und kann darin gedreht werden. Mit geschlossenen Augen fühlen die Kinder, wie die Schale entsteht. Manchmal franst der Schalenrand aus, dann kann mit einem Finger darübergefahren werden oder das Ausgefranste kann auch als gestalterisches Merkmal stehenbleiben. Reflektieren: Die Schalen werden betrachtet und Erfahrungen aus dem Arbeitsprozeß ausgetauscht. Einritzen der Namenskürzel.

2. Stunde: Was ist was?

Selbst- und Sozialkompetenz
Die Schülerinnen und Schüler
- lernen Körperkontakt zu differenzieren.
- differenzieren ihren Tastsinn.

Sach- und Methodenkompetenz
Die Schülerinnen und Schüler
- lernen ein Ritual kennen.
- setzen Ertastetes plastisch um.

Material: Modellierton, Tuch, verschiedene Gegenstände zum Ertasten (Steine, Früchte, Muscheln, Baumrinden, etc.)

Übungen: „Gehen im Raum“ W 3, „Begrüßungsritual“ IG 1
„Empfinden zwischen den Handmitten“ M 9,
„Kennst du deine Hand?“ Teil 1 Tastempfinden differenzieren W 11
Gestalten: Eine Tonkugel wird zwischen den Handflächen formend gerollt. Unter dem Tuch wird ein Gegenstand ertastet. Dabei soll nicht gesprochen werden. Die Form des ertasteten Gegenstandes wird in Ton nachgestaltet. Der Gegenstand darf mehrmals nachgefühlt werden, wenn die Form nicht mehr gewusst wird bzw. noch Einzelheiten ertastet werden. Einritzen der Nameskürzel.

Kai
Kunst AG
3. Klasse

Reflektieren: Die gestalteten Gegenstände werden mit den ertasteten auf einen Tisch gestellt, zugeordnet und besprochen.

3. Stunde: Form entsteht durch Kraft

Selbst- und Sozialkompetenz

Die Schülerinnen und Schüler lernen die eigene Kraft als Gestaltungskomponente kennen.

Sach- und Methodenkompetenz

Die Schülerinnen und Schüler lernen die gestaltenden Kräfte einer Form wahrzunehmen und zu beschreiben.

Arbeitssituation Kunst AG 3. Klasse

<u>Übungen:</u> „Den Körper abklopfen“ W 9, „Kreuzbein in den Raum
dehnen“ U 14, „Im Vierfüßlerstand Trochanterschieben“ U 15, „Empfinden zwischen den Handmitten“ M 10
<u>Gestalten:</u> Eine Tonkugel wird zwischen den Handmitten formend gerollt. Nacheinander soll jedes Kind seine Kugel in eine bestimmte Ecke werfen. Die Kraft soll beim Wurf bewusst dosiert werden wie bei der Übung „Trochanterschieben“. Bei jedem Wurf entsteht eine spezifische Form.
<u>Reflektieren:</u> Die verformten Kugeln werden mit einer unverformten Kugel verglichen. Es wird anhand der entstandenen Kanten, Ecken und Verformungen die Stärke der Kraft, der Ort und die Richtung des Auftreffens bestimmt. Wie hat die Kraft des Wurfes die Kugel geformt?
Einritzen der Namenskürzel.

4. Stunde: Der Pressgriff

Selbst- und Sozialkompetenz

Die Schülerinnen und Schüler
- lernen Sitzhaltungen kennen, die die Muskulatur entlasten.
- nehmen die schwingende Oberfläche ihres Rumpfes wahr.
- erleben ihre formende Kraft in einer einfachen Geste.

Sach- und Methodenkompetenz

Die Schülerinnen und Schüler deuten und benennen ihren Pressgriff.
<u>Übungen:</u> „Sitz erarbeiten“ G 2, „Käfer“ V 2, „Kutschersitz und Schaukel-

sitz“ G 3, „Atembewegung erspüren“ R 8, „Empfinden zwischen den Handmitten“ M 9
Gestalten: Eine Tonkugel wird zwischen den Handflächen formend gerollt. Die Kinder nehmen die Kugel in eine Hand und pressen die Finger so stark in den Ton hinein, wie es ihnen angenehm ist. Der Pressgriff wird auf den Tisch kräftig aufgesetzt oder leicht gelegt.
Hinweis: Die entstandenen Pressgriffe können mit einem Loch versehen werden. An Bindfäden zu einer Traube aufgehängt ergeben sie eine Gemeinschaftsarbeit.
Reflektieren: Die Kinder betrachten das Gebilde und deuten es. Es bekommt einen Namen. Das Gebilde wird der Gruppe mit dem gefundenen Namen vorgestellt. Einritzen der Namenskürzel.
Beispiele von Künstlern: Rolf Simon-Weidner, Eingriffe, Kat.: Kunsthalle Kiel 1981;
Michael François, Savon, Le Fantom et la Boîte noire, Kat.: dokumenta IX, 1992 und Abb. Süddeutsche Zeitung vom 20./21. Juni 1992, S. 35

5. Stunde: Beugen, Aufrichten - Formen einer Figur

Selbst- und Sozialkompetenz
Die Schülerinnen und Schüler
- werden aufmerksam auf ihreWirbelsäule.
- nehmen ihre Aufrichtung wahrn.

Sach- und Methodenkompetenz
Die Schülerinnen und Schüler stellen Figuren aus Ton her und deuten deren Haltung.

Einstieg
Die Kinder betrachten noch einmal die Pressgriffe der Vorstunde. Sie greifen in den eigenen Pressgriff hinein und empfinden, wie sich das Objekt nun anfühlt. Kannst du den Druck deiner Hand beim Pressen wieder erkennen? Passt der Name noch zu deiner Plastik? Danach greift das Kind in ein oder zwei Pressgriffe anderer und kann Unterschiede der Handgröße, der Handhaltung und des Pressdruckes wahrnehmen.

Übungen: „Schwingendes Stehen“ G 4, „Aufstehen mit Schwung“ V 4, „Wirbelbeuge“ V 1, „Belebung der Handmitten“ M 9

Gestalten: Eine Kugel wird zwischen den Handflächen formend gerollt. Die Größe bestimmen die Kinder selbst. Diese Kugel wird durch Pressen, Drücken und Ziehen in eine Figur gebracht, die, wie in den Übungen selbst empfunden, gebeugt oder aufgerichtet ist.
Reflektieren: Die Arbeiten werden in der Gruppe vorgestellt. Die Haltungen können von den Kindern nachgestellt werden.

6. Stunde: Die Streitenden - Formen von zwei Figuren

Selbst- und Sozialkompetenz
Die Schülerinnen und Schüler
- bekommen Gelegenheit sich anderen gegenüber zu vertreten und dabei unterstützt zu werden.
- lernen Körperhaltungen,Gestik, Mimik wahrzunehmen und zu benennen.

Sach- und Methodenkompetenz
Die Schülerinnen und Schüler drücken durch die Körperhaltung der Figuren ein Streitgespräch aus.

Übungen: „Im Raum gehen - den Körper spüren" W 3, „Den Raum erfahren" W 4, „Schnecke - Bus" W 7, „Streitgespräch" IG 4, „Belebung der Handmitten" M 9
Gestalten: Aus zwei Tonkugeln werden zwei Figuren (Wesen, Formen) modelliert, die unterschiedliche Haltungen im Streit ausdrücken.
Reflektieren: Gemeinsames Betrachten der Szenen und Nachstellen der Haltungen.
Beispiele von Künstlern: Brancusi, Das Ei
H. Moore, Drei aufrechte Motive (Glenkiln-Cross) 1955/56, Bronze
H. Arp, Träumender Stern, 1958 Kalkstein
A. Giacometti, Frauenfigur für Venedig VIII, 1956
Bernhard Heiliger, Baum zwischen zwei Welten, 1982

Unterrichtsidee: Ingeborg Dühring-Köberich, Waldschule Geesthacht

UE: Bewegungsempfindungen im Raum, wahrnehmen und gestalten

Meine Bewegung wird zur bewegten Plastik.

Klassenstufe	Sek. I, Kl. 7 - 10
Zeit	4 Doppelstunden
Arbeitsbereiche	Bewegung/ Spiel/ Aktion Plastik/ Objekt/ Objektdesign
Bezug zum Kernproblem 5: „Partizipation“	Eigene Empfindungen, Vorstellungen und Gedanken in bildnerischen Gestaltungen verarbeiten; Recht auf Selbstbestimmung und Selbstverwirklichung wahrnehmen

Selbst- und Sozialkompetenz
Die Schülerinnen und Schüler
- differenzieren ihr Körperempfinden durch bewusstes Balancieren.
- erleben ihre Bewegungen im Kontakt mit anderen.
- orientieren sich im Raum.

Sach- und Methodenkompetenz
Die Schülerinnen und Schüler lernen, die eigene Empfindung in unterschiedlichen Materialien dreidimensional auszudrücken und zu besprechen.

Fächerübergreifend	Musik, Sport, Biologie, Deutsch

1. Doppelstunde: Teil I: Bewegung als Ausdruck innerer Haltung

Selbst- und Sozialkompetenz
Die Schülerinnen und Schüler
- nehmen die eigenen Bewegungsweisen als Ausdruck innerer Haltungen wahr.
- reflektieren, wie sich Bewegungsweisen auf die Qualität von Begegnungen mit anderen auswirkt.

Sach- und Methodenkompetenz
Die Schülerinnen und Schüler
- entwickeln abstrakte Zeichen für unterschiedliche Bewegungsarten.
- setzen diese Zeichen mit dem Material Draht räumlich um.

Material: Zeichenpapier, Bleistift; Drahtstücke von 60 cm Länge

<u>Übungen:</u> „Im Raum gehen - den Körper spüren" W 3,
„Den Raum erfahren" W4, „Zwei Weisen, im Raum zu gehen" W 5

Teil II: Ich bewege mich mit anderen

Selbst- und Sozialkompetenz
Die Schülerinnen und Schüler
- empfinden die Art und Weise der eigenen Bewegungen im Verhältnis zu den Bewegungen der anderen.

Sach- und Methodenkompetenz
Die Schülerinnen und Schüler
- drücken diese Empfindungen plastisch mit dem Material Draht aus.

Material: 1 Tuch oder 1 Bindfaden, 80 cm lang mit Doppelknoten an den Enden pro Person,
Draht unterschiedlicher Stärke, farbige Pfeifenreiniger (Biegeplüsch), Zange, Holzbrettchen als Sockelplatte

<u>Übungen:</u> „Lockern nach Musik" W 1, „Perpetuum Mobile" IG 3

2. Doppelstunde: Balance

Selbst- und Sozialkompetenz
Die Schülerinnen und Schüler
- differenzieren ihre Empfindung für die eigene Fußsohle.
- nehmen ihren Kontakt zum Boden wahr.
- werden angeregt sicher auf einem Bein zu stehen.
- lernen das Balancieren des Körperschwerpunktes als wichtigen Teil von aufrechter Bewegung kennen.

Sach- und Methodenkompetenz
Die Schülerinnen und Schüler setzen Bewegungen in plastische Formen um.

Übungen: „Mit den Füßen stampfen“ W 2, Sicher auf einem Bein stehen T 11, „Lange auf einem Bein stehen“ T 12, „Balancieren in unterschiedlichen Bewegungsarten“ T 13

3. Doppelstunde: Bewegungsgepräch

Selbst- und Sozialkompetenz
Die Schülerinnen und Schüler
- nehmen Anmutungen unterschiedlicher Bewegungen und die Spannung, die durch kontrastierende Bewegungsweisen aufgebaut wird, wahr.
- kommunizieren untereinander mit strukturierten Bewegungen/Gesten.

Sach- und Methodenkompetenz
Die Schülerinnen und Schüler
- lernen eine strukturierte Bewegungsfolge (Choreografie) kennen.
- setzen ihre Erfahrungen in einem Tonrelief um.

Material: Zeichenpapier, Bleistift, Ton, Ritzwerkzeuge, evtl. Brennofen

Übungen. „Im Raum gehen - den Körper spüren“ W 3,
„Zwei Weisen im Raum zu gehen“ W 5, Teil: Variation
Gestalten: die Schülerinnen und Schüler fertigen eine Skizze von der Bewegungsdynamik, die sie wahrgenommen haben an. Die Skizze dient zur Vorlage für ein Tonrelief. In eine Grundplatte von ca.15 x 15 cm werden durch ritzen und aufsetzen von Stegen Strukturen geschaffen, die die Bewegungsdynamik im Relief veranschaulichen.
Reflektieren: Kreisgespräch: Beschreibe den anderen deine Beobachtungen und die Aussage deines Reliefs.

4. Doppelstunde: Mit dem ganzen Körper den Raum wahrnehmen

Selbst- und Sozialkompetenz
Die Schülerinnen und Schüler
- erfahren die Grenzen des Raumes als Möglichkeit der Auseinandersetzung.

- entwickeln am Boden die Ganzheitlichkeit ihrer Bewegung.
- werden angeregt ihrem inneren Bewegungsfluss stärker zu vertrauen.

Sach- und Methodenkompetenz
Die Schülerinnen und Schüler
- entwickeln individuelle plastische Aussagen.
- stellen Verbindungen mit Ton her.

Material: Ton
Hinweis: Beim Aneinanderfügen von plastischen Elementen beide Ansatzstellen aufrauhen, anfeuchten und die Elemente gut andrücken. Eventuell mit feuchten Fingern die Nahtstelle verstreichen.

Übungen: „Im Raum gehen - den Körper spüren" W 3, „Die Wand als Bewegungserfahrung" T 15, „Der Boden als Bewegungserfahrung" T 16, „Sich weich über den Boden bewegen" T 17
Gestalten: Plastische Umsetzung der Bewegungserfahrungen
Reflektieren: Kreisgespräch: Welche der vier Übungen hat dich zum gestalterischen Ausdruck angeregt? Welche Erfahrungen waren dir dabei wichtig? Wie hast du die Form entwickelt?

Unterrichtsidee: Uwe Krieger, Realschule mit Grund- und Hauptschulzweig, Viöl

UE: Inneres Gleichgewicht - Bildnerisches Gleichgewicht

Grundlagen der Bildgestaltung, erfahrbar gemacht durch körperbezogene Wahrnehmungsübungen.

Schulart/Klassenstufen: Sek. I, Sek. II

Zeit: 5 Doppelstunden

Arbeitsbereiche: Grafikdesign/Druck/Fotografie[1]
Lernfelder: Malerei
Grafik/Handzeichnung
Schrift/Informationsdesign
Fotografie[2]

Bezug zu den Kernproblemen (Sek. I):
Eigene Empfindungen, Vorstellungen und Gedanken in bildnerischen Gestaltungen verarbeiten
(Kernproblem 5: „Partizipation")

Aufgabenbereiche (Sek. II):
Gestaltung als Selbstverwirklichung im kreativen Prozess;
Gestaltung als Mittel der Verständigung und Beeinflussung

Einbettung in Halbjahresthema (Sek. II):
Fotografie und visuelle Kommunikation

Übergeordnete Struktur:
Von bildnerischen Elementen zur Komposition in der Bildbetrachtung.
Von taktilen Wahrnehmungen äußerer Gegebenheiten zur kinästhetischen Wahrnehmung.

Sach- und Methodenkompetenz
Die Schülerinnen und Schüler empfinden, erkennen, überprüfen und erschaffen grundlegende bildnerische Elemente und Kompositionen.

Selbst- und Sozialkompetenz
Die Schülerinnen und Schüler entwickeln ein Gespür für das eigene Körperempfinden.

1. Doppelstunde: Ich im Raum: Die Linie

Sach- und Methodenkompetenz:
Die Schülerinnen und Schüler
- stellen Raum, Zeit und Dynamik bildnerisch dar.
- werden sich der Merkmale des bildnerischen Elementes Linie bewusst: gerade-gekrümmt; kurz-lang; dick-dünn; spitz-stumpf....
- verstehen die Linie als graphisches Ausdrucksmittel.
- setzen graphische Linien in Bewegung um.

Selbst- und Sozialkompetenz:
Die Schülerinnen und Schüler
- nehmen sich im Verhältnis zum Raum wahr.
- reflektieren die eigene Wahrnehmung.
- entwickeln ihre Raumorientierung.

Material: Kohle, Papier DIN A 2

1. Ich im Raum

Übungen: „Dehnen" G 1, „Zwei Weisen im Raum zu gehen" W 5

2. Ich in der Bewegung

Übung: „Bewegungszeichen/Schatzkarte" W 6
Gestalten: Zeichnen der verschiedenen Bewegungserfahrungen
Reflektieren: Linie als bildnerisches Element, Merkmale der Linie

3. Die Linie als Bewegung

Übung: „Raum- und Bewegungserkundung"
Die Schülerinnen und Schüler suchen sich aus den entstandenen Skizzen eine ihnen unbekannte heraus und setzen sie wieder in Bewegung um.
Reflektieren: Die Linie als Träger von Ausdruck und Informationen.
Gestalten: Collage aus Elementen der Skizzen, grafische Weiterbeurteilung - Nachgehen/Tanzen der entstandenen Collage; Ein Tag in meinem Leben - Die Dynamik des Tages als Diagramm

2. Doppelstunde: Flächige Berührungsempfindungen

Selbst- und Sozialkompetenz:
Die Schülerinnen und Schüler
- werden sich der Empfindsamkeit des eigenen Körpers bewusst.
- lernen Empfindungen auszudrücken und zu differenzieren.

Sachkompetenz:
Die Schülerinnen und Schüler erkennen Merkmale des bildnerischen Elementes Fläche:
Größe, Ausdehnung, Gerichtetheit, Begrenzung, Anordnung,

Material: Graphitblöcke, schwarze Kreiden, Zeichenpapier DIN A 3

1. Ich mache mich empfindsam

Übungen: „Den Körper abklopfen“ W 9,
„Rücken an Rücken lebendig machen“ V 8

2. Ich nehme mit meinem Körper Kontakt auf

Übung: „Kontakttanz mit dem Reissäckchen“ (Schwerpunkt: Rücken) T 6
Gestalten: Zeichne die Bahn, die das Reissäckchen auf deinem Rücken zurückgelegt hat. Mache deutlich, wo du es mehr gespürt hast und wo weniger deutlich.
Übung: „Rücken an Rücken schwingen“ T 21
Gestalten: Zeichne, wo und wie du den Kontakt mit dem Partner/der Partnerin gespürt hast.
Reflektieren: Wahrnehmungen und bildnerische Merkmale der Fläche

3. Kontakt und Bewegung

Übung: „Die Wand als Bewegungserfahrung“ T 15
Gestalten: Spüre deinem Körperkontakt mit der Wand nach. Stelle die Berührungen flächig dar.
Reflektieren: Die Fläche als Träger von Ausdruck und Information

3. Doppelstunde: Mein inneres Gleichgewicht: bildnerisches Gleichgewicht

Selbst- und Sozialkompetenz:
Schülerinnen und Schüler entwickeln durch Einzel- und Partnerübungen ein Gespür für ein Stehen und Sitzen, bei dem sie sich sicher im Gleichgewicht befinden.

Sach- und Methodenkompetenz:
Die Schülerinnen und Schüler
- finden durch Motivsucherrahmen Bildausschnitte, die ebenfalls im bildnerischen Gleichgewicht sind.
- überprüfen das bildnerische Gleichgewicht durch Übertragung auf ihr körperliches Empfinden.

Material: Motivsucherrahmen aus Karton, im Format Din A 5

1. Gespür für Gleichgewicht entwickeln

<u>Übungen:</u> „Den Körper abklopfen“ W 9, „Atembewegung erspüren“ R 8, Sitzhöckerschwung U 8, „Beckenkippen und Aufrichten mit scharfem S“ U 11, „Leibgerechtes Stehen“ G 4, „Sicher auf einem Bein stehen“ T 11

2. Gespür für Gleichgewicht überprüfen

<u>Übungen:</u> „Lange auf einem Bein stehen“ T 12,
„Spielen mit der Balance“ T 14

3. Gespür für bildnerisches Gleichgewicht finden

Die Schülerinnen und Schüler werden damit vertraut gemacht, dass Bildwirkungen mit dem eigenen Körper wahrnehmbar sind. Dazu werden zwei große Bögen Karton in weiß und dunkelgrau nebeneinander gehalten. Welche Seite dieser einfachen Komposition wird als leicht, welche als schwer empfunden? Durch übereinander verschieben der Kartons wird der graue bzw. weiße Rand größer oder kleiner. Wie verändert sich die Spannung (das Gewicht) der Komposition? Kann ich das an der Spannung meines eigenen Gleichgewichts nachempfinden?

<u>Übung:</u> „Spaziergang mit geschlossenen Augen und Zeigen von Situationen“ B 15, Zeigen von Situationen die im Gleichgewicht oder Ungleichgewicht sind.

4. Gespür für bildnerisches Gleichgewicht überprüfen

<u>Gestalten:</u> Skizzieren/Nachstellen der gefundenen Situationen, Erspüren von Gleichgewicht/Ungleichgewicht
Die vorher gefundenen Bildausschnitte werden im Stand körperlich nachempfunden und auf ihr wirkliches oder vermeintliches Gleichgewicht überprüft. Partnerweise zeigen sich die Jugendlichen ihre Bildkompositionen und sprechen darüber, wie sie die Elemente der Komposition im Hinblick auf das Gleichgewicht wahrnehmen.
Reflektieren: Wie ist es, das Gleichgewicht/Ungleichgewicht zu empfinden? Was ist bildnerisches Gleichgewicht und was bedeutet es?

4. Doppelstunde: Körperliche Dynamik: Bildnerische Dynamik

Selbst- und Sozialkompetenz:
Die Schülerinnen und Schüler empfinden durch eigene Bewegung im Raum Ruhe und Gerichtetheit sowie Unruhe und Ungerichtetheit

Sach- und Methodenkompetenz:
Die Schülerinnen und Schüler
- zeigen und finden (mit dem Motivsucher) bildnerische Kompositionen, die unruhig oder ruhig sind.
- setzen anhand von Skizzen die Bildkompositionen in Raumwege um und untersuchen diese auf ihre Anmutung hin.

Material: Zeichenpapier, Bleistifte

1. Spüren von Unruhe und Ruhe

Die Schülerinnen und Schüler dehnen sich, sammeln sich dann innerlich.
In einer im Raum markierten freien Fläche gehen sie unorganisiert gerade Wege, Wegschleifen und unkoordinierte Wege in verschiedenen Geschwindigkeiten. Vier Schülerinnen und Schüler probieren anschließend die Möglichkeit aus, Ruhe durch Raumwege darzustellen, danach stellen vier andere

Unruhe dar.

2. Spüren von Unruhe und Ruhe in bildnerischen Kompositionen

Die Schülerinnen und Schüler suchen mit dem Motivsucher jeweils vier Kompositionen zum Thema Unruhe und Ruhe.
Davon fertigen sie je eine lineare Skizze an, in denen kleinere Felder in Grauwerten angelegt werden können.

3. Überprüfen der Kompositionen

Die Skizzen werden wieder in Raumwege umgesetzt. Die Schülerinnen und Schüler gehen ihre Kompositionen auf dem markierten Feld ab und erhalten Rückmeldung über die Anmutung.
Reflektieren: Merkmale von ruhigen und unruhigen Kompositionen.

5. Doppelstunde: Transfer des Erfahrenen und Erkannten auf eine malerische oder grafische Umsetzung

Sach- und Methodenkompetenz:
Die Schülerinnen und Schüler
- bringen alle bildnerischen Erfahrungen in eine bildnerische Aussage.
- arbeiten mit Farbe und Linie.

Selbst- und Sozialkompetenz:
Die Schülerinnen und Schüler
- wenden eigenständig Körperübungen an, um ihre Empfindsamkeit zu erhöhen.
- wenden eigenständig Partner und Gruppenarbeit an.
- erkennen, dass sie durch Berücksichtigung ihrer Empfindungen zu eigenen Bildaussagen kommen.

Reflektieren: Zusammenfassung der Ergebnisse der vorherigen Stunden.
Gestalten: Überarbeiten der Skizzen mit Transparentpapier, Scriptol und Feder, einzelne Flächen werden farbig angelegt.
Themen: Bild im Gleichgewicht, ruhige und dynamische Elemente ergänzen sich; Zwei Ebenen: ruhiger Vordergrund/bewegter Hintergrund
Collage: Rausch der Geschwindigkeit

Erarbeiten von Werken der bildenden Kunst:
Umberto Boccini, Die Straße dringt ins Haus (1911)
Methode: isolierte Bildausschnitte wieder in Bewegung setzen, anschließend Betrachtung des ganzen Kunstwerkes
Bilder-Vergleich: Mondrian - Lyonel Feininger; zu den Themen: Ruhe-Unruhe, Gleichgewicht - Ungleichgewicht

Unterrichtsidee: Kai Feddersen

[1] Lehrplan Kunst, Sek. I, Schleswig-Holstein, 1997
[2] Lehrplan Gymnasium Kunst Oberstufe, Erprobungsfassung 1984

Literatur

Eine Auswahl für diejenigen, die den Zusammenhang zwischen dem Körperempfinden, der bildenden Kunst und der Kunstpädagogik vertiefen möchten.

Fineberg, J.: Mit den Augen des Kindes; Kinderzeichnung und moderne Kunst
Stuttgart: Verlag Gerd Hatje, 1995

Feldenkrais, M.: Der Weg zum reifen Selbst; Phänomene menschlichen Verhaltens
Paderborn: Junfermann, 1994

Graulich, G.: Die leibliche Selbsterfahrung des Rezipienten - ein Thema transmodernen Kunstwollens
Essen: Verlag die blaue Eule, 1989

Itten, J.: Gestaltungs- und Formenlehre; Mein Vorkurs am Bauhaus und später
Ravensburg: Otto Maier Verlag, 1975

Harlan, V.: Was ist Kunst; Werkstattgespräche mit Beuys
Stuttgart: Urachhaus, 1992

Hentig, H. v.: Kreativität; Hohe Erwartungen an einen schwachen Begriff
München, Wien: Carl Hanser Verlag, 1998

Jacoby, H.: Jenseits von „Musikalisch“ und „Unmusikalisch“;
Die Befreiung der schöpferischen Kräfte dargestellt am Beispiel der Musik
Hamburg: Christians Verlag, 1984

Jacoby, H.: Jenseits von „Begabt“ und „Unbegabt“
Hamburg: Christians Verlag, 1994

Kappert, D.: Tanz zwischen Kunst und Therapie
Frankfurt a. M: Brandes & Apsel, 1993

Middendorf, I.: Der Erfahrbare Atem
Paderborn: Junfermann, 1991

Schnakenburg, R. v.: Einbildungskraft als Leib-Wissen, Rhythmus und Physiognomisches Sehen; Grundlagenreflexion zum Verständnis künstlerischer, kunstpädagogischer und kunsttherapeutischer Arbeit
Frankfurt a. M.: Peter Lang, Europäischer Verlag der Wissenschaften, 1994

Selle, G.: Das ästhetische Projekt
Unna: LKD Verlag, 1992

Shelhav-Silberbusch, C.: Bewegung und Lernen; Die Feldenkrais-Methode als Lernmodell
Dortmund: Verlag modernes Lernen, 1999

Stern, D. N.: Die Lebenserfahrung des Säuglings
Stuttgart: Klett-Cotta, 1992

Stevens, J. O.: Die Kunst der Wahrnehmung; Übungen der Gestalttherapie
München: Chr. Kaiser Verlag, 1990

Triebel-Thome, A.: Feldenkrais; Bewegung - ein Weg zum Selbst
München: Gräfe und Unzer, 1989

Die Autoren

Die Autorinnen und Autoren

Bettina Banse
Jahrgang 1955
Erziehungswissenschaftlerin, Lehrtherapeutin und Lehrsupervisorin für Transaktionsanalyse unter Supervision, verschiedene Tätigkeiten in der Jugendhilfe, seit 1992 in freier Praxis als Supervisorin, Trainerin und Therapeutin

Manfred Blohm
Jahrgang 1954
Dr. phil.; Professor für Bildende Kunst und ihre Didaktik an der Universität Flensburg

Jan-Olav Hinz
Jahrgang 1957
Freischaffender Bildhauer, Lehraufträge an der Christian-Albrechts-Universität zu Kiel, Initiator und inhaltlicher Leiter des Modellversuches Ästhetische Bildung, in Fortbildung zum Feldenkrais-Pädagogen

Uwe Krieger
Jahrgang 1953
Realschullehrer für die Fächer Deutsch und Kunst,
Nebenamtlicher Studienleiter am IPTS Flensburg für Pädagogik
seit 1976 im Schuldienst, Mitarbeiter im Modellversuch Ästhetische Bildung

Claus Nowak
Jahrgang 1949
Dr.; Biologe und Pädagoge
Freier Trainer und Berater, Arbeitsschwerpunkte u.a. Interaktionspädagogik, Schulberatung, Personal- und Organisationswicklung

Ute Schönnagel
Jahrgang 1954
Grund- und Hauptschullehrerin für die Fächer Deutsch und Kunst, seit 1980 im Schuldienst, Mitarbeiterin im Modellversuch Ästhetische Bildung

Fortbildungen und eintägige Einführungen zu der im Buch beschriebenen Methodik können angefragt werden bei:
Jan-Olav Hinz, Schönbekfeld 1, 24582 Schönbek, Tel. 04322/699963.